天驕興國

征戰與開拓

漢武帝的

到帝王，

世的策略與遠見

王金鋒——著

獨尊儒術、提升國力，奠定漢朝文化基石
從匈奴到西域，透過軍事征戰達成帝國邊疆的擴張

從太子到盛世創造者的轉變
展現漢武帝的非凡治國理念

目錄

目錄

邊疆拓展與定邊政策

晚年的反思與後悔

附：漢武帝劉徹年譜

目錄

序章

在中國悠久的歷史長河中，漢武帝劉徹以其非凡的治國理念和軍事才能，成為了一位令人矚目的帝王。本書旨在深入探討這位偉大君主的生平事蹟，從而揭示他如何將一個國家引領至其歷史上的黃金時期。這不僅是一次對過去的回顧，更是一次對現今與未來的深思。

從太子到帝王，漢武帝的一生充滿了轉折和挑戰。七歲被立為太子，十七歲榮登皇位，這一切看似順理成章，實則步步驚心。他如何在諸多挑戰中穩固自己的統治地位，提升漢室的實力，並最終開創盛世，是本書探討的重點。漢武帝獨尊儒術，立五經博士興太學，這些舉措不僅鞏固了國家的文化基礎，也為後世留下了寶貴的精神遺產。

在對外征戰方面，漢武帝展現出了非凡的軍事戰略才能。他的軍事行動不僅有效地擴大了漢朝的疆域，也增強了國家的防衛能力。從大破匈奴之戰，到遠征討伐大宛，再到平定南越叛亂，漢武帝的每一次軍事行動都是對國力的一次極大考驗，同時也是對其領導能力的一次驗證。

然而，一個偉大的帝王的形象並非僅由勝利和榮耀構成。在漢武帝的晚年，他開始反思自己的統治方式，對一些過去的決策表示後悔。這種從自我反省到深刻反思的過程，凸顯了漢武帝作為一個人，一個領導者的複雜性和多維度。透過對這一時期的深入探討，本書旨在呈現一個更加全面和立體的漢武帝形象。

本書的編撰，是基於對廣泛歷史資料的深入研究和精心整理。我們希望透過這本書，讀者不僅能夠了解漢武帝作為一位帝王的偉大成就，更能夠感受到他作為一個人的情感世界和內心掙扎。從太子到帝王，從

序章

盛世開創者到深刻的反思者，漢武帝的一生是如此豐富多彩，充滿了學問的啟示和生活的智慧。我們期待本書能夠為您打開一扇窗，讓您深入了解這位歷史上的偉大人物，以及他所生活的那個非凡時代。

歷史的新篇章

在一個陽光明媚的日子裡，長安城內的未央宮裝扮得富麗堂皇，文武百官排列在大殿內外，在這裡將舉行新皇帝登基大典。伴隨著一聲「皇帝登基」，漢武帝登上了皇帝寶座。

16歲的劉徹身穿天子龍袍，頭戴皇帝通天冠，坐上龍椅後，殿下瞬間便爆發出：「吾皇萬歲，萬歲，萬萬歲！」的聲音。

年輕的皇帝，意氣風發，一雙炯炯有神的眼睛放射出堅定不移的目光，掃視了殿下一番，然後發出威嚴的聲音：「眾愛卿平身。」

從此，大漢帝國誕生了一位具有雄才大略的傑出君主。

‖ 幼年立為太子 ‖

前元三年，也就是西元前154年初，大漢朝梁王劉武入朝。在當時，漢景帝還沒有立太子。有一天，景帝宴請梁王，喝醉酒後便說：「朕千秋之後當傳位於梁王。」

梁王聽後自然是心中竊喜。可是參事竇嬰說：「漢法之約，傳子嫡孫。今帝何以得傳弟，擅亂高祖約乎？」

景帝醒酒後，覺得自己酒後失言，便將此議擱置起來了。在漢王朝的七國之亂平定後，立嗣問題更加突出明顯了。竇太后一度暗示景帝要傳位於梁王。

這時的景帝，派大臣袁盎等人去勸誡太后。袁盎對竇太后說：「從前宋宣公不立子而立弟，引發了五世之亂。小不忍，害大義，必生事端。

所以《春秋》認為傳子才是正確的。」

竇太后聽完大臣的話後，自知理虧，便不再提及此事了。但在此時，爭儲暗鬥的主角卻是漢武帝的母后王夫人。王氏，單名娡，也是名門之後。她的父親是普通人，但是母親臧兒是漢初的名門之後。霸王項羽在分封十八路諸侯王時，就曾經封過一個燕王臧荼，而臧兒正是臧荼的親孫女。

雖然貴為燕王的親孫女，但到臧兒成年之時，臧家卻早已家道中落，後來臧兒嫁給槐裡的平民王仲為妻，生一子名叫王信，還有兩個女兒，長女王娡，次女王兒姁。王仲死後，臧兒又改嫁給長陵田氏，生兩子取名田蚡和田勝。

王娡剛成年時，就在其母臧兒的主持下，嫁到一戶普通農家金王孫家裡，沒過多久，王娡便生了大女兒金俗。

王娡的母親臧兒找相士姚翁為自己的子女相面時，姚翁告訴臧兒：「王娡是大貴之人，會生下天子。」

臧兒聽完之後很是高興，王娡對此也表示要盡力一試。於是，臧兒就把王娡從金王孫家中強行接回來了。金王孫很是憤怒，不肯和妻子王娡斷絕關係，臧兒於是託了很多關係把王娡送進了太子宮。王娡得寵之後，又向太子劉啟誇讚胞妹兒姁的美豔，不久兒姁也進入了太子府。

當時的皇太子劉啟，對王娡很是寵愛。王娡為他共生下了三個女兒和一個兒子。三個女兒分別是後來的平陽公主、南宮公主、隆慮公主。那個兒子便是後來的漢武帝劉徹。

在王娡懷著劉徹的時候，漢文帝就去世了，皇太子劉啟即位，即漢景帝。據傳王美人初懷劉徹時，夢見太陽鑽入懷中，便把此夢告訴了景帝。景帝聽後非常高興，認為這是個吉夢，是高貴的徵兆。此夢很快傳

遍宮中，使劉徹身上增添了一層神奇的色彩。

在景帝登基的第一年，也就是西元前 156 年七月初七凌晨，風和日麗，天高雲淡，長安城的上空，萬里無雲，天邊羅霓綺虹，一看便知是吉兆。

漢景帝和以往一樣，被宮女服侍穿戴以後，坐在御桌前用餐。這時，他突然想起昨夜的夢，他夢見一頭紅色的豬從天而降。夢中這頭豬身上裹著祥雲，從太虛落入宮中，後來高祖劉邦飄然而來說道：「王夫人生子，應起名叫彘。」

當漢景帝醒來的時候，發現這竟然是個夢，但又覺得十分奇怪，自己的王夫人即將要生產了，這也許是上天的安排，莫非會生下一位皇子啊？

直到當天夜晚，一陣痛苦的喊叫聲從王夫人的寢宮裡傳出來，緊接著便傳來了嬰兒出世的啼哭聲。王夫人為漢景帝生下了景帝的第十個兒子，也就是後來的漢武帝劉徹。消息立即傳到了漢景帝那裡，他十分高興。駕輦早已備好，景帝乘駕，立刻前往漪瀾殿。

這時，新生兒被裹在襁褓裡，正在不停地啼哭。漢景帝走上前去，看著剛剛降生的兒子，兒子也睜大了圓圓的眼睛望著抱起自己的父親，馬上便止住了哭聲。

漢景帝高興地捋著自己的鬍鬚，想給這個剛剛來到世上的兒子取一個名字，他又想起了晚上自己做的那個夢。因此，漢景帝決定給這個兒子起名叫「彘」，就是希望兒子能像小豬一樣健壯善養。

在劉彘三四歲的時候就表現出不一般的智力，他聰明過人，宮內的人都非常喜歡他。他的記憶力超強，好讀書，會說話，求知慾特別強，尤愛讀書中古代聖賢帝王的偉大事蹟，簡直過目不忘。景帝深感詫異，

因此，他十分喜愛這個兒子。

有一天，漢景帝問小劉徹：「最近讀什麼書呢？」

劉徹回答說：「自伏羲以來聖人的書我都讀了！」

漢景帝聽後覺得這個兒子以後一定會有所作為。在小劉徹4歲的時候，漢景帝就把他封為膠東王。

漢景帝有13個兒子，曾經的寵妃栗姬為他生育了皇長子劉榮。由於沒有嫡子，西元前153年，漢景帝遵照立長的傳統思想，立了已經年滿18歲的庶長子劉榮為皇太子。此時的劉徹才4歲。

漢景帝有一個同母姐姐叫劉嫖，稱長公主。她也是竇太后的獨生女兒，竇太后視她為掌上明珠。不只是竇太后，景帝對她也很看重，常常是言聽計從。長公主有一個女兒叫陳阿嬌，對小阿嬌是萬般呵護，簡直視作生命一樣對待。

長公主見栗姬在這場皇儲之爭中取得了勝利，栗姬的兒子劉榮被立為了皇太子，便請人去栗姬那裡示意，要將女兒阿嬌許配給太子劉榮，使阿嬌成為太子妃。將來太子一即位，女兒就是皇后了。

劉徹的母親王夫人因此派人告訴栗姬，說：「長公主之前送給陛下的美人正得寵，你為什麼不私自拜見長公主而結成這段姻緣呢？」

而栗姬卻因為經常心生妒忌，怨恨長公主經常獻美女給景帝，後宮諸多受天子寵幸而得到顯貴的美人都是因為長公主的原因，這些美人所受到的尊寵超過了栗姬，促使漢景帝很少去見她，她便日益憤怒並且怨恨長公主。因此便一口回絕了這椿婚姻。

長公主在宮內宮外，自認為勢力很大，怎麼受到了這樣的羞辱，更主要的是如果女兒阿嬌不能嫁給太子，那她讓女兒成為皇后的野心就無法實現了。從此，她便懷恨在心與栗姬作對，對栗姬簡直恨之入骨，便

不厭其煩地到處訴說。

長公主經常在漢景帝面前進讒言說栗姬之過：「栗姬和各位貴夫人及寵姬聚會，常常讓侍從在她們背後吐口水詛咒，施以媚道之術。」

漢景帝也因此更加惱恨栗姬。但是因為沒有證據，漢景帝並沒有將栗姬治罪。漢景帝曾有一次身體不好，心中不免有些不高興，就把被封王的兒子們都託付給栗姬，並對她說：「我死了以後，你要好好照顧他們。」

栗姬生氣，不肯答應，並且出言不遜。景帝很氣憤，懷恨在心而沒有發作。消息傳到劉徹的母親王夫人那裡，她得到了消息後便暗自喜道：天助我也。

王夫人經過一番深思熟慮，認為以長公主與景帝的姐弟關係，又有竇太后撐腰，長公主要使女兒阿嬌成為皇后的野心很有可能實現，如果徹兒能與阿嬌成為夫妻，那麼長公主就可以幫助徹兒成為皇太子。她正算計著如何和長公主聯姻呢！長公主就自尋上門了。

有一天，長公主帶著女兒阿嬌來到王夫人的住處，王夫人很熱情地接待了她們母女，因為她想趁機奉承長公主。王夫人假裝不知道長公主向栗姬提親遭到回絕的事，拉著阿嬌不住地誇讚說：「阿嬌長得真是福相，長大後準能做皇后。」

只一句話就把長公主說得心花怒放，一時忘了被栗姬羞辱之事，便隨口說道：「那就把阿嬌許配給徹兒做媳婦吧！」

長公主說出了王夫人最想聽到的話，正合她的心意，心中甚是歡喜，口中卻假意謙遜說：「這怎麼能行呢？我們徹兒又不是太子，又做不了皇帝。阿嬌可是注定的皇后命，嫁給徹兒，豈不委屈了阿嬌啊？」

這幾句話馬上就激起了長公主對栗姬的怨恨之心，便憤憤地說：「不是太子又怎麼樣，太子又不是皇帝？別看如今立了那榮兒為皇太子，豈

不知古今廢立太子的事還少嗎？我看那呆頭呆腦的榮兒就沒個太子的樣。彘兒額寬頸長，眉突口闊，聲音洪亮，是大器之相，彘兒才像個皇太子呢！」

在後來，有一次長公主劉嫖愛憐地抱起少年膠東王劉彘，把他放在自己的膝蓋上，她問小劉彘：「你想要一個媳婦嗎？」

劉彘點點頭。長公主覺得很有趣，想不到這麼小的傢伙也想要個媳婦！長公主有了興致，便笑著將左右侍女一百多人指給劉彘，讓他挑選。

想不到的是，小劉彘一一搖頭，小腦袋搖得像個撥浪鼓，抿著嘴，一臉的嚴肅認真。長公主不禁心中十分高興，覺得這個小王子很有品味，越發地喜愛了。一百多侍女他都不要，只剩下自己的女兒阿嬌了。長公主指著阿嬌問小劉彘：「阿嬌怎麼樣？」

小劉彘鄭重其事地點了點頭。長公主高興得笑了起來，沒想到這小傢伙還這麼有心計，這麼小就要定了阿嬌。長公主興致勃勃地再問小劉彘：「阿嬌好嗎？」

小劉彘回答說：「好！」接著，小劉彘像小大人似地說，「如果娶阿嬌做媳婦，我一定要造一座金屋，讓阿嬌在裡面住！」

長公主聽後，笑得合不攏嘴。萬分高興的長公主找來小劉彘的母親王夫人，敘說了這件趣事。她倆見阿嬌和劉彘年紀相當，從小相處和睦，感情也融洽，就同意給阿嬌和劉彘這對姑表姐弟親上加親訂立婚約。而後，景帝也同意了阿嬌和劉彘兩個孩子的婚事。這就是「金屋藏嬌」的由來。這個典故後來記載於班固的《漢武故事》中：

帝以乙酉年七月七日生於漪瀾殿。年四歲，立為膠東王。數歲，長公主嫖抱置膝上，問曰：「兒欲得婦不？」膠東王曰：「欲得婦。」長公主

指左右長御百餘人，皆云不用。末指其女問曰：「阿嬌好不？」於是乃笑對曰：「好！若得阿嬌作婦，當作金屋貯之也。」

與此同時，長公主每天都在漢景帝面前誇讚王夫人兒子劉彘的優點。久而久之，漢景帝也認為劉彘德才兼備，又有從前王夫人懷孕時夢日入懷的吉兆，於是，景帝便對劉彘十分留意了。

這時，王夫人暗地裡派人催促大臣們提議冊封栗姬為皇后。大行令上書奏事，有一句話寫道：

子以母貴，母以子貴，現在太子母親的稱號應當是皇后。

景帝大怒，說：「這件事是你應當說的嗎？」結果，竟論罪處死了大行令，並在景帝七年，也就是西元前150年廢了太子劉榮，改封他為臨江王。並把栗姬貶入了冷宮。

後來，經過多次反覆，漢景帝終於在前元七年，也就是西元前150年，正式冊封王娡為皇后，立劉彘為太子。從此，7歲的劉彘取得了皇位的繼承權。

漢景帝覺得「彘」這個名字不雅，而且又容易讓人聯想到被呂太后處以「人彘」的戚夫人的悲慘故事，就替太子改名叫「徹」了。景帝還自圓其說道：「彘」與「徹」相通，都有「聰明」的意義。景帝對太子的才智更加欣賞，這為劉徹以後的輝煌前程奠定了堅實的基礎。

劉徹從小就表現出不一般的聰明才智，他很受景帝的喜愛。特別是立為太子後，景帝更是精心培育，並請來德高望重的衛綰作了太子的老師。能文能武的衛綰對劉徹培育了六七年之久，給了劉徹很大的影響。

敏慧早熟的皇太子，被博大精深且與政治緊密結合的儒家思想深深地吸引住了。儒家思想和黃老之道主張清靜無為、因循守成不同，倡導君子要乾乾不息和進取有為，主張尊君、隆禮、行仁、重民、大一統

等，特別是主張要以厚德懷服四夷。

當劉徹成長為一個血氣方剛、雄心勃勃的少年時，他覺得儒家學說更加適合自己的性格和志趣，特別是聯想到吳楚之亂和匈奴的連年入侵，他覺得儒家的主張更加適合帝國的需求。

儒家思想的教育，給這位在黃老思想籠罩下成長的太子灌輸了新鮮的血液，塑造了新的政治觀念，為劉徹以後 50 餘年奮發有為的政治生涯奠定了堅實的思想基礎。

當劉徹讀到當時著名文學家枚乘的賦時，他是十分佩服，一直想見到枚乘本人。後來，他做了皇帝後，就用安車蒲輪把枚乘接到了京城。他還向出生在匈奴的韓王信的後代韓嫣學習騎射。

孩提時代的劉徹接受了多種學術教育的影響，這對他的性格、氣質、志趣的形成無疑會帶來重大的影響，使他的思想傾向和歷史活動不可能表現為單一性，一定有他的出眾之處。

‖ 青年即位成帝 ‖

景帝後元三年，也就是西元前 141 年正月十七，漢景帝為 16 歲的皇太子舉行非常隆重的冠禮。行冠禮不久之後，這年正月的一天，漢景帝駕崩於未央宮，16 歲的太子劉徹繼位，為漢武帝。在劉徹還是太子的時候，便迎娶了 14 歲的阿嬌陳氏為妻，就是太子妃。劉徹即皇帝位，太子妃陳氏理所應當被冊封為皇后。

漢武帝剛開始登基時，漢朝建立已經有 60 多年了，漢初統治者奉行的黃老政治，其無為而治、休養生息的溫和政策，對漢初社會經濟的恢復，政局的穩定發揮了關鍵作用。

文景兩代 39 年間，政局大體穩定，經濟得以恢復，文化有所進步。千百年來，人們始終將這一時期看作安定繁榮的盛世的典型，史稱「文景之治」。

漢文帝和他的謀臣們不僅在這一時期使國家管理走上了正軌，也為後來的漢景帝時代的政制和政風規定了基本格局。漢文帝本人的政治品格，也為他的繼承人漢景帝樹立了榜樣，對後世形成了規範性的影響。

黃老之學主張「無為無不為」，就是在政治上少有急切的舉措，避免苛政擾民，否定過激的政策，否定冒進的傾向，使社會生活在自然的狀況下得以安定。

後來宋代歷史學家司馬光在《資治通鑑》中敘述到漢武帝登基這段歷史時，引錄了東漢著名史學家班固在《漢書·景帝紀》篇末的一段讚語：

周秦之敝，罔密文峻，而奸宄不勝。漢興，掃除煩苛，與民休息。至於孝文，加之以恭儉，孝景遵業，五六十載之間，至於移風易俗，黎民醇厚。周雲成康，漢言文景，美矣！

司馬光在記錄漢武帝登基的歷史過程之後就引用了這段話，其用意顯然是向讀者介紹這位年輕的帝王接過了怎樣一個天下。文景留給漢武帝的遺產，表現在經濟方面，是「大安殷富」「天下富實」的國家。而累積的大量的物質財富在《史記·平準書》中記載：

都鄙廩庾皆滿，而府庫餘貨財。京師之錢累鉅萬，貫朽而小可校。太倉之粟陳陳相因，充溢露積於外，至腐敗不可食。眾庶街巷有馬，阡陌之間成群。

這位少年皇帝接受了統治漢家天下的重任。漢武帝聰明過人，愛好廣泛，又受名師指導，自幼就了解到各派學術思想。敢作敢當的漢武帝在少年時就開始尋找治國方針，尤其對實行王道、稱霸天下感興趣。怎

樣創立偉業，達到古代帝王盛世？這問題一直圍繞著他。少年即位後，他第一件事就是召集天下人才到朝廷策問。

董仲舒就在這種情況下，被漢武帝發現，並且得到了漢武帝的賞識，留下了著名的「天人三策」，天人三策是講天和人的關係的，董仲舒在「天人三策」中闡述了五大關鍵問題，引發了漢武帝的興趣。

在董仲舒提出的五大問題中，每一個問題都切中要害。其中的「罷黜百家，獨尊儒術」，對後世中國產生了極大的影響，也正是這一點讓人不解，西漢王朝建立以來，一直奉行黃老之學，而且西漢時期，各種思想流派也很多，董仲舒卻大膽提出「罷黜百家，獨尊儒術」，這與西漢初期的統治思想格格不入，而漢武帝卻積極採納。

漢武帝做太子時的老師趙綰、王藏也是儒生，當然支持董仲舒的「罷黜百家，獨尊儒術」主張。於是，漢武帝任命推崇儒學義是外戚的竇嬰和田蚡為丞相和太尉，儒生趙綰為御史大夫，王藏為郎中令。

漢武帝選擇儒家學說為指導思想後，就興致勃勃地按照儒家要求執政。儒家講究禮化，推行於道，崇尚古代聖王業績。朝中有人推薦 80 高齡的詩學大師申公來指導。申公名申培，是趙綰和王藏的老師，也是漢代魯詩的創始人。

漢武帝當時年輕有為，喜歡和文人高談闊論，薄古非今。他接見申公後一連問了幾個問題來討教治國之道，誰知申公卻淡淡地說：「治國不靠空話要靠行動。」這番話讓武帝有些摸不著頭緒。正在尊儒興頭上的武帝並沒有責怪他，反而封他為太中大夫。

朝臣中儒家勢力立刻強大起來，他們積極活動建立明堂、用儒家思想執掌朝廷。可是沒過多久，漢朝廷中熱熱鬧鬧的尊儒活動卻引起了後宮竇太后的不快。

　　竇太后從封后到太皇太后已有 40 年的歷史，在朝廷中有很大勢力，朝中大事必須向她請示。因竇太后喜歡黃帝、老子之言，所以要求景帝與諸竇子弟不能不讀黃帝、老子之書，並尊其中道理。

　　漢景帝時有一位研究《詩經》的博士叫轅固。有一天，竇太后將他召來問《老子》，轅固說：「這不過是平常的言論罷了。」

　　竇太后聽後，憤怒道：「它怎麼能比得上管制犯人似的儒家詩書呢？」氣憤之餘便讓轅固入獸圈刺殺野豬。

　　漢景帝知道後，因為礙於太后發怒而轅固並無罪過，於是賜給轅固鋒利的兵器。轅固入獸圈後只一刺，野豬馬上就會斃命。太后沒有說話，也沒理由再治轅固的罪，只好作罷。

　　而漢景帝執政到最後，因為竇太后的緣故，諸位儒家博士都是在官待問，沒有被重用的。因此，她當然也不能容忍劉徹胡鬧，就著手干預朝政，因此，這時的皇權和后權產生了很大的衝突。

　　漢武帝想要推新政。由於一系列的動作影響到了權貴們的利益，因此譭謗魏其侯等人的言語每天都傳到竇太后的耳中。而竇太后喜歡黃老學說，新政推崇者與之理念不同，竇太后很是不高興。

　　到了建元二年，也就是西元前 139 年，趙綰上書武帝言勿將政事稟奏給太皇太后。竇太后大怒，暗中找到趙綰及王臧的過錯，責備武帝說：「他們這是要當第二個新垣平呀！」並將御史大夫趙綰、郎中令王臧下獄，後來這二人紛紛自殺，丞相竇嬰、太尉田蚡被免職。並任命柏至侯許昌當了丞相，武強侯莊青翟當了御史大夫。

　　這使得漢武帝所推行的新政也全部廢除。漢武帝迫於祖母的壓力，同時也看到舊勢力的強大，如果一味抗爭，可能不會有好結果，反正祖母已經老了，以後的天下還是自己的，於是便暫時中斷了尊儒活動。

竇太后干預朝政，朝中儒家集團解散，一切又恢復成老樣子。尊儒活動進入谷底，這對年輕的武帝是一個考驗，讓他更清楚地認識到黃老學說的不可行性，更加肯定了「大一統」作為治國方針的合理性。漢武帝面對目前形勢，藏起了自己的鋒芒，不跟竇太后發生正面衝突，非常順從地起用了一批竇太后喜歡的人來輔政。

建元五年，也就是西元前 136 年，漢武帝 21 歲，他看到竇太后因病沒有精力干涉朝政，就趁機建立「五經博士」，表示官方承認儒家的專寵地位，由此『罷黜百家，獨尊儒術』邁出了新步伐。

建元六年，也就是西元前 135 年五月竇太后去世，那些當時信奉黃老的舊派勢力自然是失去後宮的支持。而漢武帝才得以真正掌握大權。

‖ 與衛子夫的相遇 ‖

劉徹登上皇帝寶座，可以說除景帝對他的偏愛外，陳阿嬌的母親、長公主劉嫖發揮了很大作用。她把女兒嫁給了劉徹，就要施盡渾身解數來扶持劉徹做太子，讓女兒登上皇后的寶座。

王夫人讓劉徹娶阿嬌是為幫助兒子做太子，將來做皇帝；而劉嫖讓阿嬌嫁劉徹是為她女兒將來做皇后。因為這場婚姻從一開始就充滿政治色彩，當劉徹和阿嬌小的時候，還十分恩愛。

阿嬌陳皇后一直養尊處優，過著優裕富貴的生活，在家被父母寵愛著，撒嬌任性慣了，從來不知道什麼叫憂愁，不知道要謙讓別人。做了皇后以來，阿嬌依舊被武帝劉徹寵愛著。

快樂的生活飛快地流逝，一晃十年成為過去。阿嬌在武帝劉徹的寵愛下，十年間享受了無盡的歡樂。可是，阿嬌沒有為漢武帝生下子嗣。

這時，漢武帝自己都覺得自己內心深處發生了一些變化。他發覺，以前那般迷人的光彩奪目的阿嬌不過是個任性的貴族女子罷了，有的時候令人十分不快，和她在一起常常覺得很不輕鬆，甚至於有些厭惡。

建元二年，也就是西元前 139 年三月上巳，漢武帝去灞上祭祀先祖，祈福除災。回宮時順路去平陽侯在京府邸看望當時嫁給平陽侯曹時的大姐平陽公主。

當漢武帝和平陽公主想見後，相互寒暄了幾句話，平陽公主便吩咐開宴，各種山珍海味應有盡有，佳餚美酒擺滿了桌几，侍從們穿著盛裝，規規矩矩地侍立在一旁。

酒過三巡後，平陽公主便將家中的 10 個美女精心裝扮一番，並令她們拜見武帝，為他奉觴敬酒，這些美女雖然各有姿色，但皇帝見慣了後宮眾多的美女，所以她們並沒有引起皇帝多大興趣。於是，平陽公主命 10 餘人退下，繼而酒菜開筵。

平陽公主深知漢武帝喜愛音樂，便示意讓侯府的歌女上堂獻唱。一陣優美的樂曲奏起，只見一位絕色美女被幾名美人簇擁著出場亮相，漢武帝見了，忽然眼睛一亮，便看中了她。這位美女便是衛子夫。衛子夫身世貧寒，她的母親曾為平陽侯家僮。因此，衛子夫在很小的時候便被送到平陽侯家教習歌舞。

平陽公主看漢武帝瞇著眼盯著衛子夫，手中舉著的酒樽竟灑到衣袍上都不知道，心中滋生一陣喜悅，便輕問道：「聖上，喜歡她嗎？」漢武帝沒有聽見。公主又問道：「那個歌女怎麼樣？」

這時，漢武帝才回過神來，趕緊放下酒樽，抖了抖衣袍上的酒，竭力掩飾剛才的失態。急忙又問道：「她叫什麼名字？何方人氏？」

平陽公主回道：「她叫衛子夫，是我從小買來的歌女。」她看漢武帝

十分喜愛衛子夫，就奏請將衛子夫送入宮中，漢武帝欣然答應。

臨別上車的時候，平陽公主對衛子夫說：「走吧，在宮裡照顧好自己，好好自勉努力，將來若是富貴了，不要忘記我的引薦之功。」

只見衛子夫撲通一聲，朝平陽公主跪了下去，哭著說道：「小女豈敢忘公主養育之恩。」

平陽公主又拍著她的肩膀說道：「到了皇宮也要好好服侍皇上，要多保重。」衛子夫揮淚而別。從此，衛子夫跟隨漢武帝進了莊嚴、豪華的皇宮。

當他們剛到宮廷門口，就看見陳皇后站在那裡。陳皇后看見漢武帝帶來一個天仙般的美女，大吃一驚，不禁妒火中燒。這時，陳皇后恨恨地質問漢武帝，說：「這是什麼人，好大的面子，竟敢跟皇帝同輦？」

漢武帝無奈只好回答說：「她只是朕從平陽公主家買的歌女，帶到宮裡來解悶的。」

陳皇后不依不饒道：「那把她送到冷宮去，讓她永遠不得見皇帝面。」漢武帝不敢得罪阿嬌，只得照辦。於是衛子夫被送到冷宮獨對青燈。

一年後，漢武帝與大臣們在終南山射獵。有一天，漢武帝令宮中將一些失寵的宮女打發出去，再一次見到了衛子夫。衛子夫哭拜在地，說道：「賤妾進宮一年多，不得侍奉陛下，自覺無德無才，不足以充陛下後宮，願請陛下斥退。」說著，已經是嗚咽不能成語。

漢武帝見衛子夫雖然比以前清瘦了些，但不失風采，不由得觸動前情，所以將她留在宮中。不久之後，衛子夫便懷了身孕。漢武帝數年沒有子嗣，得知衛子夫已有身孕，很是高興。從此衛子夫日益受到寵幸。

皇帝寵幸衛子夫及衛子夫懷孕的事很快就傳到陳皇后的耳中，她頓時大發雷霆，準備去找武帝理論，於是叫人準備轎輦。

隨著一聲「皇后娘娘駕到。」陳皇后幾步就跨入皇帝寢宮，指著衛子夫怒道：「哪裡來的賤人，你也配讓皇帝專寵。」衛子夫忙躲到武帝身旁，漢武帝伸出手臂護住她說：「她已有身孕，小心傷了她。」

陳皇后聽了這話愈加妒火中燒，想到自己多年沒有為皇帝生下子嗣，現在皇帝居然當著她的面保護衛子夫，更加生氣，於是便憤憤地說：「你不護我，卻去護她，你太忘恩負義了。」說罷轉身就走了。

漢武帝見陳皇后當著別人的面指責他，也十分氣憤，心想：朕就是要寵她，看你奈我何？於是他索性專寵衛子夫，冷落陳皇后。

阿嬌氣沖沖地去長公主的寢宮，現在只有求救於母親了。

「母親，劉徹寵了一個叫衛子夫的歌女，現在已有身孕了。」

她的母親長公主劉嫖、武帝劉徹的母親王太后知道後，也都為之鳴不平，於是她們聯合起來，共同對付衛子夫，想把英武的皇帝劉徹拉回到阿嬌的身邊，重溫昔日出雙入對、溫情脈脈的生活。

陳皇后的母親劉嫖便開始向衛子夫進行報復。當她得知衛子夫有個兄弟叫衛青，便派人去害他以恐嚇衛子夫。

有一天，衛青正在馴馬，突然奔來幾名騎馬的惡漢，這便是陳皇后阿嬌與長公主派來捉殺衛青的人，不容分說就將衛青打倒，捆上馬背而去。衛青的朋友騎郎公孫敖聽說後，急召幾名騎士，飛馬追趕，奪回了衛青，又請人將這事上奏給了漢武帝。

漢武帝得知這件事後大怒。衛子夫的故主平陽公主看見衛子夫已經得寵，當然也要庇護衛青，便進宮向武帝控訴長公主欺人太甚。她火上澆油，說道：「俗語說打狗還要看主人，衛青是子夫的弟弟，是我的家人，這不是分明沒把陛下放在眼裡，更沒把我這個公主放在眼裡嗎？總要給她們一個教訓才是。」

　　事實上，漢武帝也正想藉此壓一壓長公主母女的氣焰。於是宣衛青觀見，當著皇后阿嬌的面，任衛青為建章宮監，加銜侍中。不僅如此，就連衛青的同母兄弟姊妹也一併加封，使衛子夫大姐君孺為舍人公孫賀之妻，升公孫賀為太僕。二姐少兒與曲逆侯陳平的曾孫陳掌私通。當時陳掌因兄犯罪，被削奪爵位封邑，只是一個尋常小吏。

　　漢武帝使陳掌娶少兒為妻，封陳掌為詹事。太僕、詹事都是位在九卿之官，秩祿中二千石。夫以妻榮，就連公孫敖也因搶救衛青有功，升任為中大夫。數日之內，賞賜衛青多達千金。接著漢武帝又封衛子夫為夫人，升衛青為中大夫。縱覽漢武帝一朝，更無此幸。

　　而這些對於陳皇后來說，劉徹是她從小的夥伴，是她一直十分相信、十分信賴的朋友，劉徹離開了她，無異於是對他們童年純情的背叛，是無情地撕裂著他們那段美好的毫無功利色彩的感情。

漢室實力的提升

漢武帝立刻寫下了「賢良之首」四個大字，並下旨：「速召董仲舒覲見，朕要當面策問。」宮廷內外，頓時議論紛紛，都想一睹董仲舒的風采。

不久之後，漢武帝又在未央宮單獨召見了董仲舒。

漢武帝對他說：「朕即位以來，希望治理好國家，深感責任重大，晝夜不敢安心。深思萬機，猶恐有失。所以廣請四方豪傑與賢良有學之士，希望能聽到你們有關治國的宏論。朕當專誠聽取，向諸位請教。」

董仲舒說：「這是我主英明聖哲的展現，臣願竭盡全力，以報聖上恩德。」

漢武帝見董仲舒舉止合禮，言辭達理，心中非常滿意。

▏崇尚儒學思想▏

漢武帝 16 歲登基，面對先輩的豐厚遺產，他希望把政權集中在皇帝之手，幹一番大事業。而新儒學正符合他的要求，於是在他登基後做的第一件影響深遠的大事，便是尊崇儒學。所以才有「罷黜百家，獨尊儒術」政策的發表，把儒學定為最高統治思想。這是漢武帝為實現政治抱負所奠定的思想基礎，其實質是對政治指導思想作出新的選擇和確定。

漢武帝深知，治國之道最重要的就是尊賢任能，使俊傑在位。先賢墨子曾說：「尚賢者，政之本也。」

「是故國有賢良之士眾，則國之治厚；賢良之士寡，則國家之治薄。故大人之務將在於眾賢而已。」

因此，在漢武帝在掌國執政後的第二年建元元年，也就是西元前140年冬十月，他便下詔舉賢良方正直言極諫之士。詔曰：

朕承繼先帝極尊之位、至美之德，傳之無窮，而施之無限，任大而守重，是以夙夜不敢閒暇安樂，深思萬事之端緒，猶懼有缺點失誤，因此，廣泛招徠聘請四方豪俊，郡國諸侯，公選賢良修潔博習之士，欲聞大道之要、至論之極……

漢武帝還下制書，策問治國之道。這時，一份論述「天人合一」「君權神予」「《春秋》大一統」的文章吸引了他，他反覆誦詠，不禁拍案叫絕。再看篇尾署名，竟然是廣川董仲舒。

董仲舒是文景氣氛薰陶和培育出來的漢代第一位有系統思想體系的經學家、哲學家和教育家以及政論家。漢文帝元年，也就是西元前179年，他出生在一個家有大批藏書的大地主家庭。

董仲舒從小就潛心發憤，「論思《春秋》，造著傳記」，以著《公羊春秋》著名，著有《春秋繁露》十七卷。他的思想以《春秋》為基礎，糅進陰陽五行，來發揮闡揚先儒思想，開創並奠定了漢儒思想的基礎。在他30歲的時候，開始招收了大批學生，精心講授。

透過講學，董仲舒為漢王朝培養了一批人才，他的學生後來有的當了諸侯王國的國相，有的成了長史。由於董仲舒廣招門生，宣揚儒家經典，他的聲譽也日益擴大，在漢景帝時當了博士，掌管經學講授。

董仲舒課講得十分精彩，弟子很多，而後弟子再教弟子，一些再傳弟子甚至只是聽說過他的大名，根本就沒見過他的面。他一門心思教學和研究，甚至三年都沒回家。他的行為舉止，都遵循禮節，很多讀書人都尊他為師。

而漢武帝對董仲舒的博學早有耳聞，如今一看，果然是名不虛傳。

武帝每下一道制書，董仲舒就有一封措詞得當、說理透澈的對策，送給武帝看。這三道制書分別是：

制曰：「朕獲承至尊休德，傳之亡窮，而施之罔極，任大而守重，是以夙夜不皇康寧，永唯萬事之統，猶懼有闕。故廣延四方之豪俊，郡國諸侯公選賢良修潔博習之士，欲聞大道之要，至論之極。今子大夫袖然為舉首，朕甚嘉之。子大夫其精心致思，朕垂聽而問焉。

蓋聞五帝三王之道，改製作樂而天下洽和，百王同之。當虞氏之樂莫《韶》，於周莫盛於《勺》。聖王已沒，鐘鼓管絃之聲未衰，而大道微缺，陵夷至乎桀、紂之行，王道大壞矣。夫五百年之間，守文之君，當塗之士，欲則先王之法以戴翼其世者甚眾，然猶不能反，日以僕滅，至後王而後止，豈其所持操或誖繆而失其統與？固天降命不查復反，必推之於大衰而後息與？烏乎！凡所為屑屑，夙興夜寐，務法上古者，又將無補與？三代受命，其符安在？災異之變，何緣而起？性命之情，或夭或壽，或仁或鄙，習聞其號，未燭厥理。伊欲風流而令行，刑輕而奸改，百姓和樂，政事宣昭，何修何飭而膏露降，百穀登，德潤四海，澤臻草木，三光全，寒暑平，受天之祜，享鬼神之靈，德澤洋溢，施乎方外，延及群生？

子大夫明先聖之業，習俗化之變，終始之序，講聞高誼之日久矣，其明以諭朕。科別其條，勿猥勿並，取之於術，慎其所出。乃其不正不直，不忠不極，枉於執事，書之不洩，興於朕躬，毋悼後害。子大夫其盡心，靡有所隱，朕將親覽焉。

制曰：蓋聞虞舜之時，遊於巖郎之上，垂拱無為，而天下太平。周文王至於日昃不暇食，而宇內亦治。夫帝王之道，豈不同條共貫與？何逸勞之殊也？蓋儉者不造玄黃旌旗之飾。及至周室，設兩觀，乘大路，朱干玉鏚，八佾陳於庭，而頌聲興。夫帝王之道豈異指哉？或曰良玉不瑑，又曰非文亡以輔德，二端異焉。

殷人執五刑以督奸，傷肌膚以懲惡。成、康不式，四十餘年天下不

犯，圄圄空虛。秦國用之，死者甚眾，刑者相望，耗矣哀哉！烏乎！朕
夙寤晨興，唯前帝王之憲，永思所以奉至尊，章洪業，皆在力本任賢。
今朕親耕籍田以為農先，勸孝弟，崇有德，使者冠蓋相望，問勤勞，恤
孤獨，盡思極神，功烈休德未始云獲也。今陰陽錯繆，氛氣充塞，群生
寡遂，黎民未濟，廉恥貿亂，賢不肖渾淆，未得其真，故詳延特起之
士，庶幾乎！今子大夫待詔百有餘人，或道世務而未濟，稽諸上古之不
同，考之於今而難行，毋乃牽於文系而不得騁與？將所繇異術，所聞殊
方與？各悉對，著於篇，毋諱有司。明其指略，切磋究之。以稱朕意。

　　制曰：蓋聞「善言天者必有徵於人，善言古者必有驗於今」。故朕垂
問乎天人之應，上嘉唐虞，下悼桀、紂，浸微浸滅浸明浸昌之道，虛心
以改。今子大夫明於陰陽所以造化，習於先聖之道業，然而文采未極，
豈惑乎當世之務哉？條貫靡竟，統紀未終，意朕之不明與？聽若眩與？
夫三王之教所祖不同，而皆有失，或謂久而不易者道也，意豈異哉？今
子大夫既已著大道之極，陳治亂之端矣，其悉之究之，孰之復之。《詩》
不云乎，「嗟爾君子，毋常安息，神之聽之，介爾景福。」朕將親覽焉，
子大夫其茂明之。

　　漢武帝下的這三封對策，董仲舒有問必答，字字句句都切中武帝的
心意。於是，漢武帝立刻寫下了「賢良之首」四個大字，並下旨：「速召
董仲舒覲見，朕要當面策問。」宮廷內外，頓時議論紛紛，都想一睹董仲
舒的風采。

　　不久之後，漢武帝又在未央宮單獨召見了董仲舒。漢武帝對他說：
「朕即位以來，希望治理好國家，深感責任重大，晝夜不敢安心。深思萬
機，猶恐有失。所以廣請四方豪傑與賢良有學之士，希望能聽到你的有
關治國的宏論。朕當專誠聽取，向你請教。」

　　董仲舒說：「這是我主英明聖哲的展現，臣願竭盡全力，以報聖上恩
德。」

漢武帝見董仲舒舉止合禮，言辭達理，心中非常滿意。漢武帝接著問：「朕有些問題百思不得其解，想煩先生解釋。從前三皇五帝的時候，天下太平。可到後來，王道衰微，國家滅亡，這是否是天意如此？朕繼位後，很想取法上古，向堯舜看齊，使天下聖明，不知這樣做有沒有用？夏商週三代受天命而興起，它們的祥兆是什麼？天下的災異為什麼會起？人可壽夭，天性有好壞，究竟是什麼道理？還有，朕現在希望純樸的風尚在社會上暢行，法令能執行下去。刑罰減輕，奸佞改過。朕也期望百姓和樂，政治清明。如何修治整飭，從而達到雨露滋潤，百穀豐登，享受天的保佑和鬼神的陰庇，洋溢著德澤足以施及四海眾生，但不知怎麼樣才能實現？」

漢武帝一口氣提出這麼多問題，他看了看面前的董仲舒，接著又說：「先生明曉先聖的業績，研究風俗習氣的變化和事物發展的規律。而且先生研究高深學問的時間也很久了，請闡明你的看法。」

董仲舒是一個飽讀詩書的人，他見漢武帝年紀輕輕，便提出了這麼多非一般常人可提出的尖銳深刻的問題，深切地體會到漢武帝很了不起。他多年研讀講學，已形成一套自己完整的儒學治用思想和理論。他望了望御座上的漢武帝，定了定神，然後一一作了回答：

臣謹案《春秋》之中，視前世已行之事，以觀天人相與之際，甚可畏也。國家將有失道之敗，而天乃先出災害以譴告之，不知自省，又出怪異以警懼之，尚不知變，而傷敗乃至。以此見天心之仁愛人君而欲止其亂也。自非大亡道之世者，天盡欲扶持而全安之，事在強勉而已矣。強勉學習，則聞見博而知益明；強勉行道，則德日起而大有功：此皆可使還至而有效者也。《詩》曰「夙夜匪解」，《書》云「茂哉茂哉！」皆強勉之謂也。

道者，所繇適於治之路也，仁義禮樂皆其具也。故聖王已沒，而子孫長久安寧數百歲，此皆禮樂教化之功也。王者未作樂之時，乃用先五

之樂宜於世者，而以深入教化於民。教化之情不得，雅頌之樂不成，故王者功成作樂，樂其德也。樂者，所以變民風，化民俗也；其變民也易，其化人也著。故聲發於和而本於情，接於肌膚，臧於骨髓。故王道雖微缺，而管絃之聲未衰也。夫虞氏之不為政久矣，然而樂頌遺風猶有存者，是以孔子在齊而聞《韶》也。夫人君莫不欲安存而惡危亡，然而政亂國危者甚眾，所任者非其人，而所繇者非其道，是以政日以僕滅也。夫周道衰於幽、厲，非道亡也，幽、厲不繇也。至於宣王，思昔先王之德，興滯補弊，明文、武之功業，周道粲然復興，詩人美之而作，上天晁之，為生賢佐，後世稱通，至今不絕。此夙夜不解行善之所致也。孔子曰「人能弘道，非道弘人」也。故治亂廢興在於己，非天降命不得可反，其所操持誖謬失其統也。

臣聞天之所大奉使之王者，必有非人力所能致而自至者，此受命之符也。天下之人同心歸之，若歸父母，故天瑞應誠而至。《書》曰「白魚入於王舟，有火復於王屋，流為烏」，此蓋受命之符也。周公曰「復哉復哉」，孔子曰「德不孤，必有鄰」，皆積善累德之效也。及至後世，淫佚衰微，不能統理群生，諸侯背畔，殘賤良民以爭壤土，廢德教而任刑罰。刑罰不中，則生邪氣；邪氣積於下，怨惡畜於上。上下不和，則陰陽繆盭而嬌孽生矣。此災異所緣而起也。

臣聞命者天之令也，性者生之質也，情者人之慾也。或夭或壽，或仁或鄙，陶冶而成之，不能粹美，有治亂之所在，故不齊也。孔子曰：「君子之德風，小人之德草，草上之風必偃。」故堯、舜行德則民仁壽，桀、紂行暴則民鄙夭。未上之化下，下之從上，猶泥之在鈞，唯甄者之所為，猶金之在熔，唯冶者之所鑄。

「綏之斯俫，動之斯和」，此之謂也。

臣謹案《春秋》之文，求王道之端，得之於正。正次王，王次春。春者，天之所為也；正者，王之所為也。其意曰，上承天之所為，而下以正其所為，正王道之端云爾。然則王者欲有所為，宜求其端於天。天道之大者在陰陽。陽為德，陰為刑；刑主殺而德主生。是故陽常居大夏，

而以生育養長為事；陰常居大冬，而積於空虛不用之處。以此見天之任德不任刑也。天使陽出布施於上而主歲功，使陰入伏於下而時出佐陽；陽不得陰之助，亦不能獨成歲。終陽以成歲為名，此天意也。王者承天意以從事，故任德教而不任刑。刑者不可任以治世，猶陰之不可任以成歲也。為政而任刑，不順於天，故先王莫之肯為也。今廢先王德教之官，而獨任執法之吏治民，毋乃任刑之意與！孔子曰：「不教而誅謂之虐。」虐政用於下，而欲德教之被四海，故難成也。

臣謹案《春秋》謂一元之意，一者萬物之所從始也，元者辭之所謂大也。謂一為元者，視大始而欲正本也。《春秋》深探其本，而反自貴者始。故為人君者，正心以正朝廷，正朝廷以正百官，正百官以正萬民，正萬民以正四方。四方正，遠近莫敢不一於正，而亡有邪氣奸其間者。是以陰陽調而風雨時，群生和而萬民殖，五穀熟而草木茂，天地之間被潤澤而大豐美，四海之內聞盛德而皆徠臣，諸福之物，可致之祥，莫不畢至，而王道終矣。

孔子曰：「鳳鳥不至，河不出圖，吾已矣夫！」自悲可致此物，而身卑賤不得致也。今陛下貴為天子，富有四海，居得致之位，操可致之勢，又有能致之資，行高而恩厚，知明而意美，愛民而好士，可謂誼主矣。然而天地未應而美祥莫至者，何也？凡以教化不立而萬民不正也。夫萬民之從利也，如水之走下，不以教化堤防之，不能止也。是故教化立而奸邪皆止者，其堤防完也；教化廢而奸邪並出，刑罰不能勝者，其堤防壞也。古之王者明於此，是故南面而治天下，莫不以教化為大務。立太學以教於國，設庠序以化於邑，漸民以仁，摩民以誼，節民以禮，故其刑罰甚輕而禁不犯者，教化行而習俗美也。

聖王之繼亂世也，掃除其跡而悉去之，復修教化而崇起之。教化已明，習俗已成，子孫循之，行五六百歲尚未敗也。至周之末世，大為亡道，以失天下。秦繼其後，獨不能改，又益甚之，重禁文學，不得挾書，棄捐禮誼而惡聞之，其心欲盡滅先聖之道，而顓為自恣苟簡之治，故立為天子十四歲而國破亡矣。自古以來，未嘗有以亂濟亂，大敗天下

之民如秦者也。其遺毒餘烈，至今未滅，使習俗薄惡，人民囂頑，抵冒殊扞，孰爛如此之甚者也。孔子曰：「腐朽之木不可雕也，糞土之牆不可圬也。」今漢繼秦之後，如朽木、糞牆矣，雖欲善治之，亡可奈何。法出而奸生，令下而詐起，如以湯止沸，抱薪救火，愈甚亡益也。竊譬之琴瑟不調，甚者必解而更張之，乃可鼓也；為政而不行，甚者必變而更化之，乃可理也。當更張而不更張，雖有良工不能善調也；當更化而不更化，雖有大賢不能善治也。故漢得天下以來，常欲善治而至今不可善治者，失之於當更化而不更化也。古人有言曰：「臨淵羨魚，不如退而結網。」今臨政而願治七十餘歲矣，不如退而更化；更化則可善治，善治則災害日去，福祿日來。《詩》云：「宜民宜人，受祿於人。」為政而宜於民者，固當受祿於天。夫仁、誼、禮、知、信五常之道，王者所當修飭也；五者修飭，故受天之晁，而享鬼神之靈，德施於方外，延及群生也。

董仲舒用了天譴論回答了武帝「三代受命，其符安在？災異之變，何緣而起」的問題。他又提出，國家若要長治久安，必須要興起儒家的「禮樂教化」。他說：「國君是承繼上天意志在人間辦事的，故應當用德教，不能濫用刑罰，刑罰不能用來治世，就像年歲不能用黑夜造成一樣。」因此，他建議要以「教化」治理天下，「莫不以教化為大務」。

「教化不立而萬民不正」「教化立則奸邪皆止」。要教化百姓，就要在國都設立太學，在邑城設立庠序。接著，董仲舒猛烈抨擊秦朝以法治國的弊端，認為秦的歷史證明，法令愈多而奸邪愈生，正好像揚湯止沸、抱薪救火一樣。

秦朝以法治國的遺毒餘烈，至今尚未泯滅。漢家已有天下 70 年了，必須改變這種局面，這叫做「退而更化」，只有更化才能治理好國家。

董仲舒的第一個對策，適應了當時漢朝從政治上、思想上鞏固封建統治的需要，切中了當時政治上最高代表漢武帝的心思。這位年輕君王早就醞釀著許多想法，只是還沒有系統化、理論化，還很朦朧，也沒有

用文字、語言表達出來。聽了董仲舒的對策,他大為驚異,想不到漢家天下竟有這樣的人才。

很快地,漢武帝對董仲舒進行了第二次召見。董仲舒能夠推行自己的主張,當然感到十分興奮。他把自己思索了多年的哲學觀點和政治思想,鄭重地提了出來:

臣聞堯受命,以天下為憂,而未以位為樂也,故誅逐亂臣,務求賢聖,是以得舜、禹、稷、卨、咎繇。眾聖輔德,賢能佐職,教化大行,天下和洽,萬民皆安仁樂誼,各得其宜,動作應禮,從容中道。故孔子曰「如有王者,必世而後仁」,此之謂也。堯在位七十載,乃遜於位以禪虞舜。堯崩,天下不歸堯子丹朱而歸舜。舜知不可闢,乃即天子之位,以禹為相,因堯之輔佐,繼其統業,是以垂拱無為而天下治。孔子曰「《韶》盡美矣,又盡善(矣)」,此之謂也。至於殷紂,逆天暴物,殺戮賢知,殘賊百姓。伯夷、太公皆當世賢者,隱處而不為臣。守職之人皆奔走逃亡,入於河海。天下耗亂,萬民不安,故天下去殷而從周。文王順天理物,師用賢聖,是以閎天、大顛、散宜生等亦聚於朝廷。愛施兆民,天下歸之,故太公起海濱而即三公也。當此之時,紂尚在上,尊卑昏亂,百姓散亡,故文王悼痛而欲安之,是以日昃而不暇食也。孔子作《春秋》,先正王而系萬事,見素王之文焉。繇此觀之,帝王之條貫同,然而勞逸異者,所遇之時異也。孔子曰「《武》盡美矣,未盡善也」,此之謂也。

臣聞制度文采玄黃之飾,所以明尊卑,異貴賤,而勸有德也。故《春秋》受命,所先制者,改正朔,易服色,所以應天也。然則宮室旌旗之制,有法而然者也。故孔子曰:「奢則不遜,儉則固。」儉非聖人之中制也。臣聞良玉不瑑,資質潤美,不待刻瑑,此亡異於達巷黨人不學而自知也。然則常玉不瑑,不成文章;君子不學,不成其德。

臣聞聖王之治天下也,少則習之學,長則材諸位,爵祿以養其德,刑罰以威其惡,故民曉於禮誼而恥犯其上。武王行大誼,平殘賊,周公

作禮樂以文之，至於成康之隆，囹圄空虛四十餘年，此亦教化之漸而仁誼之流，非獨傷肌膚之效也。至秦則不然。師申商之法，行韓非之說，憎帝王之道，以貪狼為俗，非有文德以教訓於下也。誅名而不察實，為善者不必免，而犯惡者未必刑也。是以百官皆飾虛辭而不顧實，外有事君之禮，內有背上之心，造偽飾詐，趣利無恥；又好用憯酷之吏，賦斂亡度，竭民財力，百姓散亡，不得從耕織之業，群盜並起。是以刑者甚眾，死者相望，而奸不息，俗化使然也。故孔子曰「導之以政，齊之以刑，民免而無恥」，此之謂也。

今陛下並有天下，海內莫不率服，廣覽兼聽，極群下之知，盡天下之美，至德昭然，施於方外。夜郎、康居，殊方萬里，說德歸誼，此太平之致也。然而功不加於百姓者，殆王心未加焉。曾子曰：「尊其所聞，則高明矣；行其所知，則光大矣。高明光大，不在於它，在乎加之意而已。」願陛下因用所聞，設誠於內而致行之，則三王何異哉！

陛下親耕藉田以為農先，夙寤晨興，憂勞萬民，思唯往古，而務以求賢，此亦堯舜之用心也，然而未雲獲者，士素不屬也。夫不素養士而欲求賢，譬猶不玉而求文采也。故養士之大者，莫大太學；太學者，賢士之所關也，教化之本原也。今以一郡一國之眾，對亡應書者，是王道往往而絕也。臣願陛下興太學，置明師，以養天下之士，數考問以盡其材，則英俊宜可得矣。今之郡守、縣令，民之師帥，所使承流而宣化也；故師帥不賢，則主德不宣，恩澤不流。今吏即亡教訓於下，或不承用主上之法，暴虐百姓，與奸為市，貧窮孤弱，冤苦失職，甚不稱陛下之意。是以陰陽錯繆，氛氣充塞，群生寡遂，黎民未濟，皆長吏不明，使至於此也。

夫長吏多出於郎中、中郎，吏二千石子弟選郎吏，又以富訾，未必賢也。且古所謂功者，以任官稱職為差，非謂積日累久也。故小材雖累日，不離於小官；賢材雖未久，不害為輔佐，是以有司竭力盡知，務治其業而以赴功。今則不然。（累）日以取貴，積久以致官，是以廉恥貿亂，賢不肖混殽，未得其真。臣愚以為使諸列侯、郡守、二千石各擇其

吏民之賢者，歲貢各二人以給宿衛，且以觀大臣之能；所貢賢者有賞，所貢不肖者有罰。夫如是，諸侯、吏二千石皆盡心於求賢，天下之士可得而官使也。徧得天下之賢人，則三王之盛易為，而堯舜之名可及也。毋以日月為功，實試賢能為上，量材而授官，錄德而定位，則廉恥殊路，賢不肖異處矣。陛下加惠，寬臣之罪，令勿牽制於文，使得切磋究之，臣敢不盡愚！

董仲舒進一步總結了三代以來的歷史經驗，特別點明秦朝以刑法治天下，「賦斂無度」，導致「死者相望而奸不息」的教訓。為了培養一批「德治」人才，他再次建議設立太學，作為「教化之本」。

他說皇帝若透過考問得到天下「英俊」之才，就有可能實現三代的至治局面，陛下的英名也就能和堯、舜比美。早就想成就一番事業的武帝，被董仲舒的對策說得心癢癢的。這兩次的對策，都獲得皇帝的嘉許，董仲舒感到不勝榮幸。他在第三道對策中，鄭重提出自己思索多年的哲學觀點和政治思想：

臣聞《論語》曰：「有始有卒者，其唯聖人虖！」今陛下幸加惠，留聽於承學之臣，復下明冊，以切其意，而究盡聖德，非愚臣之所能具也。前所上對，條貫靡竟，統紀不終，辭不別白，指不分明，此臣淺陋之罪也。冊曰：「善言天者必有徵於人，善言古者必有驗於今。」臣聞天者群物之祖也。故徧覆包涵而無所殊，建日月風雨以和之，經陰陽寒暑以成之。故聖人法天而立道，亦溥愛而亡私，布德施仁以厚之，設誼立禮以導之。春者天之所以生也，仁者君之所以愛也；夏者天之所以長也，德者君之所以養也；霜者天之所以殺也，刑者君之所以罰也。繇此言之，天人之徵，古今之道也。孔子作《春秋》，上揆之天道，下質諸人情，參之於古，考之於今。故《春秋》之所譏，災害之所加也；《春秋》之所惡，怪異之所施也。書邦家之過，兼災異之變；以此見人之所為，其美惡之極，乃與天地流通而往來相應，此亦言天之一端也。古者修教訓之官，

務以德善化民，民已大化之後，天下常亡一人之獄矣。今世廢而不修，亡以化民，民以故棄行誼而死財利，是以犯法而罪多，一歲之獄以萬千數。以此見古之不可不用也，故《春秋》變古則譏之。天令之謂命，命非聖人不行；質樸之謂性，性非教化不成；人慾之謂情，情非度制不節。是故王者上謹於承天意，以順命也；下務明教化民，以成性也；正法度之宜，別上下之序，以防欲也；修此三者，而大本舉矣。人受命於天，固超然異於群生，入有父子兄弟之親，出有君臣上下之誼，會聚相遇，則有耆老長幼之施，粲然有文以相接，歡然有恩以相愛，此人之所以貴也。生五穀以食之，桑麻以衣之，六畜以養之，服牛乘馬，圈豹檻虎，是其得天之靈，貴於物也。故孔子曰：「天地之性人為貴。」明於天性，知自貴於物；知自貴於物，然後知仁誼；知仁誼，然後重禮節；重禮節，然後安處善；安處善，然後樂循理；樂循理，然後謂之君之。故孔子曰「不知命，亡以為君子」，此之謂也。

冊曰：「上嘉唐、虞，下悼桀、紂，浸微浸滅浸明浸昌之道，虛心以改。」

臣聞眾少成多，積小致臣，故聖人莫不以晻致明，以微致顯。是以堯發於諸侯，舜興乎深山，非一日而顯也，蓋有漸以致之矣。言出於已，不可塞也；行發於身，不可掩也。言行，治之大者，君子之所以動天地也。故盡小者大，慎微者著。《詩》云：「唯此文王，小心翼翼。」胡堯兢兢日行其道，而舜業業日致其孝，善積而名顯，德章而身尊，以其浸明浸昌之道也。積善在身，猶長日加益，而人不知也；積惡在身，猶火之銷膏，而人不見也。非明乎情性察乎流俗者，孰能知之？此唐、虞之所以得令名，而桀、紂之可為悼懼者也。夫善惡之相從，如景鄉之應形聲也。故桀、紂暴謾，讒賊並進，賢知隱伏，惡日顯，國日亂，晏然自以如日在天，終陵夷而大壞。夫暴逆不仁者，非一日而亡也，亦以漸至，故桀、紂雖亡道，然猶享國十餘年，此其浸微浸滅之道也。

冊曰：「三王之教所祖不同，而皆有失，或謂久而不易者道也，意豈異哉？」臣聞夫樂而不亂復而不厭者謂之道；道者萬世之弊，弊者道之

失也。先王之道必有偏而不起之處，故政有眊而不行，舉其偏者以補其弊而已矣。三王之道所祖不同，非其相反，將以救溢扶衰，所遭之變然也。故孔子曰：「亡為而治者，其舜乎！」改正朔，易服色，以順天命而已；其餘盡循堯道，何更為哉！故王者有改制之名，亡變道之實。然夏上忠，殷上敬，週上文者，所繼之救，當用此也。孔子曰：「殷因於夏禮，所損益可知也；周因於殷禮，所損益可知也；其或繼周者，雖百世可知也。」此言百王之用，以此三者矣。夏因於虞，而獨不言所損益者，其道如一而所上同也。道之大原出於天，天不變，道亦不變，是以禹繼舜，舜繼堯，三聖相受而守一道，亡救弊之政也，故不言其所損益也。繇是觀之，繼治世者其道同，繼亂世者其道變。今漢繼大亂之後，若宜少損周之文致，用夏之忠者。

陛下有明德嘉道，愍世欲之靡薄，悼王道之不昭，故舉賢良方正之士，論議考問，將欲興仁誼之林德，明帝王之法制，建太平之道也。臣愚不肖，述所聞，誦所學，道師之言，塵能勿失耳。若乃論政事之得失，察天下之息耗，此大臣輔佐之職，三公九卿之任，非臣仲舒所能及也，然而臣竊有怪者。夫古之天下亦今之天下，今之天下亦古之天下，共是天下，古以大治，上下和睦，習俗美盛，不令而行，不禁而止，吏亡奸邪，民亡盜賊，囹圄空虛，德潤草木，澤被四海，鳳皇來集，麒麟來遊，以古準今，一何不相逮之遠也！安所繆盭而陵夷若是？意者有所失於古之道與？有所詭於天之理與？試跡之於古，返之於天，黨可得見乎。夫天亦有所分予，予之齒者去其角，傅其翼者兩其足，是所受大者不得取小也。古之所予祿者，不食於力，不動於末，是亦受大者不得取小，與天同意者也。

夫已受大，又取小，天不能足，而況人乎！此民之所以囂囂苦不足也。身寵而載高位，家溫而食厚祿，因乘富貴之資力，以與民爭利於下，民安能如之哉！是故眾其奴婢，多其牛羊，廣其田宅，博其產業，畜其積委，務此而亡已，以迫蹴民，民日削月浸，浸以大窮。富者奢侈羨溢，貧者窮急愁苦；窮急愁苦而不上救，則民不樂生；民不樂生，尚

不避死，安能避罪！此刑罰之所以蕃而奸邪不可勝者也。故受祿之家，食祿而已，不與民爭業，然後利可均布，而民可家足。此上天之理，而亦太古之道，天子之所宜法以為制，大夫之所當循以為行也。故公儀子相魯，之其家見織帛，怒而出其妻，食於舍而茹葵，慍而拔其葵，曰：「吾已食祿，又奪園夫紅女利乎！」古之賢人君子在列位者皆如是，是故下高其行而從其教，民化其廉而不貪鄙。及至周室之衰，其卿大夫緩於誼而急於利，亡推讓之風而有爭田之訟。故詩人疾而刺之，曰：「節彼南山，唯石巖巖，赫赫師尹，民具爾瞻。」爾好誼，則民鄉仁而俗善；爾好利，則民好邪而俗敗。由是觀之，天子大夫者，下民之所視效，遠方之所四面而內望也。近者視而放之，遠者望而效之，豈可以居賢人之位而為庶人行哉！夫皇皇求財利常恐乏匱者，庶人之意也；皇求仁義常恐不能化民者，大夫之意也。《易》曰：「負且乘，致寇至。」乘車者君子之位也，負擔著小人之事也，此言居君子之位而為庶人之行者，其患禍必至也。若居君子之位，當君子之行，則舍公儀休之相魯，亡可為者矣。

《春秋》大一統者，天地之常經，古今之通誼也。今師異道，人異論，百家殊方，指意不同，是以上亡以持一統；法制數變，下不知所守。臣愚以為諸不在六藝之科孔子之術者，皆絕其道，勿使並進。邪辟之說滅息，然後統紀可一而法度可明，民知所從矣。

董仲舒希望漢武帝要堅持不變的天道。在不變的天道之下，讓君臣、父子、夫婦、兄弟之間遵守嚴格有序的上下尊卑關係，使「貴賤有等，衣服有別，朝廷有位，鄉黨有序」，以保持永恆的封建秩序。

他又向漢武帝提出了政治上大一統的思想，「春秋大一統者，天地之常經，古今之通誼也。」帝王要在「大一統」的總原則下，統一思想。凡是不符合儒家六藝、孔子之術的思想學說，一律摒絕禁止，不允許再存在。

只要「邪辟之說滅息」了，「然後統紀可一，而法度可明」，老百姓就好統治了。董仲舒這套建立在唯心主義哲學觀點上的政治思想，從「春

秋大一統」的原則出發，維護了皇帝至高無上的權力；利用儒家思想，以維持封建統治秩序。

在封建社會的上升時期，董仲舒的思想原則，不僅加強了封建中央集權制度，也適應了建立在宗法制基礎上的封建地主經濟的發展要求。這就是武帝能夠接受他三次對策的根本原因。

董仲舒對策成功，漢武帝任命他為江都相，在武帝之兄易王劉非那裡做事。武帝下詔，命令全國「推問孔氏，抑制百家，立學校之官，州舉茂材孝廉」。

「罷黜百家，獨尊儒術」，成為漢武帝時期意識形態領域中一項重大政策，對以後的封建社會，產生了深遠的影響。董仲舒後來年老歸家，朝廷每有大事，還遣使相問。他的對策和儒家論著，前後共寫了 123 篇，其中一部分保留在流傳至今的《春秋繁露》這部古書中。

董仲舒的這些主張，是從維護專制統治的長遠利益而謀略的，這不僅有利於專制統治的長治久安，而且為漢武帝統一思想，集權中央，一統天下提供了充分的理論依據，因而被漢武帝採納。

從漢武帝以後，儒學居於獨尊地位，成為此後整個漢代以至兩千年封建社會間統治人民的正統思想，漢武帝為獨尊儒術，使這種思想推而廣之，接受了董仲舒的建議，興辦太學。

大約是在建元對策的當年就建立了太學，到了建元五年，也就是西元前 136 年春，又設定了五經博士，將博士制度與太學制度結合起來，進而確立以經術造士的教育制度。太學完全採用儒家五經為課程，教師聘請儒學博士擔任。

元朔五年，也就是西元前 124 年，漢武帝下《勸學詔》，命禮官勸學，把舉遺風、興禮學視為天下的首要任務。漢武帝還號召在郡國興辦

地方學校,推廣蜀守文翁在郡興立地方學校的做法,「令天下郡國,皆立學校官」。

這樣,使得儒學成為士人進身階梯,天下士人為進入仕途,紛紛統一到儒家思想中來,用儒學思想武裝起來的人才成為封建專制中央集權最得力的擁護者。

漢武帝對董仲舒「罷黜百家,獨尊儒術」的主張並未完全實施。尊儒興學,他做了,而禁滅百家的極端主張,他沒有採納。在保證儒學的官方學術、政治主導思想的前提下,漢武帝在學術。思想領域走的是「悉延百端之學」的路子。

除了學官獨用儒家外,武帝沒有排斥百家,禁止學術活動。前朝好其他學說的許多大臣,大都留任朝廷,有的還被重用。朝廷中有些公卿即使是以儒術見用的,也可兼治其他學說。對郡國及民間的其他學說活動,武帝並未明令取締、禁止,而任由其存在。

「博開藝能之路,悉延百端之學」是武帝繼位後實行的學術文化政策,它表明了武帝並不動用皇權強行推行和追求學術思想的大一統,而是在確定了儒家為主流、主導思想之後,不斷按實際需要吸取諸子百家學為輔導,作為對自己政治主導思想的必要補充。

▎ 設五經博士與太學之舉 ▎

漢武帝自從即皇帝位不久,就不斷進行尊儒的活動,其中要以置五經博士、興學校這兩件大事產生了極其深遠的影響。根據歷史考證,在中國戰國末期就已經設立博士一職。

而到了漢初時期,漢承秦制,博士官予以保留。可在那時,漢高祖

劉邦是一個不喜歡儒生、不喜歡經學的皇帝。而陸賈卻時不時在劉邦面前演說稱讚《詩》、《書》。

於是，劉邦罵他說：「朕在馬上得到天下，哪兒用得著《詩》、《書》？」

陸賈說：「在馬上得到天下，難道可以在馬上治理天下嗎？況且商湯、周武用武力奪取天下而後用仁義治理天下，文德武功一起使用，是維護長久的方法啊。假如秦國吞併天下之後施行仁義，效法古代的聖賢君王，陛下怎能獲得天下呢？」

劉邦聽了，覺得他說得十分有道理，頓時感覺有些羞愧。於是對陸賈說道：「請先生為我寫出秦失去天下的原因和我得到天下的原因以及古代成功與失敗的國家是怎麼回事。」

於是，陸賈大略地記述國家存亡的原因，一共著作 12 篇。每上奏一篇，劉邦都對他的著書稱讚不已，在皇帝身邊的人也都高喊萬歲，並且稱那本書叫《新語》。

到了漢文帝、漢景帝時期，便出現了博士。如張生，如晁錯，都屬於《書》博士；如申生，如轅固，如韓嬰，都屬於《詩》博士；如胡毋生，如董仲舒，都屬於《春秋》博士。像這樣設定的博士，雖都屬於經學博士，還不能說是經學博士的定製。

建元五年，也就是西元前 136 年春，漢武帝設定五經博士，即《詩》、《書》、《禮》、《易》、《春秋》博士。由於這時的《樂》因為時間久遠而已失傳，儒家的六經也只剩五經，而《詩》、《書》、《春秋》三經已置，所以，要置的只是《禮》、《易》兩經。

五經博士歸屬太常統轄。當時的主要職責是鑽研儒家經典，參與朝廷議論典禮、政事，充當皇帝的顧問。

置五經博士作為漢武帝獨尊儒術系列舉措中的一環，具有非同尋常的意義。從此以後，儒家壟斷了博士一職，博士官不僅是精通儒家經典的議政官、禮官，而且還具有學官的身分。這樣就從根本上或體制上保證了經學的統治地位，使儒家的五經成為漢帝國政治生活和行為道德的基本標準。

五經博士的設定，為以後的舉孝廉、興太學等興儒措施開闢了道路，打下了基礎。漢武帝正是透過這些具體的可操作的舉措，將他尊崇儒術的意圖，演變成了現實。

根據典籍記載，中國在夏、商、周時已有學校。漢代國立大學稱之為太學，是在漢武帝時期創辦設立的。郡國地方辦的學校稱之為庠序，在漢武帝之前，例如蜀都已經設定，漢武帝時期，詔令天下郡國都設立學校，學校逐漸普及於全國。

董仲舒在其《對策》中說：「太學者，賢士之所關也，教化之本原也。今以一郡一國之眾，對亡應書者，是王道往往而絕也。臣願陛下興太學，置明師，以養大下之士。」

其中的「置明師」就是設定儒家思想經學之師，也就是後來武帝所設定的五經博士。而「養天下之士」就是培養來自全國各地的學生。漢武帝立即採納了董仲舒的建議，並付諸實施。

興太學、置明師使尊儒程式具體化。利用學校教育來傳播統治階級的思想，董仲舒是首創者，而真正具體實施這項計劃的是丞相公孫弘。

漢高祖七年，也就是西元前 200 年，公孫弘出生在菑川國薛縣。公孫弘年輕的時候，曾經在家鄉薛縣做獄吏，後來因為觸犯法律而被免職。失去職務的公孫弘沒有了經濟來源，於是到海上去牧豬。

40 多歲的他才開始學習《春秋》，後來又研究當時非常流行的《公羊

春秋》。而因通曉《詩》、《書》而聞名郡國，並與公孫弘同齡的賈誼被徵為博士，一年之中升遷為太中大夫之職。

雖然漢文帝喜好刑名學家的言論，然而在賈誼一系列的建議下，文帝也開始慢慢地嘗試任用一些儒學之士，並且初設一經博士。

後來，漢武帝派遣公孫弘出使匈奴，因覆命之言不合武帝的心意，武帝認為公孫弘沒有才能。公孫弘因此稱病，被免官後依舊回到家鄉。元光五年，也就是西元前 130 年，公孫弘再次被推舉為賢良文學。

但是，他卻執意辭謝，說：「我已經被推舉一次，西行至長安，能力不足，未能稱職，所以才回來了。還是推舉別的先生吧。」不過，國人仍堅持推舉他。

漢武帝策詔群儒，請教天命廢興的道理。公孫弘對策，回答了治民之本，強調「禮儀」「賞罰」的應用。

當時對策一百多人，太常把公孫弘的對策列在下等，漢武帝閱讀之後，將其提升為第一。又親自召見公孫弘，看到他容貌端正莊嚴，於是拜為博士，待詔金馬門。

公孫弘是武帝時著名的儒官之一，生活簡樸，諳於世故，為人謙虛謹慎。全國各地賢士多去投奔他，口碑極好。他歷任左內史、御史大夫，終於拜相封侯。

公孫弘以賢良對策的儒生身分一躍成為丞相，確實讓讀書人羨慕。於是許多人以他為楷模，努力研習經書，希望有朝一日也能拜官封爵。

公孫弘以布衣入相，沒有任何政治背景，所以為人處世更是八面玲瓏。面對武帝不斷集權於自己手中，他表現出軟弱服從的樣子。公孫弘經常以「人主病不廣大，人臣病不節儉」來迎合武帝，主動要求加強皇權，削弱臣權。

廷奏時也總是唯唯諾諾，不敢爭辯，和勇於直諫的都尉汲黯形成鮮明對比。公孫弘身世微不足道，學術上不能和董仲舒相比，但他善於「文法吏事，緣飾以儒術」而平步青雲，位列三公。他執政期間實行的吏治和太學對漢朝政治產生了深遠的影響。

元朔五年，也就是西元前 124 年六月，漢武帝下了一道興學的詔書，詔書中講了制禮作樂進行教化的重要性，並指令太常商議為博士置弟子的事情，以使鄉里人人崇尚教化，並達到砥礪賢才的目的。

詔書下達不久，丞相公孫弘與太常孔臧、博士平等共同上奏：

聞三代之道，鄉里有教，夏曰校，殷曰序，週曰癢。其勸善也，顯之朝廷；其懲惡也，加之刑罰。

故教化之行也，建首善自京師始，由內及外。今陛下昭至德，開大明，配天地，本人倫，勸學修禮，崇化屬賢，以風四方，大平之原也。

古者政教未洽，不備其禮，請因舊官而興焉。為博士言置弟子五十人，復其身。太常擇民年十八已上，儀狀端正者，補博士弟子。

郡國縣道邑有好文字，敬長上，肅政教，順鄉里，出入不悖所聞者，令相長承上局所二千石，二千石謹察可者，當與計偕，詣太常，得受業如弟子。

一歲皆輒試，能通一藝以上，補文學掌故缺；其高第可以為郎中，太常奏籍。即有秀才異等，輒以名聞。其不事學若下材，及不能通一藝，輒罷之，而請諸不稱者罰。

可以說這是董仲舒興太學建議後，公孫弘進一步把它完善、具體化的證明。明確了生源、師資、考法和分配等各方面規定，從而建立了中國教育史上第一所有完備規章制度、史實可考的官學校。

公孫弘奏議中指出辦太學的目的是為了興教化，實質上是想把儒學推廣到全國，使讀書人把儒家經典作為學習內容。

漢武帝批示說「可以」。從此以後，公卿大夫和一般官吏，很多都是才華橫溢的文學之士了。漢朝掌管文教的官員為太常，居九卿首位，原名奉常，是秦朝的官名，漢景帝時改為太常。漢武帝時期興辦了太學，太學的教師稱為博士。

《後漢書·百官志》記載太學的教師主要職責是「掌教弟子」，同時「國有疑事」要「掌承問對」，也就是說是參加議政。另外，博士還有「風使」及巡視地方政教等工作。眾博士之上設定首席長官僕射，總領太學事務。

西漢博士多由熟讀經書的名流擔任，採用徵拜或舉薦的方式選拔，也有諸科始進或他官遷任的。博士要求德才兼備，學識淵博，能夠「明於古今」

「通達國體」。漢代太學向來都有「嚴於擇師」的傳統，所以經過嚴格挑選後的博士多是為人師表、修養高深的儒學大師。

教學的內容則以講經學為主，經學大師在專門的學堂講學，弟子在台下聽教誨，遇到有名儒授課，更是濟濟一堂，頗有學術氣氛。因為西漢時紙未普及，帛難以承擔，主要使用簡牘。

由於簡牘書寫的速度比較慢，而且也不好出版，所以大師學說師師相傳，遵循一定的家法和師法，基本依照漢武帝的五經博士的經書為準。

而被選送到太學的學生有兩部分，一部分是太常遣派的博士弟子50人，另一部分是郡國選送經太常批准的「得受業如弟子」地方派遣生。這兩部分學生經過學習一年後要經過嚴格考核，並按學習的等次分派到皇帝身邊做郎官，和被委派到中央一些其他機構和郡國守相下做屬吏，學習不及格的罷除。

漢武帝之後博士弟子名額逐漸增加，昭帝時增加到 100 人，宣帝時增加 200 人，元帝時增至 1000 人，成帝末增至 3000 人，到東漢末竟然增加至 3 萬人。

而太學生的補選主要有兩種渠道：一是由太常直接選送；二是由郡國縣道邑選送。選送的條件參照公孫弘奏議，條件不符、弄虛作假的要受懲罰。另外也有透過考試和按「父任」入學的。

雖然公孫弘擬定太學生為 18 歲青年，可實際上既有 60 歲以上的白首翁，也有 12 歲的任賢童。由太常選送的太學生為正式生，享受俸祿，其他途徑入學的費用自理。

太學的學生還擁有充裕的自學時間。學校提倡太學生自由研討學問和向社會名流學者求教。先秦遊學的風尚依然流行。漢代太學鼓勵自學，允許自由討論，這樣就為當時造就了相當一大批學識淵博，而且有研究能力的人才。

當時的漢武帝在設立太學的同時還創造了「密封」試卷的考試法。這種方法叫「射策法」，也就是後來所說的一種抽籤式的考試，每年進行一次。

太學生畢業後，能通一藝以上的學生，補文學掌故缺；其高第可以為郎中，太常籍奏，即有秀才異等，就以名聞。其不事學若下材，及不能通一藝。輒罷之，而請諸能稱者。說明太學生的級別不高，優秀者僅僅就相當於孝廉，那些學而無成，空手而歸的人也有很多。

太學的興立，進一步有效地助長了民間積極向學的風氣，對於文化的傳播造成了重大的推動作用，同時使大官僚和大富豪子嗣壟斷官位的情形有所改變，一般中家子弟入仕的門徑得以拓寬，一些出身社會下層的「英俊」之士，也得到入仕的機會。

總之，漢代太學的建立代表了漢朝興盛時期的文明。更是高度強調了中央集枚，全國統一。不但為當時統治集團培養了大量儒生充任了各級政府官吏，而且這種現象以後維持了封建社會兩千多年，對中國古代的政治、文化生活以及經濟都發生了重大影響。它進一步將培養人才和選拔人才結合起來，開創了後世選舉與教育相結合的先河。

而地方辦的學校以漢景帝後期文翁在蜀郡辦學時間最早。文翁是廬江郡舒縣人。小的時候就很喜歡讀書，通曉《春秋》，擔任郡縣小官吏時被考察提拔。漢景帝後期，擔任蜀郡守，仁愛並喜歡教導感化。

他看到蜀地的民風野蠻落後，就打算誘導教化，加以改進。於是選出張叔等 10 多個聰敏有才華的郡縣小官吏，親自告誡勉勵，遣送他們到京城，就學於太學中的博士，有的學習法規法令。減少郡守府中開支，購買蜀刀、蜀布等蜀地特產物品，委託考使送給太學中的博士。

幾年之後，這些蜀地青年都學成歸來，文翁讓他們擔任要職，按順序考察提拔，在他們當中甚至有的人成為了郡守刺史。

他又在成都市中修建學宮，把條件差的縣的青年學生招收為學宮弟子，免除他們的徭役，讓他們能夠安心地讀書。學成之後，便在他們之中選出一些成績顯著的學生委以重任。

為了鼓勵學生積極上進，文翁還創製了許多獎勵進學的方法。郡國學辦得有聲有色，取得了十分廣泛的社會影響。蜀守文翁可以說是郡國學的倡導者。

文翁辦學的事情傳到漢武帝的耳朵裡，便給予了很高的評價，認為這樣做是一個可以推廣儒學的好辦法，於是便立刻下詔：「郡國皆立學校官。」這樣一來，地方辦的學校在全國才普及起來，初步建立了地方教育體系。

　　漢代的地方官學與行政區劃是相一致的，分別稱為學、校、庠、序。由課程設定可知，學與校程度相當，有經師之設；庠與序程度相當，有《孝經》師之設，比學、校低一級。

　　有的專家認為，學、校大致屬於中學，庠、序大致屬於小學。當然，這都不是今天所說的中小學，只是就其教學程度的高低差別而言的。漢代地方學校的教官，其供奉相當於卒史。

　　漢元帝時，由於郡國學有所發展，朝廷頒布郡國置《五經》百石卒史。說明郡國經師俸祿大約為百石，俸月為十六斛，享受中等官吏的待遇。

　　漢代沒有專門的教育行政機構，地方學校的隸屬關係，沒有相關的記載。郡文學大多數為學者名流擔任。在東漢時期，還有文學祭酒的職稱。郡文學增進地方教育的事蹟，史籍也有記載。

　　漢代的郡文學，有可能為兼管地方文教的行政長官，這一建制延續到了三國。清代的著名學者黃本驥在《歷代官職表》中表示：西漢的郡文學和東漢的文學祭酒，相當於後世的府儒學教授，官居校、學經師之上。鄉的《孝經》師則隸屬於司隸校尉。

　　漢平帝時期，由於王莽的提倡，在郡國又專門設立了教育皇親宗室的宗師，尊稱為宗卿師。

　　東漢時期，郡國學設定就已經十分普遍了，邊陲關壤都建立了學校。這也表明了在中國的漢代，統治者對教育是相當重視的。

‖ 匯聚學術英才 ‖

　　漢武帝是個具有高度文化素養的皇帝，從小就接受了很好的文化教育，對文學藝術和其他文化事業都有著十分濃厚的興趣。同時，他還是

一位酷愛文化典籍的皇帝，他非常重視蒐集圖書典籍。

那時，由於秦始皇焚書坑儒，古代流傳下來的文獻圖書受到了嚴重損耗，社會上流傳的圖書也因此變得很少，私人藏書都不肯拿出來。因此，漢朝初年曾下詔令，廣事收羅書籍篇章，廣開獻書之路。可是，直到漢武帝即位之後，所收集的圖書也還是不多，而且，大多數收集出來的文獻也都是殘缺的，不是文字缺少就是竹簡脫漏。

有一次，漢武帝在皇家成書處，看到這些費了很大勁才收集起來的零亂散落的竹簡，喟然長嘆了一聲，說：「朕真痛心啊！」於是，他便下定決心要把經過秦火燔餘的古代文化典籍，盡可能地蒐集、整理、保藏起來。因此，他向全國下命令，繼續在各地徵集圖書。

同時，在太常府、太史府和博士官辦公地點建設藏書樓，在皇宮內增設了關延閣、廣內、祕室府等藏書樓，專門保管、整理蒐集來的圖書。他還下令設定抄寫圖書的專職官員，翻抄包括經書和諸子百家在內的圖書典籍。

在武帝的直接關心和支持下，國家蒐集的圖書一天天多起來。每當收到一種好書，送到漢武帝手上的時候，他都十分高興。在儲存、整理和流傳古代文化典籍方面，漢武帝十分有遠見、有魄力，同時，也作出了巨大的貢獻。

漢武帝從青年時代就十分喜好文學，漢賦的成就，在當時的文化收穫中最為輝煌奪目。賦，是從騷體演變而來的散文和韻文並用的文體。賦的成就，也繼承了先秦諸子散文巧文多智的特色。漢賦，當時是文學的主流。

《漢書·藝文志》著錄文學成就「詩賦百六十家，千三百一十八篇」中，有「屈原賦二十五篇」等「賦二十家，三百六十一篇」，「陸賈賦三

篇」等「賦二十家，二百七十四篇」，「孫卿䩞十篇」等「賦二十五家，百三十六篇」，「《客主賦》十八篇」等「雜賦十二家，二百三十三篇」。總共多達 78 家，占詩賦總和的 73.58%。篇數合計多至 1004 篇，占詩賦總和的 76.18%。其中除個別先秦和「秦時」的作品外，其他均為西漢作品。

西漢早期的賦，像是賈誼的《吊屈原賦》等，這都屬於是借物抒懷，意境深沉的篇章。枚乘的《七發》，開闢了漢武帝時代長篇賦的先河。漢武帝時期，賦的創作走向了全盛階段，名家名作迭出。

其中最為著名的就是大文學家司馬相如。有一次，漢武帝讀到《子虛賦》時，就深深地被文章中那和諧的音調，華麗的辭藻，奇特的構思吸引，令漢武帝讚不絕口。當他看到作者的名字是「司馬相如」時，他感慨萬千地說：「真是遺憾啊，我沒有跟這樣的人生活在同一個時代！」

漢武帝的這番話正好被當時負責幫他養狗的楊德意聽到，於是，他便上前一步說：「皇上，這《子虛賦》的作者正是我的同鄉司馬相如啊！」漢武帝聽後十分高興，立刻就要召見這位自己欣賞的才子。

司馬相如，字長卿，小名狗兒，蜀郡成都人，小的時候就很喜歡讀書、擊劍，他的父母十分憐愛他，稱他為犬子，到了 12 歲那年，有一次偶然讀到了史書，便對戰國時期的藺相如極為仰慕，所以便把自己的名字改為相如。

那時蜀郡的太守文翁，大興教化，選擇本郡的士人，送到京城去學習，司馬相如和他的一位好朋友王吉正好被選中。五年之後學成回來，文翁便委派司馬相如為教授。後來，文翁去世了，司馬相如就不願意繼續做教師的工作，於是便前往長安遊學。

這時，是漢景帝在位，司馬相如大約 20 多歲左右，他出資 30 萬緡，入朝為郎，做了漢景帝的武騎常侍。雖然說他小的時候學過擊劍，但是

他更看重文學，因此，他認為這些並非其所好。而且，漢景帝不喜好辭賦，因而他時常會有不遇知音的感嘆。

剛巧梁王劉武入京朝拜漢景帝，跟他來的善於遊說的人，有齊郡人鄒陽、淮陰人枚乘、吳縣人莊忌先生等。司馬相如看到這些人就喜歡上了，因此就借生病為由辭掉官職，旅居梁國。

梁孝王讓司馬相如這些讀書人居住在一起，這使得司馬相如有更多的機會與讀書人和遊說之士相處。他們一起遊山玩水，彈琴作賦。其中他所創作的《子虛賦》便是這個時期的作品。這篇《子虛賦》一經傳播便是舉國名揚。而且這個時期也是他一生當中最愜意的階段。

只可惜好景不長，梁王因謀儲君之位，沒有如願以償，甚至還差點丟了性命，最後鬱郁而死。而繼任後的新王，也不是一位喜好辭賦、文人的王，於是，司馬相如只好返回成都。

然而家境貧寒，又沒有可以維持自己生活的職業。這時臨邛縣令，也就是他的朋友王吉，對他說：「長卿，你長期離鄉在外，求官任職，不太順心，可以來我這裡看看。」於是，司馬相如當即整理行裝，帶著書僮，前往臨邛。

兩個人剛一見面，王吉便嘆了一聲說道：「賢兄千里相投，若是僅僅為了餬口，我王吉養你個十年八載，倒是不成問題！只可惜你這滿腹的才華，到什麼地方能施展呢？而且，你年屆三旬，也不能不成家。有道是，『不孝有三，無後為大』，無後為大呀！」

這一說，勾起了相如的滿腹心事，成串的眼淚。他哽咽著說道：「多謝賢弟一片好意，愚兄窮困潦倒，只要有個落腳之處，每天能吃上幾碗熱飯，願已足矣，還管它什麼滿腹才華，無後為大？」

王吉抬頭說道：「不，你既然投我，我就得對你負責，我不只要你在

臨邛一邑揚名，還要為你尋一個絕色佳人。」

這時，臨邛富人卓王孫得知縣令有貴客，便設宴請客結交，司馬相如故意稱病不能前往，王吉只好親自相迎，這次司馬相如不好推脫就去赴宴了。

卓王孫有位離婚女兒，名文後，又名文君。因為久仰司馬相如文采，所以便從屏風外窺視司馬相如。司馬相如裝作一副沒有看到的樣子，而當受邀撫琴時，便彈奏了一曲《鳳求凰》：

「鳳兮鳳兮歸故鄉，遊遨四海求其凰，有一豔女在此堂，室邇人遐毒我腸，何由交接為鴛鴦。」

文君聽出了司馬相如的琴聲，偷偷從門縫中看他，不由得為他的氣派、風度和才情所吸引，也產生了敬慕之情。宴會完畢，相如託人賞賜文君的侍者，以此向她轉達傾慕之情。

於是，卓文君乘夜逃出家門，私奔了司馬相如，司馬相如便和文君急忙趕回成都。進家之後，看見家中什麼都沒有，只有四面牆壁立在那裡。卓王孫得知女兒私奔的事，大怒道：「女兒極不成材，我不忍心傷害她，但也不分給她一個錢。」

有的人便開始勸說卓王孫，但他始終不肯聽。過了好長一段時間，文君感到不快樂，說：「長卿，只要你跟我一起去臨邛，向兄弟們借貸也完全可以維持生活，何至於讓自己困苦到這個樣子！」

於是，司馬相如就和文君來到臨邛，他們乾脆賣掉車馬，回到臨邛開了一間小酒家。卓文君當壚賣酒，掌管店裡的事情，司馬相如則繫著圍裙，夾雜在夥計們中間洗滌杯盤。卓文君是一個罕見的女人，居然從來不羨慕虛榮，司馬相如也是一個罕見的文人，居然一點都不自卑，也絲毫沒有感覺到一絲的羞愧。這對才子佳人開的小酒店遠近聞名、門庭若市。

卓王孫知道後，感覺十分羞辱，甚至覺得沒有臉面見人，整天不出大門。他的弟兄和長輩都勸他說：「你只有一子二女，又並不缺少錢財。如今文君已經委身於司馬相如，司馬相如一時不願到外面去求官，雖然家境清寒，但畢竟是個人才；文君的終身總算有了依託。而且，他還是我們縣令的貴客，你怎麼可以叫他如此難堪呢？」

卓王孫無可奈何，只得分給文君奴僕百人，銅錢百萬，又把她出嫁時候的衣被財物一併送去。於是，卓文君和司馬相如雙雙回到成都，購買田地住宅，過上了富足的生活。

後來，司馬相如被召進朝廷，漢武帝問他：「這《子虛賦》果真是你所作？」

司馬相如說：「是。但這賦只寫諸侯的事情，並不值得一看。請讓我寫篇天子遊獵賦，賦寫成後就進獻皇上。」

漢武帝是個田獵迷，聽到他這樣說，便很想看看司馬相如到底是怎樣描寫狩獵的激烈而雄偉的場面。於是，漢武帝答應了，並命令尚書給他筆和木簡。

司馬相如揮筆疾書，洋洋灑灑，寫下了著名的《上林賦》。他以誇張的手法、光華的文采和豐富的語彙，描寫了宮苑的富麗，田獵的歡樂，又暗寓諷刺的含義。

在內容上，它以宮殿、園囿、田獵為題材，以維護國家統一、反對帝王奢侈為主旨，既歌頌了統一大帝國無可比擬的聲威，又對最高統治者有所諷刺，開創了漢代大賦的一個基本主題。

在形式上，它擺脫了模仿楚辭的俗套，以「子虛」「烏有先生」「無是公」為假託人物，設為問答，放手鋪寫，結構宏大，層次嚴密，而寫作的語言富麗堂皇，句式也有很多變化，加上對偶、排比手法的大量使

用，使全篇顯得氣勢磅礡，形成鋪張揚厲的風格，進而也確立了漢代大賦的體制。

當司馬相如把賦進獻給漢武帝後，漢武帝被這篇華麗的辭賦迷住了，他特別高興。因此，對他授以官職，賜給筆札，讓其專事寫賦。從此，司馬相如便一直隨從在漢武帝左右，寫下了大量的詩賦。流傳至今的《子虛賦》和《上林賦》，便是較為重要的兩篇，在中國文學史上佔有極高地位。

而在當時，另一位具有文學才能的人則是以滑稽出名的東方朔。東方朔，本姓張，字曼倩，平原郡厭次縣人。建元元年，也就是西元前140年十月，16歲的漢武帝簽發了一道詔書，要求丞相、御史、列侯、中二千石、諸侯相等各級官僚，推舉賢良方正、勇於直言觀見的讀書人到朝廷做官。同時，也鼓勵天下的吏民直接給皇帝上書，提建議，發議論。

因此，四方士人紛紛都上書議論國家政事的得失，在這當中不乏參雜著一些炫耀賣弄自己才能的人，對那些不夠錄用條件資格的人就通知他們：上書皇帝已經看了，讓你們回家去了。

而東方朔剛到長安，便以三千片竹簡內容上書漢武帝。這些竹簡需要兩個人才扛得起，而漢武帝整整花了兩個月的時間才讀完。在自薦書中，東方朔這樣說道：「我東方朔少年時就失去了父母，依靠兄嫂的扶養長大成人。我13歲開始讀書，經過三年的刻苦，讀的書籍已經足夠多了；在15歲時學習擊劍；16歲學《詩》、《書》；閱讀量達到了22萬字。19歲又開始學習兵法和作戰的常識，懂得各種兵器的用法以及作戰時士兵進退的徵鼓。這方面的書也讀了有22萬字，這些總共加起來足有44萬字。我本人更加欽佩子路的豪言。

「如今我已經 22 歲，身高 9 尺 3 吋。雙目炯炯有神，像明亮的珠子，牙齒潔白整齊得像編排的貝殼，勇敢像孟賁，敏捷像慶忌，廉儉像鮑叔，信義像尾生。我這樣的人，應該能夠做天子的大臣吧？」

漢武帝讀後，認為東方朔氣概不凡，便命令他在公車署中等待召見。由於公車令俸祿微薄，又始終沒有得到漢武帝的召見，因此，東方朔覺得很是不滿。

這一天，東方朔午休起來，一群侏儒像是剛從外邊吃飯回來。滿面紅光，嘰嘰喳喳。這些侏儒是專門給皇上養馬的。東方朔一看到他們這個高興樣子就來氣：我堂堂的九尺男兒，怎麼能和這些人為伍呢？我得想辦法嚇唬他們一番。

於是，東方朔便衝著那群侏儒們喊道：皇帝說你們這些人既不能種田，又不能打仗，更沒有治國安邦的才華，對國家毫無益處，因此打算殺掉你們。你們還不趕緊去向皇帝求情！」

那些侏儒聽說皇帝要殺他們，便嘎的一聲哭了起來。而東方朔在一邊強忍住笑，裝作十分同情的樣子勸道：「有道是，『君叫臣死，臣不得不死。父叫子亡，子不得不亡。』死到臨頭，你們光知道傻哭有什麼用，還不趕快想點辦法！」

眾侏儒下跪到地，懇切地說道：「人慌無智，我等有什麼辦法呀？聽說東方先生您是皇上十分看中的人，請求先生趕快給我們想個辦法，救救我們這些可憐的侏儒吧！」

這時，東方朔嘆了一口氣，說：「不是在下不願意給你們想辦法，只怕是這事傳到皇上耳裡，說在下洩了他的密，壞了他的大事，找在下算帳可怎麼得了？」

侏儒們拍著胸脯向東方朔擔保，說道：「先生放心，您救了我們大夥

的命，我們感激都來不及，誰還會把您給捅出去呢？」

東方朔慷慨激昂地說道：「捅出去在下也不怕，大不了一死，死在下一人，換你們生，死也死得值得了。」這話說得侏儒們熱淚盈眶，再一次磕頭以示感謝。

東方朔輕咳一聲，清了清嗓子說道：「這樣吧，你們儘管去皇宮門口候著，一旦御駕出來，大家一齊將它攔住，叩頭謝罪。皇上問你們聽誰說的，你們就推到在下身上，保準你們沒事。」

眾侏儒破涕為笑，千恩萬謝地離去。第二天，果然依著東方朔的話，早早地來到宮門口候駕。等皇上出來之後，他們呼啦一下圍了上去，一邊下跪磕頭，一邊哀求皇上饒命。

漢武帝一聽當時就懵了，一臉困惑地說道：「朕何時說過要殺你們，你們這話是聽誰說的？」眾侏儒異口同聲地回道：「臣等是聽東方朔說的。」漢武帝臉色鐵青，咬牙切齒地說道：「這個東方朔，謠言竟敢造到朕的頭上！韓嫣聽旨。」韓嫣聞聲而出，跪地問道：「陛下有何賜教？」

「速傳東方朔進宮見朕。」說完，便喝令打道回宮，坐等東方朔。這時，東方朔正在臥室讀書，一聽說皇上召見，趕緊整了整衣冠，大步流星地朝皇宮趕來。見到皇帝後，他趕忙三拜九叩，行君臣大禮。這時，漢武帝問道：「東方朔，聽說你恐嚇侏儒，你可知罪？」東方朔面對皇上的問罪，高聲說道：「啟奏陛下，臣不知罪！」漢武帝把臉一沉說道：「你恐嚇侏儒，造謠惑眾，而這謠言竟然製造到了朕的頭上，你難道還不知罪嗎？」

東方朔理直氣壯地回答道：「我是不得已才這樣做的。侏儒身高 3 尺，我身高 9 尺，然而我與侏儒所賺的俸祿卻一樣多，總不能撐死他們而餓死小臣吧！聖上如果不願意重用我，就乾脆放我回家，我不願再白

白耗費京城的糧食。」

漢武帝聽後縱聲大笑，於是命令他在金馬門待詔，至此東方朔與武帝的關係就稍稍親近了一些。有一次，漢武帝玩射覆的遊戲時把壁虎藏在盂中，卻沒有人猜中。

東方朔看了一陣，啞然失笑，他這一笑，把眾人的目光全都都吸引了過來。漢武帝有些詫異地問道：「東方朔，你能猜中這盂裡是什麼東西嗎？」

東方朔不慌不忙地回道：「能。臣曾學《易》，請允許我猜猜是什麼。」於是他將蓍草排成各種卦象，回答說，「我認為說它是龍卻無角，說它是蛇又有足，肢肢而行脈脈而視，善於爬牆，這東西不是壁虎就是蜥蜴。」

說完之後，漢武帝就派左右的人把盂掀開，果然是隻壁虎，圍觀人都齊聲稱妙。武帝心中高興，當眾賞給東方朔細帛十匹。接著，漢武帝又讓東方朔猜其他的東西，而東方朔每猜必中，都會得到皇帝的賞賜。從此之後，漢武帝便任命東方朔為常侍郎，東方朔也終於受到了漢武帝的喜愛。

有一年夏天，烈日炎炎，每當這時，皇帝便要向朝廷的百官賜肉，按照規矩，皇帝賜肉，必須由太官丞捧著皇上的詔書，眾臣跪拜在地，然後由太官丞宣詔後，群臣三呼萬歲，才能夠按花名冊分肉。然而負責分肉的太官丞卻遲遲未來。

東方朔和臣僚從早晨一直等到太陽正南，卻始終沒有看見太官丞露面。那肉早都已經擺好，可是沒有皇上詔書，誰也不敢動。眼睜睜地看著一群綠頭蒼蠅在肉上嗡嗡嘶叫，還在肉上爬來爬去。

只見，東方朔昂首闊步，朝肉案走去，然後從腰間拔出一把寶劍。

眾人都以驚訝的眼神看著他。他右臂一揮，寶劍在半空中劃了一個半弧。立刻便有 20 幾個人站了起來，大聲阻止道：「東方朔，不可魯莽！」

東方朔回頭望去，微微一笑，嚓地一下，割下一大塊肥肉，高舉過頂，朗聲說道：「伏天應當早點回家，請允許我接受天子的賞賜。」隨即把肉包好懷揣著離去。

後來太官丞將東方朔私自切肉的事情上奏給了漢武帝。於是，漢武帝便問東方朔：「你為什麼不等下達賜肉的詔令，就用劍割肉走了？」

東方朔不慌不忙地將帽子摘下，朝殿上一跪，叩頭說道：「臣罪該萬死！」

漢武帝說：「先生還是先起來說話吧！」

東方朔再拜說道：「東方朔呀！東方朔呀！接受賞賜卻不等詔令下達，這是多麼無禮呀！拔劍割肉，多麼豪壯呀！割肉不多，又是多麼廉潔呀！回家送肉給妻子吃，又是多麼仁愛呀！」

漢武帝聽完後笑著說：「讓先生自責，沒想到你竟反過來稱讚自己！」於是又賜給他一石酒、一百斤肉，讓他回家送給妻子。

建元三年，也就是西元前 138 年，漢武帝常常出遊狩獵，出遊的時間也從一天到五天。後來，這樣的遊玩已經不能為漢武帝所滿足。加之路途遙遠又被當地的百姓厭煩，於是漢武帝萌生了修建上林苑的想法。

在估算完修苑圍所占農田的價值之後，又派人劃出占地所屬縣的荒地以抵償農民。做此決策之時東方朔恰好在場，便向武帝諫言：「請陛下不要擴建上林苑！」

此言一出，武帝的臉立刻沉了下來，文武百官目光各異地瞅著東方朔。有讚許，有擔心，也有幸災樂禍。對此，東方朔全然不顧，一口氣講了「不要擴建上林苑」的兩大理由：

「陛下，終南山是國家天然的屏障。從大漢建國以來，離開了三河之地的洛陽，而在灞水、滻水之西，涇河、渭河之東建立都城，這裡就是所謂的像大海一樣富饒的地方。秦王朝憑藉它降服西戎，兼併崤山以東的地區；終南山是座寶山，這一帶山中產玉和金、銀、銅、鐵以及優質木材。各種手工業用它們做原料，百姓們靠它們維持生活。」

「這裡又盛產稻、黍，還有梨樹、栗子、桑、麻和竹子等物品，土地適宜種植姜和芋頭，水中有許多青蛙和魚類。貧窮的人家可以靠這些獲得溫飽，而不必擔憂飢寒之苦。所以，豐、鎬之間，號稱肥沃土膏，每畝地的價值都達到一斤黃金。」

「而今陛下把終南山劃為上林苑，就斷絕了田沼湖澤的財利來源，奪取了百姓的肥沃土地，對上減少了國家的財稅費用收入，對下破壞了農桑生產，這是不該建上林苑的第一個理由。」

「而開拓並營建上林苑，周圍築牆以作為禁苑。皇帝在苑中可以策馬東奔西馳，驅車南北追逐，其中有很多的深溝大河，亂石高崗。為追求一天的射獵樂趣，不值得尊貴無比的天子去涉險犯難。這是不該建上林苑的第二個理由。」

接著，東方朔又列舉了殷紂王、楚靈王、秦始皇大興土木導致天下大亂的例子。最後獻上《泰階六符》希望漢武帝能夠觀察天象的變異而自省自己所做的事情。漢武帝因此拜東方朔為一千石太中大夫之官職，加給事中之銜，並賞賜黃金百斤。

還有一次，東方朔喝醉了酒，進入殿中後在殿上小便，而這個舉動被其他官員彈劾。因犯下大不敬之罪，漢武帝下詔免其官職，將東方朔貶為庶人。讓東方朔在宦者署待詔。

後來，漢武帝的姐姐隆慮公主的兒子昭平君因殺人被捕後入獄，漢武帝在隆慮公主死前曾答應其姐用黃金千斤、錢一千萬預先贖昭平君一死。然而當昭平君真的犯下殺人死罪的時候，漢武帝又不想違逆法律的

準則，讓查處此案的法官依法判決。

因違背了對姐姐的諾言而難受。東方朔這時卻舉杯向武帝祝壽，漢武帝認為東方朔的話說的不是時候就先行離開了。傍晚的時候才詔見東方朔問他原因。

東方朔便用陰陽五行的理論來講述悲傷的情緒對身體壽命的影響，酒是最好的消愁之物，所以用酒祝壽顯明陛下的剛正不阿，又可以為陛下解哀愁。於是漢武帝又任命東方朔為中郎之職，並賞賜布帛百匹。

東方朔雖以滑稽出名，但他取得官職也是因為他寫得一手好辭賦。他時常以詼諧幽默的言辭，為漢武帝解悶。有時也在其中夾進一些諷諫的內容，因而博得了漢武帝的讚賞。

漢武帝得到司馬相如和東方朔之後，仍然意猶未盡。他還是在做太子的時候，就特別仰慕枚乘的文名。枚乘，字叔，生於淮安，故居坐落在肖家湖畔。枚乘從小對文學就有著濃厚的興趣，後來他寫辭賦出了名，就離鄉遠遊尋求生活的出路。不久，他來到了物阜民豐的廣陵，在吳王劉濞府中當了一名郎中。

枚乘不僅善於文辭，而且富有膽識，當他得知吳王劉濞醞釀反叛漢朝廷時，便及時上書勸阻，但劉濞不予理睬，他就毅然離吳投梁，被梁孝王劉武奉為上賓，為了維護統一，制止分裂，枚乘再一次上書諫阻吳王，但吳王一意孤行，仍然不予理睬。

西元前 154 年，劉濞聯合其他六個王國起兵反叛中央朝廷，結果僅僅三個月時間，就被漢景帝平定了下去。由於枚乘屢次上書，所以他善諫的聲名大著，漢景帝任命他為弘農都尉，但他不樂意擔任地方官吏，覺得還是作賦論文自在，於是稱病辭官，復回梁國。

梁孝王劉武的賓客都善於作賦，但以枚乘為最高。劉武死後，賓客

盡散，枚乘回淮安老家居住。漢武帝劉徹做太子時就已仰慕枚乘的名聲，待到漢武帝一登上皇位，馬上就派人帶上綢緞珠玉，駕蒲輪安車前去聘請枚乘老先生。

哪知這位枚老先生，沒什麼福氣，年老體弱，半路上折騰死了。漢武帝十分掃興。枚乘有個兒子叫枚皋，他自幼受父薰陶，愛好文學，善於辭賦。17歲上書梁王，被召為郎。西漢後元三年，也就是西元前141年，遭讒害獲罪，隻身逃往長安。

漢武帝得知枚皋是枚乘之子後，便召見了他，枚皋當即在殿中作賦一篇《平樂館賦》，漢武帝讀了很高興，就讓他在宮內平樂館專門寫賦，後來又拜為郎官，隨侍左右，與司馬相如、東方朔等平列。以後，漢武帝在巡狩、封禪、堵決黃河、遊幸時，只要興致所至，就叫枚皋作賦歌頌。

漢武帝29歲時生了皇太子劉據，高興得不得了。枚皋和東方朔分別寫了《皇太子生賦》和《立皇子祿祝》，向漢武帝表示祝賀，漢武帝更加歡喜這些辭賦家。

被漢武帝蒐羅在左右的作賦高手除了枚皋、司馬相如和東方朔外，還有嚴助、朱買臣、莊蔥奇和吾丘壽王等人，他們也都是賦家，以文學得官。

漢武帝蒐羅、蓄養大許可證人學士，一方面命他們隨從出巡出遊，作辭獻賦量才錄用，同時也讓他們參與政治，在朝廷中委以官職。有了大事廷議時，也讓這些人蔘加，對公卿的奏本提出意見，平時則都是作為專職的文學侍從和俳優弄臣蓄養起來。

武帝經常和群臣在柏梁台聚會飲酒賦詩，據說古詩中的「柏梁體」就是由漢武帝和群臣賦詩而開始流行起來的。漢武帝自己創作詩賦的水平

也相當高，流傳至今的《瓠子歌》、《秋風辭》和《李夫人歌》等，都非常精美，表現出他具有相當高的文學修養。

同時，漢武帝重視修史，以學識非常淵博的大學者司馬談為太史令，使其次第舊聞，裁剪論著。司馬談有志於編撰一部漢王朝的通史。為此，他做了大量的準備工作。

司馬談是左馮翊夏陽人，司馬遷的父親。他博學多識，曾隨當時著名天文學家唐都學習天文曆法知識，跟隨哲學家楊何學習《易》，並對黃老之學進行過深入鑽研。

可是，司馬談的宏願還沒有實現，卻於元封元年，也就是西元前110年，病死於洛陽。死前，他鄭重地把未竟的事業，囑託給他的兒子司馬遷。

司馬遷是龍門人，自幼受到家庭的薰陶和良好的教育，使他對文史星卜之學有濃厚的興趣。他非常好學深思，曾師事著名經學大師董仲舒、孔安國等，博通天文曆法，諸子百家。

當初，在董仲舒向漢武帝上書三綱五常的時候，司馬遷就深深地被董仲舒的對答欽佩不已，一心想跟從他學習。於是，在下朝的時候，司馬遷便追了上去，向走在前面的董仲舒施禮道：「董老先生，請受小生一拜，您剛才的對答真是太了不起了。」

這時的董仲舒不認識司馬遷，於是便問跟他並肩走著的大臣：「這個孩子是誰？」

大臣看了看司馬遷說：「噢，他是太史公司馬談的兒子，太史公常把他帶到殿下旁聽。」

這時，司馬談趕了上來：「董先生，這是在下的犬子司馬遷，冒犯了，孩子，還不趕快給董先生叩拜。」

司馬遷聽了父親的話，趕忙跪下：「高師在上，請受小生一拜。」

「快請起，請起。」董仲舒扶起了小司馬遷。

司馬遷說：「我聽說董老先生特別苦學，曾經三年沒有進過花園。」

董仲舒聽了司馬遷的話後，不禁大笑起來，說道：「是啊，確實是有三年時間不曾離開書房去光顧花園。司馬遷，那你是欣賞我的什麼觀點呀？」

司馬遷回答說：「我推崇您的大一統。」董仲舒又是一陣笑，說：「好，小小的年紀就會如此有眼力，真不愧是太史公的兒子。」

「先生過獎了。以後，還要請您多多垂教呢。」司馬談說。

「可以，可以。」從此，司馬遷便跟隨董仲舒學習了。有一次，在董仲舒的家裡，董仲舒在給司馬遷講《春秋》。司馬遷便問道：「老師請賜教，《春秋》的大義是什麼？」這時，董仲舒放下手裡的書簡，對司馬遷說道：「要知道《春秋》的大義，首先要知道孔子作《春秋》的時代背景和寫作動機。」說著便站了起來，走到視窗，看著窗外樹下的落葉，想到孔子晚年著《春秋》時的落寞，於是又接著說，「孔子所處的時代是王室衰落，諸侯稱霸，禮崩樂壞的時代，那個時候，臣僭君，子弒父，可謂君不君，臣不臣，朝綱不張，禮義不明，所以……」

司馬遷眨了眨眼說：「所以，孔子作《春秋》以正禮義、明視聽。」

「說得對。所以孔子作《春秋》是為了撥亂反正。」這時，司馬遷的父親司馬談來了，司馬談問道：「董老先生，犬子學得如何？」

「他功底不錯，真可謂心有靈犀一點通啊！老夫準備跟他講完《春秋》後講《左傳》。」董仲舒欣慰地說道。不久之後，司馬談帶著司馬遷乘車前往孔安國府上拜師。路上，司馬談向兒子介紹：「孔安國是長安赫赫有名的儒學大師，他精通《尚書》，他是孔子的第十一世孫。他學的《尚書》是從曲阜孔子故居的夾牆裡發現的。因為是用篆書寫的，所以又叫

《古文尚書》。」

「噢，父親，《古文尚書》與今文《尚書》還有什麼不同？」

「比今文《尚書》多十六篇，現在孔安國老先生已經把它譯成今天通行的隸書了，你要向他學的就是今文《尚書》。」司馬遷興奮地說：「父親，孔安國真了不起。」到了孔安國府上，孔安國看過司馬遷問道：「在家都學了些什麼？」

這時，司馬遷的父親說道：「犬子在家，就讀於家鄉的書院，主要學的《詩經》、《論語》及《周禮》，到長安後，又拜師於董夫子學完了《春秋》、《左傳》，現在想深造《尚書》。」

孔安國對司馬遷說：「看來小公子崇尚正義，《尚書》是講為政治國的書，你感興趣嗎？」小司馬遷回道：「稟先生，《尚書》我已初學，略知一二，《書》是史官的臨政記錄，《書》記先王之事，長於政。」這時，孔安國用手摸了摸雪白的鬍鬚，點了點頭，對司馬談說：

「太史公，令公子將來恐怕是經國之才呀。老夫就收下這個弟子了。」從此，司馬遷便向京城裡一位又一位的高師求教。元朔三年，也就是西元前126年，20歲的司馬遷為了「網羅天下放失舊聞」，進行了一次全國性漫遊。他南遊江淮，登會稽山，訪問大禹陵，又去楚地，攀九嶷山，浮舟沅水、湘水之上，再北上齊魯，觀孔子遺風，在孟子故鄉鄒縣嶧山觀看古老的鄉射之禮……每到一處，必求訪當地父老，蒐集史事，了解風俗，考察山川。

這次漫遊，不僅使司馬遷蒐集到了許多寶貴的史料，而且使他深刻地認識了社會，為他以後著史奠定了重要基礎。回到長安後，漢武帝對這個廣闊博識、學問豐富的青年人，十分重視，任命他為郎中。

後來，由於他的父親司馬談因為未能跟隨漢武帝參加泰山封禪大禮而憂鬱成病，臨終前他難過地對司馬遷說：「我死以後，你必為太史。做

了太史，莫忘了我的遺願。今大漢興盛，海內一統，上有明主賢君，下有忠臣義士。我身為太史，而未能記載，愧恨不已。你一定要記住，完成我未竟之業！」

司馬談去世後，司馬遷繼任父職為太史。他讀遍了皇家藏書處「石室金櫃」收藏的文史經籍、諸子百家。五年以後，他以太史令身分和太中大夫公孫卿、壺遂一起，參加了太初元年，也就是西元前 104 年的曆法改革。這都說明，武帝對他的才能是很看中的。

天漢三年，也就是西元前 98 年，正當司馬遷全力著史時，發生了李陵叛降匈奴之事。司馬遷為李陵辯解，觸怒了漢武帝，將其下獄處以腐刑。

傷殘肉體的酷刑，不僅使司馬遷受到劇烈的肉體痛苦，更使他的精神遭受嚴重創傷。年已 48 歲的司馬遷想自殺，但他想起了父親的遺言，想到了古代聖賢：周文王被囚禁於羑裡，推演出了《周易》；孔子遭困厄，編撰了《春秋》；屈原被放逐，寫出了《離騷》；孫臏受了臏刑，完成了《孫臏兵法》。終於以驚人的意志忍辱負重地生活下來，發憤要完成父親的未竟之業。

身心備受摧殘、忍辱含垢生活的司馬遷深知：「人固有一死，死有重於泰山，或輕於鴻毛」。他決心以殘燭之年，完成父親要他完成的史書，「欲以究天人之際，通古今之變，成一家之言」，讓這部書流傳下去。到那時，即使萬死，也無悔恨了。

司馬遷忍辱負重，發憤著述。終於在征和三年，也就是西元前 90 年左右，完成了他的史著。前前後後大約用了 18 年的時間。時人稱之為《太史公記》或《太史公書》或《太史公》。大約是在魏晉以後，稱為《史記》。

　　《史記》是中國第一部紀傳體的歷史鉅著。他運用本紀、表、書、世家、列傳五個部分，敘述了上起傳說中的黃帝，下至漢武帝太初年間約三千年的歷史。全書共一百三十篇。

　　「本紀」按年代順序記述帝王的言行、事蹟；「表」分為世表、年表、月表，以表列人物、事件、爵位、世系等內容；「書」記載各種典章制度及其演變；「世家」記載諸侯興衰以及有特殊地位人物的事蹟；「列傳」記載各種代表人物的活動事蹟。

　　全書共十表、八書、十二本紀、十三世家、七十二列傳，共五十多萬字。司馬遷所開創的紀傳體史，成為以後歷代王朝正史的規範體例。司馬遷的《史記》是一部永垂千古的光輝史著。

　　《史記》不僅記述了中國歷史，還兼及當時所能了解的廣大空間地域的民族和國家的文化和歷史，是當時的世界歷史著作。《史記》綜合性的體例，內容系統，全面豐富，記錄準確，條理分明，便於人們全面概括地把握歷史。司馬遷首創這種修史體例，形成中國史學著作的優秀傳統。《史記》以其獨創性、科學性、完整性、系統性遠遠超越了古代世界各國的史學著作。

　　它的產生，不完全是司馬遷個人遭遇的產物，也是漢武帝時期封建大一統帝國建立後，總結以前歷史的產物。沒有漢武帝時期政治、經濟和文化的發展，就不可能產生司馬遷這樣偉大的史學家，不可能產生《史記》這樣偉大的史學著作。

　　自從司馬遷著《史記》，中國才開始出現規模巨大、組織嚴密的歷史著作。武帝殘酷地懲處司馬遷，表現了這位封建專制帝王的暴虐本性；武帝也重用了司馬遷，發揮了他的才能，支持了他的工作，讓他有可能以近 20 年的時間完成這部著作，又表現了武帝的遠見卓識。

▌音樂官署的創設▐

　　樂府是自秦代以來朝廷設立的管理音樂的官署。到漢時一直沿用了秦時的名稱。西元前 112 年，漢王朝在漢武帝時正式設立樂府，它的職責是採集漢族民間歌謠或文人的詩來配樂，以備朝廷祭祀或宴會時演奏之用。它蒐集整理的詩歌，後世就叫「樂府詩」，或簡稱「樂府」。它是繼《詩經》、《楚辭》而起的一種新詩體。

　　樂府在西漢哀帝之前是朝廷常設的音樂管理部門，行政長官是樂府令，隸屬於少府，是少府所管轄的十六令丞之一。西漢朝廷負責管理音樂的還有太樂令，隸屬於奉常。

　　樂府和太樂在行政上分屬於兩個系統，起初在職能上有大體明確的分工。太樂主管的郊廟之樂，是前代流傳下來的雅公布古樂。樂府執掌天子及朝廷平時所用的樂章，它不是傳統古樂，而是以楚聲為主的流行曲調。最初用楚聲演唱的樂府詩是《安世房中歌》17 章，另外，漢高祖劉邦的《大風歌》在祭祀沛宮原廟時用楚聲演唱，也由樂府機關負責管理。西漢從惠帝到文、景之世，見於記載的樂府詩主要是以上兩種。

　　樂府的職能在武帝時進一步強化，它除了組織文人創作朝廷所用的歌詩外，還廣泛蒐集各地歌謠。許多民間歌謠在樂府演唱，得以流傳下來。

　　文人所創作的樂府歌詩也不再像《安世房中歌》那樣僅限於享宴所用，還在祭天時演唱，樂府詩的地位明顯提高。根據《漢書·百官公卿表》記載，漢武帝時，樂府令下設三丞。又根據《漢書·禮樂志》所言，至成帝末年，樂府人員多達 800 多人，成為一個規模龐大的音樂機構。漢武帝到成帝期間的 100 多年，是樂府的昌盛期。

　　漢武帝不僅創設了樂府這個管理音樂的專門機構，還設定了專管音

樂事務的官吏，任命著名的音樂家李延年為協律都尉。李延年是中山人，出身倡家，父母兄弟妹妹都通曉音樂，都是以樂舞為職業的藝人。他「性知音，善歌舞」，年輕時因犯法而被處腐刑，因而歌聲愈加好聽、容貌更顯俊美。他在宮裡主管皇帝獵犬的地方做事。

漢武帝知道李延年出身於音樂舞蹈世家，對這個刑餘之人倒也蠻喜歡。李延年也曲意奉迎，以討得武帝的歡心。元封年間，也就是西元前110年至西元前105年，李延年在武帝面前演唱了《佳人曲》：

北方有佳人，絕世而獨立，一顧傾人城，再顧傾人國，寧不知傾城與傾國，佳人難再得。

漢武帝聽完之後，他想，這樣傾國傾城、羞花閉月的北方佳人，只是在夢中遇見過，真實的人兒哪裡會有，怎麼去找？不禁搖首嘆息。樂人李延年將這一切看在眼裡，心中十分愜意。

漢武帝愁情鬱結，一腔多情的愛戀無由排遣。他在一片寂寥的情緒中漫步到了姐姐平陽公主家中。平陽公主知道弟弟正為北方有佳人的一首美曲害相思，平陽公主擺上美酒，漢武帝無心下嚥，只是唔嘆佳人難得。

平陽公主微微一笑，吩咐擺上盛宴，說有一良方能解皇上心愁。漢武帝笑而搖頭，人席默然，只是悶聲飲酒。

平陽公主說：「你不是苦嘆北方無佳人嗎？有！要是不信，就到藝人李延年家裡去看看，他的妹妹就是一位傾國傾城的絕色佳人。」

漢武帝半張著嘴，好半天回不過神來。等明白過來是怎麼回事後，他便站了起來，樂不可支地和姐姐道別，然後立刻召見了李延年的妹妹李氏。漢武帝那顆本來就不安分的心此時越發奔騰起來，翻江倒海。他無法想像李氏會是如何的一個女人，大概也不會比後宮女子強到哪裡。

漢武帝在急切不安的期待中等待著美人，像熱鍋上的螞蟻，在宮殿

中來回走著，急切地等待著。他猛然回頭，只見殿堂門口，站著一位亭亭玉立、一身淡雅裝束的女子，那姿容，那清純，那雅麗，簡直就像從天而降的仙女一般。

漢武帝愣在了那裡。門口的仙女雖說是清素淡雅，卻如一輪噴薄而出的朝日，那樣的光彩奪目。

李氏實在太美了，美得脫俗，美得出世，美得自然天成，一塵不染。漢武帝撥出一口氣，慶幸自己能結識這樣一位美人。李氏無愧於北方佳人，確實是絕世而獨立，何止傾城傾國。

漢武帝迷迷糊糊地坐在龍椅上，一雙眼睛只是目不轉睛地盯著李氏。李氏半羞半怯地在御前施禮，然後，輕歌一曲，踏曲面舞。李氏畢竟是女人，女人的舞姿歌喉更能勾魂，被李延年的歌聲弄得如醉如痴的漢武帝更被李氏的舞姿和歌聲迷得失魂落魄。漢武帝心裡知道，從此以後，他再也離不開她。

漢武帝馬上把李延年的妹妹納為妃子，這就是李夫人。李延年的妹妹由此入宮。後來李夫人生下了昌邑王劉髆，李延年也得以被封「協律都尉」，負責管理皇宮的樂器，極得武帝寵愛。

當時，還有音樂家張仲春協助李延年管理音樂事務，有丘仲造笛，作為協律的樂器。每當漢武帝讀到自己欣賞的一篇喜歡的辭賦時，就叫李延年配上樂譜，「以合八音之調」。

李延年也承意譜寫了許多「新聲曲」。漢代著名的《郊祀歌》十九章，就是由李延年譜曲而流傳下來的。

有一年正月，漢武帝和群臣在甘泉宮的圜丘上，用樂舞祭祀天帝。70 名童男童女同聲歌唱莊嚴動人的頌歌，從黃昏一直唱到天明。夜空中不時閃過隕星的光輝。

漢武帝以為這是神光照耀祠壇，是天帝對他的感召。他虔誠地在竹宮裡遙望參拜。動人的頌歌聲使他和百官肅然動心，無限虔敬。漢武帝十分迷信，把音樂和神權聯繫在一起，但是由於他對音樂歌舞的重視和提倡，漢代的音樂事業發展到一個很高的水平。

李延年作為樂師，除了負責制定樂譜、訓練樂工以外，還有一個更重要的任務，那就是派人到全國各地，採集民歌，集中於樂府。古代趙國、代國、秦國、楚國各具地方特色的民歌，因此得到全面地蒐集和系統地整理。《漢書·藝文志》裡記載了吳、楚、汝南歌詩十五篇；燕、代、雁門、雲中、隴西歌詩九篇；邯鄲、河間詩四篇；齊、鄭歌詩四篇；淮南歌詩四篇；左馮翊秦歌詩三篇；河南周歌詩七篇等等。其中很多民歌是在漢武帝時期由樂府蒐集、整理的。

每當春暖花開、萬物復甦的時候，樂官們就會手拿木鐸，帶上刀筆走出樂府，到民間去收集各地民歌。樂府裡的作曲家們也不停地為樂官送上來的民歌歌詞譜曲。同時在隔壁的大廳裡，數百名樂工正在那裡排練新的樂府民歌，以備宮中宴會時召用。

愛情婚姻題材作品在兩漢樂府詩中占有較大比重，這些詩篇多是來自民間，或是出自下層文人之手，因此，在表達婚戀方面的愛與恨時，都顯得大膽潑辣，毫不掩飾。其中一首《有所思》被譽為是漢代樂府民歌中的一首著名情歌，有人稱它為愛情絕唱：

何用問遺君？雙珠瑇瑁簪。用玉紹繚之。聞君有他心，拉雜摧燒之。摧燒之，當風揚其灰。從今以往，勿復相思！相思與君絕！

這首詩的結構，以「雙珠玳瑁簪」這一愛情信物為線索，透過「贈」與「毀」來表現主角的愛與恨，決絕與不忍的感情波折。以「摧燒之」「相思與君絕」兩個頂真句，作為愛憎感情遞增與遞減的關紐，層次清晰而

又錯綜，感情跌宕而有韻致。

而把女主角失戀前後的感情心理，刻劃得淋漓盡致，曲折入微。這種感情，既具有鮮明的個性特徵，又具有普遍的典型意義。這正是《有所思》能夠穿透時空隧道，千百年來感人不已的主要原因。

同樣有一位女子，為了表達她對情人忠貞不渝的感情。她指天發誓，指地為證，要永遠和情人相親相愛：

上邪！我欲與君相知，長命無絕衰。山無陵，江水為竭，冬雷震震，夏雨雪，天地合，乃敢與君絕！

這首情歌便是《上邪》。女主角自「山無陵」一句以下連用五件不可能的事情來表明自己生死不渝的愛，氣勢豪放，感人肺腑。詩中女子全詩寫情不加點綴鋪排。

「上邪」三句，筆勢突兀，氣勢不凡，指天發誓，直吐真言，既見情之熾烈，又透出壓抑已久的鬱憤。

「長命無絕衰」五個字，鏗鏘有力，於堅定之中充滿忠貞之意。一個「欲」字，把不堪禮教束縛，追求幸福生活的反抗女性性格表現得淋漓盡致。從藝術角度來看，《上邪》的抒情極富浪漫主義色彩，其間的愛情慾火猶如岩漿噴發不可遏制，氣勢雄放，激情逼人。讀《上邪》，彷彿可以透過明快的詩句，傾聽到女子急促的呼吸之聲。

樂府收集全國各地的民歌，其主要範圍在黃河和長江流域。自從漢武帝創立樂府，京城之中國樂的地位竟有超過正統雅樂的趨勢。在漢朝京城長安的街頭，很容易聽到趙地、秦地和楚地等不同風格的歌聲。

在漢武帝的熱心蒐集和推崇下，民間音樂風行於上流社會。皇室子弟們也愛好俗樂，有些甚至能自己作曲和吹彈樂曲。貴族們更是競相效仿，在自己府裡招收樂工。

　　由於蓄養樂人的貴戚豪富之家也參與了蒐集民歌的活動，使得漢朝出現大量的民歌和有較高技藝的樂工。來自民間的歌聲，給沉悶的京城帶來了清新、芬芳的泥土氣息。

　　樂府經過文人加工，但仍然保持著濃郁的民歌特色。它的內容，廣泛而深入地反映了當時的社會生活。其形式活潑自由，句子從一二字到八九字，參差錯落。

　　這種現實的內容，新穎的形式，生動的語言，充滿生活情趣的風味，在中國古代文學史上產生了重大影響，長期受到人們的喜愛。這種新興的文學體裁的出現與發展，也是與武帝的大力提倡分不開的。

　　文學是漢武帝生活中不可缺少的一部分。除了喜歡蒐羅一些有名的作賦能手在身邊侍奉之外，他自己興之所至，往往也能借景生情，一抒自己的心聲。他派出貳師將軍李廣利，兩度出征大宛，死傷數十萬人的性命，終於打敗大宛國，把汗血馬牽了回來。為了抒發自己的喜悅之情，他作了一首《西極天馬歌》：

　　天馬來兮從西極，經萬里兮歸有德。承靈威兮降外國，涉流沙兮四夷服。

　　在這首《西極天馬歌》中，怡然自得，自稱是有德之君，因而四夷降服，萬國來朝，遠在萬里的寶馬也到了他的手中。

　　有歡樂也有哀愁，其中《秋風辭》就被譽為是中國文學史上「悲秋」的名作。據《漢書‧武帝紀》記載，漢武帝劉徹到河東汾陰祭祀后土，共有五次。只有一次在秋天，即元鼎四年，也就是西元前 113 年十月。這時劉徹 44 歲，即位已 27 年。他實行武力打擊匈奴，已勝利解除了數代以來的北部邊患。

　　他採取的國家專賣、統一貨幣、重農貴粟三大政策，卓有成效，克

服了長期用兵造成的生產破壞和財政危機。西漢王朝無論軍事、經濟、政治、文化都達到全盛高峰。但他的雄才大略，還要打通西域，開發西南，平定南越和東越，振威名於世界。

這次出巡，途中傳來南征將士的捷報，而將當地改名為聞喜，沿用至今。時值秋風蕭瑟，鴻雁南歸，漢武帝乘坐樓船泛舟汾河，飲宴中流。當時場面熱鬧，氣勢恢弘，聽說汾水旁邊有火光騰起，還下令在那裡立了一座后土祠來祭祀大地。身為大漢天子，一生享盡榮華，又同常人一樣，無法抗拒衰老和死亡。宴盡之餘，所以寫下了一首《秋風辭》：

秋風起兮白雲飛，草木黃落兮雁南歸。蘭有秀兮菊有芳，懷佳人兮不能忘。泛樓船兮濟汾河，橫中流兮揚素波。蕭鼓鳴兮發棹歌，歡樂極兮哀情多，少壯幾時兮奈老何？

首二句寫秋景如畫，三、四句以蘭、菊起興，融悲秋與懷人為一。以下各句寫舟中宴飲，樂極生哀，而以人生易老的慨嘆作結。這首詩語言清麗、明快，句句押韻，節奏快，樂感強，在藝術風格上受楚辭影響較大，首兩句受到宋玉《九辯》的影響，宋玉《九辯》有「悲哉，秋之為氣也，蕭瑟兮，草木搖落而變衰；……雁靡靡而南遊兮，鶡雞啁哳而悲鳴」等等，均為《秋風辭》所取影。

漢武帝一生文治武功，家國天下，從不將兒女私情放在心上，卻唯獨對李延年歌詞中的這位佳人念念不忘。可是就在李夫人為劉徹生下一子，恩寵正盛時，她卻身患重病、臥床不起。

李夫人這一臥病就是很多時日，那絕色的容顏便也同時被病魔吞去，剩下的只是一張蒼白而清瘦的臉，是白中泛黃的一副病容。漢武帝劉徹急切地要見到她，但一次次都被御醫和李夫人阻住。但是，獨斷專行的漢武帝哪裡會被御醫勸住？便自顧自地闖進了李氏的寢宮。

李夫人正躺在床上，和眾姐妹說話。得知皇上來了，便不顧一切，拉過一床被子，蓋在自己的臉上。眾姐妹忙在房中跪迎皇上。漢武帝進入李夫人寢宮後，箭步跨近床前，叫著李夫人，探問病情。

可是李夫人卻不說話，只是將被子嚴嚴實實地蓋著自己的臉。皇上很奇怪，便問：「朕是來探望病情，何故這樣，怎麼不讓見上一面？」

李夫人在被中哀聲說道：「請皇上容諒奴婢無禮，奴婢臥病很久了，形貌都已毀壞，不能再見皇上了。只是，兒子和兄弟，這就託付給您，我就放下心了。」

漢武帝坐在床邊，對李夫人說：「夫人，你的病有段日子了，是有些重，還是能夠治好；即便難有好轉，見上我一面，當面把王和兄弟託付給我，豈不是更好？」說著，便想動手掀開被子。

李夫人在被子中捏著被子，哭了起來。李夫人邊哭邊哀聲說：「陛下，婦人貌不修飾，不見君父。」

漢武帝在床邊急得團團轉，隨即扶著床懇求著李夫人：「夫人，只要你讓我看一眼，我就封你的兄弟做官，還賜給你一千金。」李夫人依舊哭泣，卻堅決拒絕。漢武帝沒想到是這種結局，便惱怒地站了起來，恨恨地看一眼被中抽泣的美人，怏怏而去。

元封三年，也就是西元前 108 年之後、太初元年，也就是西元前 104 年之前的一個秋天，李夫人病故。漢武帝的一腔熱望無法傾訴，滿腹情思不知道該如何發洩。漢武帝食不甘味，無時不在想唸著李夫人，令他夜不成眠，難以忘卻。漢武帝思念心切，便鋪紙揮毫，寫出了一篇膾炙人口的《李夫人賦》：

美連娟以修嫮兮，命樔絕而不長。飾新官以延貯兮，泯不歸乎故鄉。

慘鬱郁其蕪穢兮，隱處幽而懷傷。釋輿馬於山椒兮，奄修夜之不
陽。秋氣憯以淒淚兮，桂枝落而銷亡。神煢煢以遙思兮，精浮游而出
畺。託沈陰以壙久兮，惜蕃華之未央。念窮極之不還兮，唯幼眇之相
羊。函菱葰以俟風兮，芳雜襲以彌章。的容與以獼靡兮，縹飄姚虖愈
莊。燕淫衍而撫靡，連流視而娥揚。既激感而心逐兮，包紅顏而弗
明。歡接狎以離別兮，宵寤夢之芒芒。忽遷化而不反兮，魄放逸以飛
揚。何靈魄之紛紛兮，哀裴回以躊躇。勢路日以遠兮，遂荒忽而辭去。
超兮西征，屑兮不見。寢淫敞，寂兮無音。思若流波，怛兮在心。

　　亂曰：佳俠函光，隕朱榮兮。嫉妒闒茸，將安程兮。方時隆盛，年
夭傷兮。弟子增歎，洿沫悵兮。悲愁於邑，喧不可止兮。向不虛應，亦
雲已兮。嫶妍太息，嘆稚子兮。懰慄不言，倚所恃兮。仁者不誓，豈約
親兮？既往不來，申以信兮。去彼昭昭，就冥冥兮。既不新宮，不復故
庭兮。嗚呼哀哉，想魂靈兮！

　　這篇賦主要透過幻想與追憶，抒發對亡妃李夫人的綿綿傷痛。賦的
開頭四句：「美連娟以修嫮兮，命樔絕而不長。飾新宮以延貯兮。泯不歸
乎故鄉。」新宮可築，而美好生命逝去就再也不能回來。表明武帝在哀悼
李夫人的同時，對生命的短暫進行了深沉思考。

　　接下來的「慘鬱郁其蕪穢兮，隱處幽而懷傷」兩句，是對李夫人身處
墓中悽慘境況的想像。在此，武帝不寫自己如何傷懷李夫人的早逝，而
是寫李夫人的亡魂在墓室中為思念自己而心傷，這種進一層的寫法，想
像大膽奇特，倍加抒發了武帝的無盡哀傷。

　　而「秋氣憯以淒淚兮，桂枝落而銷亡」，以眼前秋景抒心中哀情，再
次傳達出對愛妃早逝的傷痛。在這種傷悼的心理引導下，作者想像其靈
魂脫離肉體，去尋找李夫人的蹤跡，見到了「函菱葰以俟風兮，芳雜襲
以彌章。的容與以獼靡兮，縹飄姚虖愈莊」的李夫人。如此神奇想像，
如夢似幻，足見漢武帝對李夫人思念之刻骨銘心。

接下來的「燕淫衍而撫楹兮，連流視而娥揚，既激感而心逐兮，包紅顏而弗明。歡接狎以離別兮，宵寤夢之芒芒」，由冥冥想像，轉入對往日歡樂生活的追憶；由對往日的追憶，又回到眼前似夢非夢的幻境中。

在此番幻境中，李夫人的身影是「忽遷化而不反」，或「哀裴回以躊躇」。以李夫人靈魂的不忍離去來表達作者對夫人靈魂歸來的強烈期盼。然人死不能復生，武帝最終在李夫人靈魂「荒忽而辭去」

「屑兮不見」的幻境中，再次回到眼前陰陽相隔的殘酷現實，「思若流波，怛兮在心」，無限傷痛，如流水連綿不絕。

亂辭再次抒寫了對李夫人早逝的無限悲痛，表示將不負其臨終所託，展現了武帝對李夫人的一片深情。亂辭中從「弟子增欷」到「倚所恃兮」一段，描寫了傷悼李夫人的悽惻場景，極其感人。這一段對李夫人兄弟和稚子傷悼李夫人的哀慟場景進行描寫，極富人情味。

從中不難發現漢武帝雖為一代雄主，亦有普通人真摯感情的一面。

不論是文學侍從們獻上來的辭賦，樂府官採集來的民歌，還是漢武帝自己創作的詩賦，漢武帝都要命宮廷樂師譜上曲子，以便歌唱。由於漢武帝對文學藝術的倡導，一時間詩賦歌曲之風大盛。

漢武帝提倡文學、設立樂府，應該說是符合儒家傳統的詩教精神的。推廣文學，本身就具有教化和移風易俗的意義，同時又為文治武功提供了優美的修飾。

這些民間文學寶藏，經樂府的專職人員加工、提煉後，文學性和音樂性都大大提高，成為著名的樂府詩，充實了漢代的詩壇，開闢了中國詩史的新局面。

曆法與服飾的改革

西漢建立初始，因為天下初定，諸事草創，各類典章制度都來不及制定，所以襲用秦代的曆法，也就是《顓頊曆》。以亥月，也就是後來所說的陰曆十月為「正」。

從秦始皇當政至漢武帝元封年間，歷經 100 餘年，誤差累積已很明顯，出現朔晦月見等實際月象超前曆譜的現象。曆法的錯亂，不僅不利於民眾的生產、生活，而且也有損於代行天道的天子的威望。所以，要求改正朔的呼聲愈來愈高。

於是，在元封七年，也就是西元前 104 年，太中大夫公孫卿、壺遂和太史令司馬遷上書漢武帝：「現行的曆法紀年都已壞廢，與實際的天道執行不符，應當更改正朔。」

漢武帝自然對這件事情很是看重。於是，召見了他們。

「皇上，曆法必須改了，顓頊曆本來與實際月分就有誤差，現在從秦始皇到如今已百餘年，如不更改，差距只會越來越大，這樣對農業生產也不利。」

提到農業生產，有雄才大略的武帝馬上嚴肅起來，便說：「朕問你，顓頊曆為何誤差大？」

「回皇上，因為秦始皇時候的顓頊曆是以十月為歲首，這與春夏秋冬不太相符，微臣以為應以正月為歲首，這樣與季節才相符合，與季節相符的曆法方適用於農業。皇上不是要大力發展農桑嗎？那就必須有正確的曆法。」

「好，講下去！」武帝的一雙大眼興奮得閃閃發光。

「皇上，為了把曆法與季節相扣，微臣還建議將二十四節氣扣上。」

「那該如何做呢？」漢武帝追問。司馬遷回道：「春、夏、秋、冬四季，應從立春、立夏、立秋、立冬開始，而春分、夏至、秋分、冬至應固定在二、五、八、十一月之中。」

「好。」漢武帝站了起來讚道，「愛卿還有什麼好的建議，繼續說下去！」

「閏月不在歲末置閏，應改為在有中氣的月分置閏。」

「這樣做有什麼好處嗎？」

「可以不必考慮多少年置多少閏了！」他又接著說道，「皇上，臣下經過推算，發現元封七年十一月甲子日夜半正好是合朔、冬至，這是改曆法的千載難逢的大好時機，望皇上不要錯過。」

漢武帝聽了異常興奮，捋著黑長的鬍鬚說：「你太聰明瞭，沒想到你一個史學家居然也精通天文，朕贊同你的建議，不過改曆建元，這可是朝廷大事，明日早朝時讓大臣們議一議，朕再頒旨改曆。」

第二天早朝，漢武帝對眾人說：「昨天，太史令司馬遷建議改曆法，眾大臣可以提出意見，司馬遷你把你的建議向大家說說。」司馬遷出列，然後說道：「微臣鑒於朔晦月見，弦望滿虧多不符合，且月相與曆法不符，考慮秦朝沿用下來的曆法應改變了，否則與四季不合，與農業生產不適應。建議以正月為歲首，並納入二十四節氣。」

大臣們聽了都非常贊同。

這時，太中大夫壺出列奏道：「皇上，太史令所言極是，老臣極為贊同，秦朝的顓頊曆已沿用百年，誤差太大，曆紀已壞廢，宜改正朔。」

太中大夫公孫卿也出列奏道：「啟稟皇上，臣也以為曆法早該改了，太史令的建議非常好。」

其他大臣們也都表示贊同，於是武帝宣布：「朕同意改正朔，制新

曆，著太史令司馬遷主持改曆，太中大夫壺遂、公孫卿加入協助，並詔告全國郡守推舉天文、曆數學者參與改曆，宰相及各卿要多支持。」

眾大臣高呼：「皇上聖明。」

從此，司馬遷進入了緊張的改曆工作之中。編制曆法，是一項艱苦複雜的工作，需要細緻地觀測天象、計算、核驗以及製造儀器等，人力不足。

於是又募選通曉天文曆法的治曆官鄧平、長樂司馬可、酒泉侯宜君以及民間治曆者方士唐都、巴郡落下閎等 20 餘人加盟，重新議造曆法。

在專家中，曆數學家落下閎是主要的造曆者。落下閎是閬中人。從小，他就醉心於天象觀察，並且在家鄉小有名氣，後來經同鄉、太常令譙隆和太史令司馬遷推薦，從四川來到京城長安與當時的官家天文學家唐都、鄧平一起研製曆法。

在改曆過程中，他們經常發生激烈的爭論。民間天文學家落下閎與鄧平和唐都等 20 多人以及官方的公孫卿、壺遂和司馬遷都各有方案，相持不下，最後形成了 18 家不同的曆法。

經過一年的工作，漢武帝經過仔細對照比較，認為落下閎與鄧平的曆法優於其他 17 家，就予採用。於元封七年，也就是西元前 104 年頒行，並改元封七年為太初元年，因而新曆又稱為「太初曆」。

太初曆在行用後，受到包括司馬遷、張壽王等人的反對，張壽王甚至提議改回到殷歷。然而孰優孰劣，還要以實測為準。為此朝廷組織了一次為期 3 年的天文觀測，同時校驗太初曆和古六歷的數據，結果表明，太初曆更為符合天象。從此太初曆便站穩了腳跟，而且一直使用了將近 200 年，也就是西元前 104－84 年。

為了表彰落下閎的功績，漢武帝特授他以侍中之職，落下閎卻堅辭

不受，而鄧平則被任命為太史丞。

太初曆的公布，代表著漢王朝「受命改制」的完成。太初曆每年是 365.3851539 日，一朔望月等於 29.4381 日，一晝夜為子、丑、寅、卯、辰、巳、午、未、申、酉、戌、亥十二個時辰。這是中國曆法史上的一次重大改革，是第一部比較完整的曆法。

易服色和改正朔一樣，「易服色」即更易衣服、車馬的顏色，也是新王朝應天承運而改制的重要內容。它源於「五德終始說」。五德終始說是戰國時期齊國人鄒衍創立的。

他將「陰陽說」和「五行說」糅合在一起，藉以說明天人感應和天道循環的理論。鄒衍宣稱，凡是人類的各項活動，都和陰陽五行相通，並互為影響，由此引起各種的變化。所說的「五行」，就是土、木、金、火、水五種物質。

「五行相生相勝」。

「相生」就是互相輔濟，如木生火，火生土，土生金，金生水，水生木；「相勝」就是互相剋損，如水勝火，火勝金，金勝木，木勝土，土勝水。

「五德」就是五行的德性，即土德、木德、金德、火德、水德。五德不僅是相生相剋的，並且還是終而復始循環的。人間的每個王朝，都必定是得到五德中的一德，並由上天顯示符應。這個王朝根據所得的五行之德的性質，制定本王朝的各種制度。

當一個王朝德衰之後，肯定被另一個克勝此德的新王朝所取代。而新王朝興起的時候，上天也要顯示符應，某個君主認識到符應的含義，便要依據本王朝所受的五行之德的性質進行改制，是為「順天承運」，成為受天命者。

《呂氏春秋・應同》篇對鄒衍的「五德終始說」作了一個完整的說明：

　　凡帝王者之將興也，天必先見祥乎下民。黃帝之時，天先見大蟲寅大螻。黃帝曰：「『土氣勝。』土氣勝，故其色尚黃，其事則土。及禹之時，天先見草木秋冬不殺。」禹曰：「『木氣勝。』木氣勝，故其色尚青，其事則木。及湯之時，天先見金刃生於水。」湯曰：「『金氣勝。』金氣勝，故其色尚白，其事則金。及文王之時，天先見火，赤烏銜丹書集於周社。」

　　文王曰：「『火氣勝。』火氣勝，故其色尚赤，其事則火。代火者，必將水。天先見水氣勝。水氣勝，故其色尚黑，其事則水。水氣至而不知，數備將徙於土。」

　　以上的文字是說黃帝得土德，顏色尚黃。禹得木德，顏色尚青。木德勝土德，夏朝取代了黃帝；商得金德，顏色尚白。金德勝木德，商朝取代了夏朝；周得火德，顏色尚赤。火德勝金德，周朝取代了商朝。而周朝一定要被屬於水德的朝代所取代。

　　鄒衍的「五德終始說」深受各國統治者的推崇。秦始皇根據鄒衍的學說，確認秦為「水德」。所以，依照水德之性進行改制。如改正朔，以建亥之月為歲首；顏色尚黑、衣服、旌旗均用黑色；與水德相應的數是六，所以符傳長度、法冠高度各為六寸，車軌寬六尺；水德主陰，陰主刑殺，因而尚法嚴刑。

　　高祖劉邦出身於下層平民，不懂五德終始之說，加之匆忙建國，來不及制定新制，所以認為也是獲水之德。承襲秦制，色尚黑。漢文帝時，漢建國已二十餘年，新王朝的統治日益鞏固。隨著政治、經濟、文化的發展，秦朝的舊制已經不適應新形勢的需要。

　　漢文帝前元年，也就是西元前 179 年，太中大夫賈誼向文帝上奏道：「請改正朔、易服色、定官名、興禮樂、以立漢制，更秦法。」

　　十餘年後，魯人方士公孫臣根據五德循環的理論，上書漢文帝說：「漢朝獲得的是土德，應該改用新的元年，根據土德改正朔，易服色。漢

獲土德，上天一定會示以符瑞，這種符瑞當是黃龍出現。」

漢文帝將這事交給丞相張蒼辦理。張蒼精通樂律和曆法，認為公孫臣是胡言亂語，不加理睬。

漢文帝前十五年，也就是西元前 165 年，黃龍果然在成紀縣出現，張蒼因為自己的失誤而辭職。文帝任命公孫臣為博士，與其他一些飽學之士論證漢得土德的觀點，主持草擬改正朔、易服色的方案。這時文帝正寵信方士新垣平，新垣平也積極主張改正朔、易服色、巡狩、封禪等事。

但是沒多久因其騙術暴露而被殺。從此，文帝對改正朔、易服色之事再不感興趣。文帝雖然沒有實行改正朔、易服色等改制之事，但卻為武帝的改制奠定了思想和輿論的基礎。

漢武帝在「改正朔」的同時，根據「五德終始說」，採納了公孫臣的論斷，認為漢獲土德而受命。秦為水德，漢以土德克水德而代秦，乃是「應天承運」。這樣就為漢代秦、改易秦制找到了理論根據。

漢既為土德，土黃色，所以易秦尚黑之色而尚黃、衣服、旌旗、車馬均以黃色為最尊，這就是「易服色」。與土德相應的數是五，因此「數用五」，如官吏的印章刻文都用五個字，丞相之印文為「丞相之印章」，諸卿及郡守、相印文不足五字者，以「之」字補足。

漢武帝在改正朔、易服色之外，還定官名、協音律、定宗廟百官之儀等，作為國家的定製，永垂後世。

置年號自古帝王未有年號，凡記年皆以元、二、三……記數。如周平王元年、周平王二年，周平王五十一年、秦王政元年、秦王政二年……秦始皇帝二十六年、秦始皇帝二十七年等等。

每個新帝王嗣統，要重新紀年，從元年開始，故稱為「改元」。每個

帝王的紀年，一貫到底，中間不改元。漢文帝受方士新垣平的迷惑，中間改元一次，稱前元、後元，開帝王記年改元的先河。景帝改元三次，史家稱其記年為前元、中元、後元作為區別。武帝即位以後，因襲父、祖記年的方式，仍以元年、二年、三年……為數。

到了第二十七年時，也就是西元前 114 年，主管記年的官員向武帝建議道：「記年應該根據上天賜降的祥瑞現象來命名年號。不應當以一、二、三累數計算。」

天子受命於天，在他統御天下之年，天不斷降祥瑞，是對天子政績的肯定。以祥瑞命名年號，正是「天人感應」的表現。武帝認為非常在理，欣然採納了這一建議。

因為在武帝二十五年時，也就是西元前 116 年於汾陰出土了一個大銅鼎，鼎是王權的象徵，武帝認為這是天降祥瑞，所以就將出鼎之年定為元鼎元年，第二十七年則為元鼎三年，也就是西元前 114 年。由後向前追，將即位以來的記年，分別命以年號。因為自古以來帝王沒有年號，初建年號，所以第一個年號曰「建」。

建元共六年，也就是西元前 140 年至西元前 135 年。建元六年，也就是西元前 135 年秋八月，長星見於東方，光長竟天。所以第二年改元，二元曰「光」。元光共六年，也就是西元前 134 年至西元前 129 年。

當時漢承秦制，從水德，水德之數為六，六數滿則週而復始，因沒有明顯的「祥瑞」，因此三元曰「朔」。

朔者，始也，言更為初始。元朔共六年，也就是西元前 128 年至西元前 123 年。次年，也就是西元前 122 年冬十月，武帝巡幸雍，祭祀五帝，獲得了一隻獨角獸，有人附會為「白麟」。麟為神獸，它的出現被視為天降祥瑞，所以此年改元，四元曰「狩」。

元狩共六年，也就是西元前 122 年至西元前 117 年。五元則曰「鼎」。元鼎共六年，也就是西元前 116 年至西元前 111 年。次年，也就是西元前 100 年夏四月，武帝始登封泰山，所以此年改元，六元曰「封」。

元封共六年，也就是西元前 110 年至西元前 105 年。次年，也就是西元前 104 年夏五月，武帝改正朔，初用夏正，以正月為歲首，所以此年改元，七元曰「太初」。

太初共四年，也就是西元前 104 年至西元前 101 年。次年，也就是西元前 100 年第八次改元曰「天漢」。時連年大旱。《詩經·大雅》有《雲漢》一詩，讚美周宣王遇旱災修德勤政而能致雨。所以改年號為「天漢」，以祈求甘雨。

天漢共四年，也就是西元前 100 年至前 97 年。

次年，也就是西元前 96 年第九次改元，曰「太始」。言盪滌天下，與民更始。太始共四年，也就是西元前 96 年至西元前 93 年。

次年，也就是西元前 92 年，第十次改元，曰「征和」。言征伐四夷而天下和平。征和共四年，也就是西元前 92 年至西元前 89 年。

次年，也就是西元前 88 年第十一次改元，曰「後」。後元共二年也就是西元前 88 年至西元前 87 年，後元二年二月，武帝死。武帝始創年號，為以後歷代皇帝所效法。

‖ 強調水利設施的建設 ‖

劉徹非常注意治水工程建設，這展現在兩個方面：一是治理水患，二是興修水利。他對水利建設有比較深刻的理解。他特別強調說：

農，天下之本也。泉流灌，所以育五穀也……故為通溝瀆，畜陂澤，所以備旱也……令吏民勉農，盡地利，平繇行水，勿使失時。

漢初六十餘年中，黃河比較穩定，僅在漢文帝時期決過一次口，旋即堵塞。元光三年，也就是西元前132年三月，黃河自頓丘改道東南流入渤海。五月，在濮陽瓠子決口，然後移道東南注鉅野澤通淮河、泗水，氾濫成災。瓠子是一條河流的名字，它自今河南濮陽分黃河水東出，經山東鄄城、鄆城、梁山、陽穀，至阿城、荏平，東入濟水。

這年，黃河水特別狂暴不馴，激流衝破了瓠子附近的大堤，經東南注入兗州的鉅野澤，再通往淮河、泗水後入海。遭受水災的有16個郡，無數的良田被淹，莊稼被毀，人或為魚鱉。漢武帝得到消息後，立即下旨：「汲黯，朕令你前往河南郡抗汛，不得有誤。」

「臣遵旨。」汲黯奔赴河南郡，只見滔滔河水已經淹沒了不少良田，到處是難民逃難，屍橫遍野。可是雨還在不停地下，河南郡守束手無策，又不敢開倉賑災。汲黯派士卒築堤防洪，他汗涔涔地來到郡府，要郡守開倉賑災。

郡守不敢，說道：「這是國庫，沒有皇上旨令，誰敢開倉，這是要殺頭的啊。」汲黯正色道：「看這麼多饑民，再不開倉全餓死了怎麼辦？」可這郡守還是不肯開倉救人。汲黯萬分焦急，於是急中生智，想了個辦法，隨即朝國倉門口對郡守高呼：「聖旨到，河南郡守接旨。」河南郡守聽到「聖旨」兩個字立刻便下跪接旨。這樣一來，郡守只得開倉放糧，災民們忙排隊領取粟米。汲黯高聲說：「災民們，皇上體恤百姓，特開倉放賑。」災民們都異口同聲地感謝皇上。被施救的災民們為了感謝皇上的體恤，都參與到了河岸築堤防洪的隊伍當中。然而，大雨愈下愈大，沒過多久，好不容易才堵住的河堤，再次被洶湧的浪濤沖毀。眼看河水就要進城，汲黯忙派人連夜進京向皇帝告急。

漢武帝得知後濃眉緊皺，高聲說：「傳朕旨意，升殿議事。」

朝堂之上，漢武帝嚴肅地說：「朕接到急報，河南郡黃河將決口，形勢萬分險惡，水將進城，萬千百姓危在旦夕，朕決定親率 10 萬士卒奔赴決口處與河水抗爭。」

在場的大臣們聽到皇上要親自參與河水治理，忙出來勸阻：「聖上，萬萬不可親赴河堤，太危險了。」可是漢武帝堅定不移地說：「朕意已決，朕親率 10 萬將士，明日就出發，朝廷之事由宰相代理。」

這位當時已經 47 歲的皇帝，顧不上鞍馬勞頓，率領著群臣百官來到瓠子決口。面對著浩浩蕩蕩的黃河水，武帝虔誠地默禱，下令牽來一匹白馬，取來一對潔白的玉璧，投入大河的激流之中，表示對河神的敬意。武帝沉吟片刻，寫下了著名的《瓠子歌》：

瓠子決兮將奈何？浩浩洋洋兮慮殫為河。殫為河兮地不得寧，功無已時兮吾山平。吾山平兮鉅野溢，魚弗鬱兮柏冬日。……為我謂河伯兮何不仁，氾濫不止兮愁吾人！……河湯湯兮激潺湲，北渡回兮迅流難。搴長茭兮湛美玉，河公許兮薪不屬。薪不屬兮衛人罪，燒蕭條兮噫乎何以御水！頹林竹兮楗石菑，宣防塞兮萬福來。

漢武帝非常感慨而又虔誠地禱告祈求：河公啊河公，你為何沒有仁愛惻隱之心？你不斷地氾濫成災，使我竭盡了思慮而無能為力。他誠摯地請求河神，趕快讓黃河水停止咆哮。他告訴河神，我已投玉沉水，殺馬祭河，希望河水寬恕這一帶居民的罪過，賜予我們萬福。

為了堵決成功，為了感動河神，漢武帝命令官自將軍以下全部參加堵塞決口的工程。他注意到東郡地區的百姓弋燒柴草，修築堤壩必需的樹木藁草不足取用，令全軍砍衛地淇園之竹，作為塞河工程減緩水流速度的「楗」，以連線竹編的「石」、草包實土，逐次增加密實程度，終於堵塞住決口。

這是一場人與大自然的激烈戰鬥。當地的樹幹、柴薪很快用完，堵決如救火，漢武帝下令把附近離宮淇園裡的竹林全部砍伐，以代樹薪。群臣百姓為這一行動所感動，人心大振，更加奮勇地投入了對洪水的鬥爭。

在武帝親自指揮下，奔騰咆哮的黃河水終於被制服。經受了 20 多年水淹之苦的廣大地區，消除了水災。武帝顯得非常興奮，眼望東流而去的黃河水，認為是自己的虔誠感動了河神。

於是下令，在瓠子合龔處的大堤上，建造一座宮殿，賜名為「宣防」。這殿名來自《瓠子歌》中的一句：「宣防塞兮萬福來」，含有防範洪水、祈求萬福之意。也是想用這個水利工程向天下人證明自己確實完成了「復禹舊跡」的使命。

黃河終於恢復故道。武帝又命由瓠子引黃河水北開二渠。這以後，梁、楚之地再不受河災了。武帝還治理陝西的褒水、斜水，在兩水之間作長五百餘里的褒斜道。

武帝親臨瓠子治河，有很大的象徵意義和號召性，水利灌溉事業因此普遍展開，迅速發展。司馬遷曾在《河渠書》中寫道：

自是之後，用事者爭言之利。朔方、西河、河西、酒泉皆引河及川穀以溉田。而關中靈軹、成國、渠引諸川，汝南、九江引淮，東海引鉅定，泰山下引汶水。皆穿渠為溉田，各萬餘頃。它小渠及陂山通道者，不可勝言也。

因此，武帝興修水利有明顯的經濟目的。一是要便利漕運，損漕省卒。二是灌溉民田，增加土地肥力，改善生產條件。三是備旱消災防災。

鄭當時開渭渠的建議說得很清楚：

異時關東漕粟從渭中上，度六月而罷，而漕水道 900 多里，時有難處。引渭穿渠起長安，並南山下，至河三百餘里，徑，易漕，度可令三月罷；而渠下民田萬餘頃，又可得以溉田：此損漕省卒，而益肥關中之地，得穀。

元鼎六年，也就是西元前 111 年，左內史倪寬奏請穿鑿六輔渠，漢武帝說：「農，天下之本也。泉流灌，所以育五穀也。左、右內史地，名山川原甚眾，細民未知其利，故為通溝瀆，畜陂澤，所以備旱也。……令吏民勉農，盡地利，平徭行水，勿使失時。」

漢武帝所說的吏民勉農，事實上是要穩定和鞏固小農經濟，發展全社會的農業生產，並使小農勤於耕織，安土重遷，不致飢貧破產，賣妻鬻子，成為流民，亡逃山林。

漢武帝之所以很重視治水，除了出於順行天意的傳統觀念，更重要的是他對水利所具的國計民生意義的認識。經過這次治理，此後 80 多年黃河未發生大水災。這種由政府組織、皇帝親臨工地直接指揮的治理黃河工程，是歷史上的第一次，它是武帝一生中的豐功偉業之一。

漢武帝在關中地區還開鑿了許多水渠，運送漕糧，灌溉農田，元光六年，也就是西元前 129 年，漢武帝批准大司農鄭當時的建議，沿秦嶺北麓開鑿人工運河漕渠，並令水工徐伯主持修建，漕渠與渭河平行，使潼關到長安的水路運輸的時間大量縮短。

漕渠漢代的起點是從昆明池經昆明渠流經西安北郊河止西、溝上村，穿過灞河，經新築鎮、新豐鎮、渭南、華縣到華陰市北進入渭河，全長 300 里。不僅減少了漕運的時間，還可以灌田一萬餘頃。

在開鑿漕渠的同時，有個叫嚴熊的人，他上書漢武帝，建議修渠引洛水灌溉今陝西蒲城、大荔一帶萬餘頃旱地。漢武帝採用了他的建議，徵發民工萬餘人，修鑿龍首渠，自徵引洛水經商顏山南行至臨晉。因商

顏山一帶土質疏鬆，渠岸易崩，水工便在地面每隔一段距離鑿一井，深者 40 餘丈，使井下渠道相通、形成一條長達 10 餘里的井渠，使井下相通行水。因為這條渠在開鑿時曾挖出了龍骨化石，因此，把它稱作為龍首渠。工程歷時 10 餘年才完成。

龍首渠的以井通渠，是中國古代水利工程中的一項創舉。龍首渠引洛水灌溉重泉以東的田地，改變了因缺水而低產的狀況，據猜想每畝大約可產穀十石。

元鼎四年，也就是西元前 113 年，倪寬遷升為「左內史」之職。負責治理京城長安所在的關中地區民政。倪寬在任期間，以儒家道德教化民眾，採取了一系列獎勵農業的措施並且緩解了刑罰，重新清理了獄訟案件，選用了當時一些仁厚的人，體察民情，做事講究實事求是，不務虛名。因此，深得關中地區民眾擁戴。

關中地區，在秦時修建了鄭國渠，兩岸農民深得灌溉之利，土地肥沃，田賦是第一等的，是漢朝賦稅的重要來源之一。倪寬了解到，鄭國渠上游南岸高卬之田仍然十年九旱。漢朝初年，這裡「百畝之收，不過百石」，仍有一部分人民衣食不足。倪寬首倡開鑿六輔渠。

得到漢武帝的同意後，倪寬徵發民工，在鄭國渠上修築了六條渠道，史稱「六輔渠」，使兩岸高卬之地得到灌溉，原來的鄭國渠發揮了更大的效益。為了做到避免糾紛、合理用水、上下游兼顧，又制定和頒布了「水令」，使人民按令用水，上下相安。

很快使關中地區出現農業豐收，經濟繁榮的局面。倪寬十分關心民間疾苦，收繳租稅的時候，對一些豐歉不同的地區和農戶進行適當調整，對一些貧弱戶和因故不能及時繳納的可以延緩和減免，因而賦稅徵收速度較慢。後來，因軍務用糧緊急，朝廷令左內史徵收賦稅。

於是，大戶趕牛套車，小戶擔挑背負，交糧路上人車連綿不絕。結果，賦稅任務不但沒有落後，反而成為完成最快最好的。漢武帝愈加驚奇倪寬的才能。

漢武帝為了督促各地官員都重視興修水利，發展農業生產，特意下詔表彰倪寬。詔令說：

農為天下之本，有泉流灌溉，才能生育五穀。左右內史所轄的地區，名山川原眾多，應當予以充分利用，在這裡通溝渠，蓄水源，可以預防旱災。今內史轄區內的水稻，田租太重，要酌量減輕。官吏百姓應當努力務農，發揮土地的潛力，公平地任用共同的來源，千萬不要誤了農時。

這個詔書，表明了武帝對農業的重視，也道出了他興修水利工程的目的是在於發展農業生產。

太始二年，也就是西元前 95 年，時鄭國渠竣已逾百年，多年失修，效益大減，長安糧荒嚴重。於是，趙中大夫白公復奏請穿渠引水。該工程首起谷口，尾入櫟陽，長 200 里，溉田 4 萬餘頃。為紀念白公功績該渠被命名為「白公渠」，後稱「鄭白渠」，涇陽縣百姓習稱「白渠」。為當地農業帶來了巨大的效益。當地流傳的民諺說：

田於何所？池陽、谷口。

「鄭國」在前，「白渠」起後。舉為雲，決渠為雨。涇水一石，其泥數斗。且溉且糞，長我禾黍。衣食京師，億萬之口。

白公渠使用壽命從西元前 95 年到西元 1106 年，是引涇諸渠中使用最久的一條。班固曾經在《西都賦》中說：「鄭白之沃，衣食之源。」

除此之外，在關中地區的水利工程還有靈渠、成國渠、湋渠等等。水渠縱橫交錯，形成一個廣大的灌溉網，對關中地區的農業發展發揮了巨大作用。

漢武帝時期的水利工程並不僅限於關中和關東地區，而且還推廣到新疆、寧夏、內蒙、雲南等最邊遠的地區，使當時的人均占有溉田面積約 0.4 畝。武帝一朝開發並受益的大中型農業灌溉水利工程，大約占秦至兩漢 400 年間全部水利工程總量的 50%。

‖ 土木工程的盛大興建 ‖

漢高帝時期，先把秦的離宮興樂宮改建為長樂官，後來又在長樂宮以西建築了未央官，在未央宮以北草創了北宮，在長樂與未央之間是長安軍械大庫所在地，稱武庫。到惠帝時，長安城牆才基本完成修築，並建立西市。

早期的國都長安，只利用秦時的舊宮加以改造，並以此為基礎加以配套工程完善，從東到西，太倉、長樂宮、武庫和未央宮，形成一橫排的大小建築群，布局也都是坐西朝東，加上惠帝時期的城牆，基本上形成了早期長安的規模。

當時長安城內，南部和中部除了宮殿外，還有宗廟從中央官署、三輔官署及各種倉庫，這樣一來，城中所剩餘空間就已經很小了。加之諸侯、大臣、宮豪的住宅、長安城內就沒有什麼空地。因此，後來長安的發展，逐漸越出惠帝城牆的界限，開始向外發展，這樣一來，早期長安逐步成為廣義長安的內城。長安城的擴建，與當時帝國政治經濟的恢復、發展是密不可分的。

建章宮是漢武帝時期建造的一個大型宮殿群，性質上雖屬於離宮，但日後也都逐步具有政治性辦公職能。它位於長安城西，在直城門外的上林苑內，其宮殿樓台之多，遠非長樂、未央所能比擬，號稱「千門萬戶」。

　　據說，漢武帝修建建章宮的理由是源於一場宮廷火災和一個荒誕不經的南方風俗。太初元年，也就是西元前 104 年，未央宮附近有名的柏梁台失火被焚。

　　事後有一個南粵巫師站出來告訴漢武帝，她說：「要是在他的老家，失火之後要建一座比失火建築更大、更華麗的建築將火魔活活氣死後，就可保平安無事。」

　　漢武帝聽完這話，便信以為真。於是便在太初元年，也就是西元前 104 年開始興建建章宮。由於其設計規模宏大，加之長安故城中用地緊張，因此選址在故城以西。實際上，漢武帝是把建章宮當成他的新皇宮來興建的。

　　從建章宮的布局來看，從正門圓闕、玉堂、建章前殿和天梁宮形成一條中軸線，其他宮室分布在左右，全部圍以閣道。宮城內北部為太液池，築有三神山，宮城西面為唐中庭、唐中池。

　　中軸線上有多重門、闕，正門曰閶闔，也叫璧門，高 25 丈，是城闕式建築。後為玉堂，建台上。屋頂上有銅鳳，高五尺，飾黃金，下有轉樞，可隨風轉動。

　　在璧門北，其左有別鳳闕，其右有井榦樓。進圓闕門內 200 步，最後到達建在高台上的建章前殿，氣魄十分雄偉。宮城中還分布眾多不同組合的殿堂建築。

　　璧門之西有神明台，它是建章宮中最為壯觀的建築物。武帝好神仙求長生，與秦始皇相比，有過之而無不及，在宮殿建築上當然也時時不忘表達對神仙的嚮往、仰慕。在虔誠祈禱、頂禮膜拜的同時，他專門建立求仙用的宮殿設施，可謂費盡心機。

　　神明台高達 50 丈，台上有銅鑄的仙人，仙人手掌有 7 圍之大，至於

仙人之巨大可想而知。仙人手託一個直徑 27 丈的大銅盤，盤內有一巨型玉杯，用玉杯承接空中的露水，故名「承露盤」。

漢武帝以為喝了玉杯中的露水就是喝了天賜的「瓊漿玉液」，久服益壽成仙。神明台上除「承露盤」外，還設有九室，象徵九天。常住道士、巫師百餘人。巫師們說，在高入九天的神明台上可和神仙為鄰通話。

神明台保持了 300 多年，魏文帝曹丕在位時，承露盤尚在。文帝想把它搬到洛陽。搬動時因銅盤過大而折斷，斷聲遠傳數十里。銅盤勉強搬到灞河邊，因太重再也無法向前挪動而棄置，後不知所終。

神明台歷經 2000 多年風吹雨打，至今只餘千瘡百孔的夯土台基，立於台上觀賞，仍可遐想「立修基之仙掌，承雲表之清露」的古漢風韻。

建章宮北為太液池。在《三輔黃圖》卷四中記載：

太液池，在長安故城西，建章宮北，未央宮西南。太液者，言其津潤所及廣也。

太液池位於建章宮前殿西北，象徵北海，占地 10 頃，是渠引昆明池水而形成的一個範圍寬廣的人工湖。遺址在三橋鎮高堡子、低堡子村西北一片窪地處。

池北岸有人工雕刻而成長 3 丈、高 5 尺的大石鯨，西岸有 6 尺長的石鱉 3 枚，另有各種石雕的魚龍、奇禽、異獸等。池中建有高達 20 餘丈的漸台。

為了求神祈仙，漢武帝還在池中築有三座假山，以像東海中的瀛洲、蓬萊、方丈三座神山。

《西京賦》中說：「神山峨峨，列瀛洲與方丈，夾蓬萊而駢羅。」

《拾遺記》中說：「此山上廣中狹下方，皆如工制，猶華山之似削成。」太液池岸邊湖中，有各種動植物。

《西京雜記》卷一中記載：

太液池邊皆是雕胡、紫籜、綠節之類，其間鳧雛雁子，布滿充積，又多紫龜綠龜；池邊多平沙，沙上鵜鶘、鷗鶄、鵁鶄、鴻鶂動輒成群。

《漢書・昭帝紀》中記載，始元元年，也就是西元前86年春二月，有「黃鵠下建章宮太液池中」。漢昭帝為此作歌云：

黃鵠飛兮下建章，羽肅肅兮行蹌蹌，金為衣兮菊為裳；唼喋荷行，出入蒹葭，自顧菲薄，愧爾嘉祥。

太液池湖光水色，山水相映，景色宜人，是建章宮中著名的風景區。池中置有鳴鶴舟、容與舟、清曠舟、採菱舟、越女舟等各種遊船。漢成帝常在秋高氣爽之季與后妃趙飛燕泛舟戲遊於湖中。太液池作為一個大的人工湖，為建章宮提供了大量蓄水。

太液池三神山源於神仙傳說，據之創作了浮於大海般巨浸的悠悠煙水之上，水光山色，相映成趣；岸邊滿布水生植物，平沙上禽鳥成群，生意盎然，開後世自然山水宮苑的先河遺憾的是，這座宮殿於西漢末年毀於戰火，但至今遺址猶存。

建章宮中的這些建築，較利用龍首塬建成的長樂、未央二宮更為高大雄偉。在漢武帝看來，這座新皇宮才能與他雄才大略相匹配，才可以作為他豐功偉業、國家繁榮昌盛的代表。因此建章宮落成後，武帝索性把皇宮搬了進去，他統治後期大部分時光也都是在這裡度過的。

在興建建章宮的同時，對長安故城的修繕、改造工程也在大規模地進行。長安故城南部由於長樂、未央兩宮占地已經用盡，連兩宮之間都建立了武庫，因此，新的工程多半在北部進行。

其中新建明光宮、桂宮及對北工的改建工程最為浩大。漢武帝一代長安風貌之特色也大致展現在這一區域中。漢武帝太初四年，也就是西

元前 101 年秋，在長樂宮北原北宮屬地中興建了明光宮。

明光宮要比長樂宮小，但與未央宮規模相當，甚至較大一些。它的具體地點不清楚，一般認為其地望當年在清明門大街以北，宣平門大街以南，安門大街以東，東城牆以西範圍之內。根據班固的《西都賦》和張衡的《西京賦》所說，明光宮與長樂宮、桂宮以及未央宮之間皆有閣道相連。構成一個消息通暢、聯繫便利的整體。

在修建過程中，明光宮繼承和借鑑了以前宮殿雄偉、富麗的特點，同時也在設計上作了大膽突破：殿宇高大，多柱而少牆，採光條件好，空氣流動通暢，穿行殿中雖酷暑也不覺熱，視野開闊，登殿台可望渭河，西臨西市、東市，長安富庶可盡收眼底，是武帝在長安城中消閒避暑的好去處。

明光宮東部與城垣相抵，有宣平門、清明門兩大城門與城外相通。宣平門也叫做東都門，是長安故城東北方向的城門，與宣平門相通的大道，即是明光宮的北界。清明門是故城東出第二門，由於此外也設有藉田倉，因此又稱藉田門。這裡所通大道是明光宮的南界。

而修建的原因，在《三輔黃圖》中記載：

武帝求仙起明光宮，發燕趙美女二千人充之。

這說明，明光宮是當時宮中美女的集結地。漢武帝去世以後，明光宮就逐漸變得蕭條了。

而桂宮修建於太初四年，也就是西元前 101 年，又稱「四寶宮」。

桂宮位於長安城西部，在未央宮以北偏西，與北宮相鄰。南鄰直城門大街，東以橫門大街與北宮相望。其規模較長樂、未央等宮要小。桂宮宮城平面矩形，東西寬 800 公尺，南北長 1800 公尺。

宮中主要建築有龍樓門、鴻寧殿及明光殿、走狗台等。有閣道南通

未央宮，西接建章宮神明台。

班固在《西都賦》中記載：

自未央而連桂宮，北彌明光而互長樂，凌隥道而超西墉，掍建章而連外屬。

桂宮是漢武帝時期后妃居住生活的宮殿，建築十分奢華，《西京雜記》卷二記載：

武帝為七寶床，雜寶桉，廁寶屏風，列寶帳，設於桂宮，時人謂為四寶宮。

鴻寧殿是桂宮中的正殿，後來逐漸成為后妃的私人居處，漢武帝的傅昭儀就曾長住此殿，到哀帝建平三年正月，鴻寧殿毀於火災，以後再沒恢復過。

北宮最早似應是長安城北部宮殿群的一個泛稱。但隨著新建各宮範圍的逐步確立，北宮的實際範圍也漸漸縮小，並最終成為一組固定宮殿的名稱。這與西漢其他宮殿均有正名是不一樣的。北宮是長安諸宮中唯一以方位命名的宮殿。

北宮位於漢長安城未央宮東北、桂宮以東，在今六村堡鄉袁家堡一帶。在《三輔黃圖》卷二中記載：

北宮，在長安城中，近桂宮，俱在未央宮北，週迴四十里。高帝時制度草創，孝武增修之。

北宮建築富麗堂皇，宮中有「珠簾玉戶如桂宮」的前殿，還有用以供奉和舉行祭祀神仙活動的壽宮與神仙宮，以及皇太子居住的太子宮、甲觀、丙殿、畫堂等。北宮與未央宮之間，以紫房複道相通。

北宮主要作為后妃的宮殿，大多是居住一些被皇帝廢除或是被貶的后妃。西漢初年，呂太后去世之後，諸呂勢力被剷，孝惠張皇后被廢處

北宮。哀帝去世後，王莽貶皇太后趙氏，也徙居於北宮。

漢武帝時期，在大興土木籌建新宮的過程中對北宮進行了大規模增修。這些增修多半也是側重於內部裝潢、修飾。與桂宮不同，北宮用以供奉、祭祀、求仙的成分更多。

北宮之中建有神仙宮、壽宮，其「張羽旗，設供具，以禮神君」。為使神君到來能讓人盡快發現，宮中廣布帷帳，可是吹動這些帳幕的卻是北邊渭河一帶的潮溼的空氣，而不是武帝所企望的神氣仙風。

北宮中還建有專供皇太子所居的宮殿，及其附屬建築丙殿、甲觀、畫堂等。太子居住、學習、聽講、受詔大都在這個地方。上林苑是中國秦漢時期的皇家園林，始建於秦始皇時期。據《史記·秦始皇本紀》記載：

秦始皇二十六年，也就是西元前221年，秦滅六國後，徙天下富豪於咸陽十二萬戶。諸廟及章台、上林皆在渭南；十年後，也就是秦始皇三十五年，乃作朝宮渭南上林苑中，先作前殿阿房。

這些記載，為我們提供了上林苑在咸陽渭河之南和阿房宮在上林苑中這兩個依據。此後，史籍中便沒有新的說法。

而上林苑的擴建，始於漢武帝時期。建元三年，也就是西元前138年，漢武帝命太中大夫吾丘壽王在今三橋鎮以南、終南山以北、周至以東、曲江池以西的範圍內，開始擴建上林苑，並償徵收這個範圍內民間的全部耕地和草地，用以修建苑內的各種景觀。

後來，上林苑又進一步向東部和北部擴展：北部擴至渭河北，東部擴至滻、灞以東，形成了前所未有的規模，進入了它的鼎盛時期。上林苑地跨長安、咸陽、周至、戶縣、藍田五縣境，縱橫300里，南部是由今藍田的焦岱鎮開始，向西經長安的曲江池、樊川，沿終南山北麓西至周至；北部是興平的渭河北岸，沿渭河向東。有灞、滻、涇、渭、灃、

鎬、牢、橘八水出入其中。在司馬相如的《上林賦》中記載：

終始灞滻、出入涇渭。灃鎬潦潏，紆餘委蛇，經營乎其內。蕩蕩乎八川，分流相背而異態。東西南北，馳騖往來。

由此可見，上林苑是依據水係為劃定範圍的。灞、滻二水自始至終不出上林苑；涇、渭二水從苑外流入又從苑內流出；灃、鎬、潦、潏四水迂迴曲折，周旋於苑中。

《羽獵賦》中記載：

武帝廣開上林，東南至宜春、鼎湖、御宿、昆吾；旁南山，西至長楊、五柞；北繞黃山，濱渭而東。周袤數百里。

這裡是依據周邊宮觀的位置為上林苑劃的界限，而且範圍的界定比《上林賦》中的表述更明晰。究其原因主要是：司馬相如與漢武帝雖是同代人，但比武帝年長23歲，在武帝執政中期，也就是西元前118年就已謝世；他寫《上林賦》時，上林苑正處在擴展時期，因此依據水系界定自有道理。

而揚雄處於西漢晚期，他的《羽獵賦》比《上林賦》要晚大約100年，而且是在隨從漢成帝遊獵上林苑、身臨其境的情況下寫成的，這時上林苑規模早已定型，因而賦中所劃界限便更為具體。

按照《羽獵賦》劃定的界線，上林苑的南部是由今藍田的焦岱鎮開始，北部是由興平的渭河北岸，沿渭河之濱向東。

《羽獵賦》對上林苑的劃界雖比《上林賦》更為明晰，但卻存在兩個疑點：一是「北繞黃山，濱渭而東」，東到何處，指向不明；二是「周袤數百里」，數百里是多少，長度不清。所幸的是，這兩個疑點卻在後來班固的《西都賦》和張衡的《西京賦》裡得到了回答。

班固的《西都賦》上說：上林苑「繚以周牆，四百餘里」；張衡的《西

京賦》上說：

　　上林禁苑，跨谷彌阜。東至鼎湖，邪界細柳。掩長楊而聯五柞，繞黃山而款牛首。繚垣綿聯，四百餘里。

　　這兩段記述，正好解決了上述兩個疑點：第一，用「邪界細柳」四個字，劃出了黃山宮以東的上林苑的界線，也就是從細柳沿漢長安城南，向東南至鼎湖所劃定的一條斜線。第二，所謂「四百餘里」，相對於《羽獵賦》來說，上林苑的範圍有了一個量的概數，無疑也是一大貢獻。

　　由此觀之，上林苑的規模，以現今的區域度量，應是地跨藍田、長安、戶縣、周至、興平五個縣和西安、咸陽的兩個市區。東起藍田焦岱鎮，西到周至東南 19 公里的五柞宮遺址，直線長約 100 公里；南起五柞宮，北到興平境內的黃山宮，直線長約 25 公里；總面積約 2500 平方公里。減去 40 平方公里的漢長安城面積之後，上林苑的實際面積約為 2460 平方公里。這樣宏大的規模，是中國歷代王朝的皇家園林無法踰越的。

　　上林苑設定，根據《漢書・舊儀》記載：

　　苑中養百獸，天子春秋射獵苑中，取獸無數。其中離宮七十所，容千騎萬乘。

　　由此可見，上林苑仍儲存著射獵遊樂的傳統，漢武帝每次去上林苑，必前呼後擁，如眾星捧月一般，場面壯觀。打獵時飛鷹走狗，馳馬射獵，漢武帝親自上陣一試身手，甚至赤手抓搗野獸。但主要的設定已是宮室建築和園池。

　　根據《關中記》記載，上林苑中有 36 苑、12 宮、35 觀。36 苑中有供遊憩的宜春苑，供御人止宿的御宿苑，為太子設定招賓客的思賢苑、博望苑等。

　　上林苑中有大型宮城建章宮，還有一些各有用途的宮、觀建築。如

演奏音樂和唱曲的宣曲宮；觀看賽狗、賽馬和觀賞魚鳥的犬台宮、走狗觀、走馬觀、魚鳥觀；飼養和觀賞大象的觀象觀；觀賞白鹿的白鹿觀；引種西域葡萄的葡萄宮和養南方奇花異木如菖蒲、山姜、桂、龍眼、荔枝、檳榔、橄欖、柑桔之類的扶荔宮；角抵表演場所平樂觀；養蠶的繭觀；還有承光宮、儲元宮、陽祿觀、陽德觀、鼎郊觀、三爵觀等。

上林苑中還有許多池沼，見於記載的有昆明池、鎬池、祀池、麋池、牛首池、蒯池、積草池、東陂池、當路池、太液池、郎池等。

上林苑地域遼闊，地形複雜，有極為豐富的天然植被和人工種植的樹木。近旁豢養百獸，放逐各處。還設大量台觀建築及供應皇室所需的手工作坊。

秦漢的上林苑，用太液池所挖土堆成島，象徵東海神山，開創了人為造山的先例。但是，上林苑歷經昭、宣二帝之後，到元帝時，因朝廷不堪重負而裁撤了管理上林苑的官員，同時把宜春苑所占的池、田發還給了貧民使用。

成帝時，又將「三垂」的苑地劃給了平民。西漢末年，王莽於地皇元年，也就是西元前 20 年，拆毀了上林苑中的十餘處宮館，取其材瓦，營造了九處宗廟；接踵而來的又是王莽政權與赤眉義軍爭奪都城的戰火，使上林苑遭受了毀滅性的劫難。

《西都賦》中說道：「徒觀跡於舊墟，聞之乎故老」，說明東漢初期班固在寫《西都賦》時，上林苑已是一片廢墟了。上林苑自秦至西漢，在中國歷史上大約存在了 240 多年。

在擴建、經營上林苑的過程中，有一件事情或多或少與當時的政治征伐有些關係，這便是昆明池的開鑿。昆明池是漢武帝元狩四年，也就是西元前 119 年所鑿，在長安西南，周長 40 里，列觀環之，又造樓船高

十餘丈，上插旗幟，十分壯觀。

據《史記‧平準書》和《關中記》，修昆明池是用來訓練水軍。元狩年間，地處今雲貴一帶的昆明國經常干擾西漢王朝對南方及西南的經略，漢武帝欲興兵討伐。但征伐必透過滇池這個方圓三百里的太湖，而漢樓船軍建制尚未完備，且水戰技能也不高，於是，漢武帝就很生氣。

於是詔令加緊訓練水軍，同時又在上林苑中劃出一塊舊沼地，動工開鑿一個模擬滇池的人工湖泊。第一，可以看看究竟是什麼天險能夠阻擋武帝天兵；第二，則可以透過演習，檢驗水軍的訓練成果。

元狩三年，也就是西元前 120 年昆明池正式開工，地址就選在上林苑內距長安西門 30 里外。那時，漢武帝聽說這個地方是原來周王朝的「靈詔」所在地，這裡的地勢低窪，水量較小。開鑿昆明池所動用的勞役是從隴西北、上郡一帶的戍卒中選取一半為主體，另外又徵發了被貶謫的官吏，數量很龐大。

工程主要目的在於拓寬加深「靈詔」，並擴其地以像滇池。由其水附近有「上林八水」中的四條：灃河、滈河、潏水、皂水，且其水量豐富，可以通船，這樣就保證了昆明池的水源供應，因此不久便建成了一個景色迷人的大型人工湖泊。

據說，漢武帝挖掘昆明池，挖到很深的地方，全是灰墨，不再有泥土。整個朝廷的人都不能解釋這種現象，漢武帝就把它拿來詢問東方朔。

東方朔說：「我笨得很，憑我的見識還不能夠知道它是怎麼回事。皇上可以去問問西域來的人。」

漢武帝因為東方朔都不知道，所以很難再拿它來問別人了。到東漢明帝的時候，西域的僧人來到洛陽。當時有人回想東方朔的話，就嘗試用漢武帝時出現灰墨的事來問他。

那僧人說:「佛經上說,『天地在大劫將要結束的時候,就會有毀滅世界的大火燃燒。』這灰墨是那大火燒下來的餘燼。」人們才知道東方朔的話是有一定意圖的。

在《三輔舊事》中記載著昆明池,說它有 332 頃,池中有戈船數十艘,樓船一百艘,船上立戈矛,四角皆幡旄葆麾。

《三輔舊圖》中提到上林苑中的昆明池,周圍 40 里。還說,昆明池中有豫章台,還有石刻的石鯨。石鯨的長度為 3 丈,一遇雷雨,石鯨常吼叫,鬐尾皆動。漢代祭這個石鯨以求雨,往往靈驗。另有一說,甘泉宮南面有昆明池,池中建有波殿,以桂為殿柱,風一吹來,自己就放香氣。又說池中有龍首船,常使宮女在池中泛舟,張鳳蓋,建華旗,作棹歌,雜以鼓吹奏樂,皇帝親臨豫定觀看泛舟,聽音樂。

在池的東西兩岸立牽牛、織女的石像。上林苑中不僅天然植被豐富,初修時群臣還從遠方各獻名果異樹 2000 餘種。

《三秦記》中記載:昆明池中有靈沼,名為神池,堯帝治水時曾於此停泊船隻。池與白鹿原相通。白鹿原有人釣魚,魚拉斷釣線連鉤一同帶著逃走了。

漢武帝夜裡夢見有條魚求他把鉤摘下去,第二天在池上游玩時看見一條大魚嘴上掛著鉤,連著線,就摘去鉤和線,把大魚放走了。過了三天,漢武帝又在池上游玩,在池邊上得到了一對明珠,武帝說這是那條魚報恩來了吧。鎬池在昆明池的北面,該地為周朝的故都。

由於水質清澈,川流不息,昆明池實際上對解決長安城的供水問題發揮重大作用。長安城歷經漢唐兩代繁華,其水資源豐富,昆明池功不可沒。因此,當其最早用作水軍訓練的功能消失後,歷代皇帝仍不斷對昆明池及其洩水道、引水渠加以疏濬。因此得以水盛不衰。

茂陵的長年修築

相傳，漢武帝即位不久之後。有一次，他打獵經過茂陵這個地方，被這裡的風水吸引。正當他稱讚的時候，有一隻麒麟狀的動物跑過來，他馬上拉弓搭箭，利箭呼嘯而出。可是，結果卻出乎意料，那隻麒麟狀的動物不見了，更令漢武帝吃驚的是，從那隻麒麟狀動物消失的地方，長出了一棵長生果樹。漢武帝對此更是費解不已。於是，他馬上找來當地的風水大師詢問。

風水大師來到漢武帝打獵的地方，看到此處土地平曠，綿延不盡，南望秦嶺，北依群山，莽山北橫，渭水東流，氣象開闊，氣脈極佳。於是，風水大師立即驚呼：「此地氣息所集，風水乃千百年來第一吉壤，而且又與渭北諸陵連成一體，則西、北龍脈相連。另外，此地『土』大盛，您名字裡的『徹』中間有土，居於此，可居中以震四方。」

漢武帝聽後龍顏大悅。於是下令在此修建壽陵。由於此地原屬漢時槐裡縣的茂鄉，所以稱之為「茂陵」。

事實上，在中國的秦漢時期，厚葬之風便開始盛行。在「侍死如奉生」意識支配下，上自皇帝、諸侯，下至官吏、豪強，對於人生儀禮的這最後一幕都極盡奢華之能事。千古一帝秦始皇陵墓之巨大、規模之驚人自不待言。

秦始皇即位的時候才 13 歲，就開始穿鑿驪山，為自己營建陵墓。當秦始皇統一六國以後，他更是好大喜功，在興修阿房宮的同時，又令丞相李斯從全國調集了 70 萬的人力，加緊了對陵墓的修建。

到了西漢時期，帝王在陵寢建設上也都各自耗以量資，役使勞工無數。漢武帝時期是西漢國力鼎盛之秋，厚葬之風最熾。對於這位一生求仙不得、乞長生不能的大漢天子來說，怎樣確保自己在另外一個世界仍

能隨享至權威儀、豪奢榮華，始終是最為重要的個人問題。

漢武帝好大喜功的生性，使其陵墓茂陵及附屬建築的規格所耗費的資財、人力都達到了一個驚人的規模，它是漢代帝王陵墓中規模最大、修造時間最長、陪葬品最豐富的一座。因為陵體高大宏偉，形為方錐，有「東方金字塔」之稱。

建元二年，也就是西元前 139 年，漢武帝徵募工匠、徭役數萬人，在槐裡縣茂鄉開始修建茂陵。動工後不久，為了圈定陵園地域，按照先帝慣例，升壽陵所在地為縣制，由中央有關部門直接管轄，以便於工程營運、管理。

漢武帝壽陵選址在當時的槐裡縣茂鄉，因此茂鄉就成為中央專區，並升格為縣，以其名為茂陵，治所設在主陵區東北，稱作「茂陵邑」。與其說是皇帝壽陵的特轄專區，倒不如說是負責建陵工程官員們的臨時駐地，這樣使得茂陵工程有條不紊地進行著。

但是，由於工程量較大，週期又長，不但經費龐大，那些被徵發來的民眾苦不堪言，諸多官員及其家屬長期居住在這也很辛苦。因此，有關大臣不斷上書向漢武帝反映這種情形，希望得到漢武帝的重視及關照。當時的漢武帝卻正為日益嚴重的「地方豪強」勢力膨脹而憂心忡忡。而且還有一部分退職返鄉的官吏也與地方勢力勾結，聚任俠之徒，結黨營私，出門前簇後擁就有上千人，氣勢比地方官都大。

與此形成鮮明對比的卻是由於天災人禍，廣大底層農民的大批破產與流亡。政府有關部門三令五申、嚴刑峻法，又廣施賑濟，並且多次組織貧民轉移到邊郡，但貧富分化、豪強坐大的形勢仍然沒有得到根本性扭轉。由豪強橫暴而引發的社會矛盾尖銳，已顯現出其對武帝統治極為不利的徵兆。

這時，一向以善於處置中央與地方關係的中大夫主父偃也認識到問題的嚴重性，這次他又借修建陵邑的事情向漢武帝進言：「茂陵初立，天下豪傑併兼之家，亂眾之民，皆可徒茂陵，內實京師，外銷奸滑，此所謂不誅而害除。」

一番話，使得漢武帝豁然開朗，既可以為建陵、守陵建立一個穩定而充實的供給基地，又可以不動聲色地使那些目中無人的地方豪強們徹底脫離其稱王稱霸的樂土。於是，漢武帝馬上頒布詔書，採納主父偃的意見，下達了關於強制移居的命令。

漢武帝曾經三次徙民於茂陵邑，所徙居民為全國各地的豪傑，官吏和家產 300 萬以上的家族。茂陵邑中聚集了當時天下一大批富翁。如摯氏「為天下高訾」，袁氏的家僮多達千人，馬氏「資產巨億」。茂陵的特殊地位，吸收了當時一大批社會著名人士，如董仲舒、司馬相如、司馬遷等都家居茂陵。

對於茂陵的營建，耗資很大。《晉書‧索綝傳》記載：

漢天子即位一年而為陵，天下貢賦三分之一，一供宗廟，一供賓客，一充山陵。

也就是說，漢武帝動用全國賦稅總額的三分之一，作為建陵和徵集隨葬物品的費用。建陵時曾從各地徵調建築工匠、藝術大師 3000 餘人。其規模之大，建築之豪華，隨葬品之豐厚，都大大超過西漢諸陵。

茂陵總體呈方形，是漢興厚葬的典型。

第一是梓宮，茂陵的梓宮，是五棺二槨，五層棺木，是放在墓穴後部槨室正中的棺床上。墓室後半部是一槨室，它有兩層，內層以扁平立木疊成「冂」形，南面是缺口；外層是黃腸題湊。其五棺所用木料，是楸、檫和楠木，三種木料，質地堅細，均耐潮溼，防腐朽性強。

　　第二是黃腸題湊，所謂「黃腸題湊」，「以柏木黃心，致累棺外，故曰黃腸。木頭皆內向，故曰題湊」。據史籍載：天子死後，所作黃腸題湊，表面打磨光滑，頗費人工，要由長 90 公分，高寬各 10 公分的黃腸木 15880 根堆疊而成。

　　第三是便房，梓宮的四周，設有四道羨門，設有便房。便房的作用和目的，是「藏中便坐也」。簡單地說，便房是模仿活人居住和宴饗之所，將其生前認為最珍貴的物品與死者一起殉葬於墓中，以便在幽冥中享用。

　　第四是地宮，茂陵這座「金字塔」在高大的夯土封塚之下，是它的核心建築 —— 地宮，成為「方中」。張湯調任茂陵尉，他親自抓的一項具體工程就是「方中」建設。方中內部豐富多彩。

　　在茂陵的墓室四面各設有能透過六匹馬所駕車的墓道。各墓道的門都巧設刀劍、伏弩等暗器，以防盜墓。墓室內建梓棺，「柏黃腸題湊」，四周充沙，以防潮溼。

　　茂陵高 46.5 公尺，頂端東西長 39.25 公尺，南北寬 40.60 公尺。底邊長：東邊 243 公尺，西邊 238 公尺，南邊 239 公尺，北邊 234 公尺。

　　據《關中記》記載：

　　漢諸陵皆高十二丈，方百二十步，唯茂陵十四丈，方百四十步。

　　茂陵的封土，全用夯土打築，形似覆鬥，莊嚴穩重。經過二千餘年的風雨剝蝕，現在陵高還達 45.6 公尺，頂部東西長 39.5 公尺，南北長 35.5 公尺，底部東西長 231 公尺，南北長 234 公尺。封土堆下的地宮極其廣闊。

　　根據《漢舊儀》記載：

　　地宮占地一頃，深十三丈，墓室高一丈七尺，每邊長二丈。

　　至後元二年，也就是西元前 87 年，茂陵終於竣工完成，歷時 53 年。由於漢武帝在位 50 餘年，年年都有罕見的珍寶送入。當他死後入葬時，地宮中已塞滿寶物，以至於無法再裝。當時昭帝年幼，霍光專事，不知禮正，在武帝下葬時，不只是往裡填塞了許多金錢財物，還殉葬了鳥獸魚鱉牛馬虎豹等，多達 190 種，以供漢武帝在幽冥中繼續享用。

　　據說，漢武帝棺柩將入地宮時，梓棺自動發出巨響，放出異香，聚積於墓道之間，狀如大霧。墓門閉後，門柱崩壞，月餘霧才消散。這些傳說從某些方面來講，足夠反映了地宮設計營建的精巧。

　　在陵塚的周圍，建立有富麗堂皇的廟、寢、便殿等宮室。漢武帝的廟叫龍淵宮，龍淵宮建在陵塚之東。有史料記載：

　　武帝廟號龍淵宮，長安西，茂陵東有其處，作銅飛龍，故以冠名。

　　在陵塚的東南依照漢朝的陵寢制度，「廟」是用來安放武帝的神主，陳列武帝的衣冠和生活用具。每月祭祀一次，供奉新出產的時鮮食品；「寢」是供武帝靈魂處理事務和飲食起居的地方。每天都要進行祭祀。

　　「日祭於寢」，「日上四食」。便殿則是供武帝靈魂遊樂之所。

　　「時祭於便殿」，「時」為春夏秋冬四時，即每個季度祭祀一次。

　　為了保衛陵寢不會遭受侵擾破壞和保證武帝靈魂的享樂，在陵塚的四周，修建有內外兩重的城牆，組成了陵園。城牆四周都建有門闕。陵園內又設有陵令、寢廟令、飼官、園長、門吏等官吏，進行管理、侍奉，保衛陵園的官吏、雜役、衛士多達 5000 餘人。

　　茂陵陪葬墓和其他漢陵的陪葬墓的奇異之處在於都有「象徵」的說法和意義，例如霍去病墓、衛青墓、李夫人墓等。

　　24 歲的大司馬驃騎將軍霍去病去世，諡號景桓侯。漢武帝對霍去病的死非常悲傷，他調來玄甲軍，列成陣沿長安一直排到茂陵霍去病墓

地。其塚像「祁連山」，以表彰他的不朽功勳。

霍去病墓底部南北長 101.50 公尺，東西寬 73 公尺。頂部南北長 15 公尺，東西寬 8 公尺，占地面積 5841.33 平方公尺，封土體積 62961.24 立方公尺。墓塚上下，墓地周圍，亂石嶙峋，蒼松翠柏，廕庇墓身，一派山林幽深景象。墓南、北面東西兩角，各有回欄曲徑，通向墓頂。

衛青是漢武帝時大司馬大將軍，七擊匈奴，在陰山腳下馳騁，收復了河套地區，立下汗馬功勞。衛青雖然戰功顯赫，權傾朝野，但從不結黨。他對士卒體恤較多，能與將士同甘苦。

元封五年，也就是西元前 106 年，衛青去世，諡號烈侯，陪葬茂陵，緊鄰外甥霍去病墓「為塚像廬山」。

衛青墓底部東邊邊長 113.5 公尺，南邊邊長 90 公尺，北邊邊長 67.6 公尺，西邊邊長 62 公尺，高 24.72 公尺，占地面積 8064.55 平方公尺，體積 94412 立方公尺。西北角凹進一部分，而西南角凸出一部分，遙望如一小山，南面坡陡，北面坡長緩，中腰有平台。

李夫人是漢武帝最為恩寵的夫人。大將軍霍光按照武帝的心意，以李夫人配食，追上尊號曰孝武皇后。李夫人墓東西 50 步，南北 60 步，高 8 丈，墓塚高大，狀如磨盤，上小下大，中間有一道環線，俗稱磨子陵。陵墓外形腰部有一環周兩層台階，當地人稱其為「磨子陵」，亦名「英陵」。

在距墓頂 13 公尺處內收成台，台東西兩邊各寬 3.5 公尺，南北兩邊各寬 4.5 公尺。在陪葬墓中李夫人陵墓最大。《磨子陵的傳說》是一個向善而動人的民間故事。李夫人美麗到「傾城傾國」，但她紅顏薄命，早逝。漢武帝為其作長賦《傷悼李夫人賦》：「嗚呼哀哉，想魂靈兮！」

中央政府的穩固

主父偃跪叩後，向漢武帝奏道：「啟稟陛下，微臣以為要削減諸侯王的勢力，就必須下令諸侯王，把他們的土地分封給他們的支庶子弟，組成侯國。諸侯王的王妃很多，庶子不少，這樣一個王國便可分為若干侯國，再把侯國隸屬於郡，地位只相當於一個縣。這樣一來，王國便可縮小，而朝廷所轄的土地卻可擴大，天子的勢力也就增強了。」

「說得好，繼續說下去。」漢武帝兩眼發著光。

「這樣，眾多的小侯國主們就會萬分感激陛下，而諸侯王們也沒有反對您的理由。」

漢武帝聽著不禁拍手稱讚，說道：「你說得太好了。如此一石三鳥，朕何樂而不為呢。」

‖ 削弱諸侯的勢力 ‖

武帝繼位後，大臣們推行前朝抑制、打擊諸侯王的政策。經常向武帝彙報和揭發諸侯王的過失和劣跡，有時還叫來諸侯王的部下，迫使他們檢舉諸侯王的罪過。諸侯王們惶惶不可終日。

建元二年，也就是西元前 138 年冬十月，代王劉登、長沙王劉發、中山王劉勝、洛川王劉明來京朝見漢武帝。漢武帝設宴加以款待。宴會上劉勝突然大聲痛哭，向武帝哭訴了官吏侵奪欺凌諸侯王的種種事情。

剛剛繼承皇位的漢武帝，既要限制諸侯王勢力的膨脹，防止對帝位造成威脅，又要利用血緣關係維護統治。為了籠絡宗室，漢武帝下詔增

加優待諸侯王的禮遇，廢除有關官吏檢舉諸侯王不法行為的文書，以示天子對宗室的親屬之情。

受著武帝這個恩惠政策的慫恿和鼓勵，有些王的不法活動又囂張起來，交結公卿，覬覦皇位，在封國不奉漢法，淫佚亂倫，殘殺無辜，構成了社會不安、搖動皇權的因素。漢武帝因此對這種情況極為不滿，他想要逐步進行改革，目的是削弱相權，強化皇權，最終加強中央集權。

為繼續削弱這些封國的權力，武帝採納了主父偃的建議，於元朔二年，也就是西元前 127 年頒布「推恩令」，清除分封制。

主父偃是中國西漢時期齊國臨淄人。他早年學「長短縱橫術」辯士之說，晚年學「《易》、《春秋》百家之言」，思想與學術比較駁雜。在故鄉齊國，他廣泛結交了各個學派、各個領域、各個階層的人物，遺憾的是他沒有得到他們的賞識，甚至還受到了當地儒生的排擠，根本就沒有施展自己才華的舞台。

而當時，主父偃所處的家庭條件十分貧寒，又沒有人可以依靠，為了生活就到燕、趙、中山等諸侯國遊走，可結果卻同樣遭到了那些人對自己的冷眼相對。事實上是因為他還沒能弄清楚形勢，時代不同了，此時的燕、趙、中山也不是當年周天子的邦國了，而是漢帝國中央集權體制下的郡國；而與之相承的獨立性和權威性也與春秋戰國時代的王國相去甚遠。

漢朝的封國的國王都是皇帝的親戚，他們從來都不知道憂愁，沒有品嘗過懼怕，他們自從來到自己的封國後就不允許自由走動，不允許調動軍隊，就連本屬於自己的行政權力也一點點被剝奪。

他們再也不用為了富國強兵而改革變法；再也不用為了國計民生而殫精竭慮；再也不用為了攻城掠地而你征我伐。他們沒有屬於自己的事

業，當然也不再需要主父偃這樣的人為他們出謀劃策。

事實上，很多諸侯們正是在這種迷茫中走向墮落的，即便有些不甘墮落的也難以在人生和事業中取得有意義的進展。他們要嗎學富五車；要嗎縱情享樂；要嗎大志難舒；要嗎無所事事；要嗎驕奢淫逸；要嗎荒淫無恥；要嗎衣冠禽獸；要嗎人面獸心；要嗎禽獸不如；剩下的耐不住寂寞的，只好圖謀造反。

他終於認識到了在諸侯王國很難找到自己施展抱負的機會，只有京師或許有屬於自己的一片天空。直到此時，他才真正找到了自己的目標。他挺起胸膛朝著帝國的首都長安出發。

在強烈的出人頭地思想的驅使下，元光元年，也就是西元前 134 年，主父偃來到長安投奔到了大將軍衛青門下。這次他總算是找對了門路，衛青很欣賞他的才幹，因此，多次向漢武帝舉薦他。

但是漢武帝似乎根本就看不上這位學習縱橫之術的人才。這可讓主父偃傷透了腦筋。眼看著時間一天一天地過去，口袋也越來越空，周圍那些賓客給他的臉色也越來越難看。不過，這並沒有使他灰心喪氣，內心的功名欲再次點燃，主父偃決定再孤注一擲。

元朔二年，也就是西元前 127 年正月的一天，經過深思熟慮，他鼓起勇氣將自己平生所識以及對時政的看法都揮灑在一片一片的竹簡上，直接送進了中宮。有史書記載，他「所言九事，其八事為律令，一事諫伐匈奴」。

慶幸的是漢武帝親自閱覽了他的奏疏，其中的某些觀點打動了漢武帝，下令：「朝奏，暮召入見。」

同時被召見的還有另外兩個上書的人，這兩個人也是反對對匈奴作戰的，漢武帝見到這三個以後說了一句非常有名的話，「公等皆安在，何

想見之晚也」。這句話說明漢武帝對這幾個人非常器重，當然，同時被召見的三個人中最受器重的還要屬主父偃。

主父偃跪叩後，漢武帝說：「你的『推恩令』朕看了，說得很好，現在你對眾臣說說。」

「遵旨。」主父偃施禮後說道，「啟稟聖上，微臣以為，現在，不少諸侯王，擁有地方千里，連城數十，他們驕奢淫逸，違抗命令，一個個像獨立王國一樣，對朝廷實際已形成對峙，如不及時採取措施，只恐怕難以收拾。然而如要限制他們，又勢必遭致反叛……」

說著，主父偃抬頭看了看漢武帝，漢武帝抬了抬手，示意他繼續說下去，於是，他又說道：「古時候，諸侯土地不過百里，天子容易控制，而現在，他們的勢力已癒來愈大，如果皇上要削藩，他們就會聯合反叛，吳楚七國之亂就是教訓。所以……所以，要制服他們就必須有萬全之計，不過……不過……」主父偃猶豫了一下。

宰相公孫弘說道：「主父偃，你怎麼吞吞吐吐的，莫非怕遭到同晁錯一樣的命運，其實當今天子英明聖賢，你大可不必有什麼顧慮。」這時，漢武帝明白了主父偃的意思，於是說：「要是有什麼不便那就到御書房談吧！」

於是，主父偃跟漢武帝來到了御書房詳談「推恩令」。這時，主父偃便奏道：「啟稟陛下，微臣以為要削減諸侯王的勢力，就必須下令諸侯王，把他們的土地分封給他們的支庶子弟，組成侯國。諸侯王的王妃很多，庶子不少，這樣一個王國便可分為若干侯國，再把侯國隸屬於郡，地位只相當於一個縣。如此，王國便可縮小，而朝廷所轄的土地卻可擴大，天子的勢力也就增強了。」

「說得好，繼續說下去。」武帝兩眼發著光。

「這樣，眾多的小侯國主們就會萬分感激陛下，而諸侯王們也沒有反對您的理由。」

漢武帝聽著主父偃的話，情不自禁地拍手稱讚：「你說得太好了。如此一石三鳥，朕何樂而不為呢？」然後又問同時被召見的徐樂、嚴助，說，「徐樂、嚴助，你們對於主父偃的『推恩令』有什麼看法呢？」

徐樂稟道：「聖上，主父偃的推恩令確實是強幹弱枝的絕招，微臣也以為可行。」嚴助也在一旁應聲說道：「這和賈誼提出的『眾建諸侯而少其力』是一樣的，確實可行。」主父偃又說：「聖上，微臣還建議修建京都附近的茂陵，把各地豪強遷來，如此，便可內實京師，外滅奸猾。」

「這真是個妙計啊！把天下豪強都集中到一起，這樣好對他們加以限制，免得他們在當地橫行。這個辦法好，朕也採納。」漢武帝說道。漢武帝興奮地看著眼前這幾個年輕的才子，激動地說：「你們的主張真是太完美了，朕與你們相識恨晚啊！」主父偃從此嘗到了上奏章的甜頭，每隔幾天就會向漢武帝上奏，而且每次奏章一上來就中漢武帝的心思，一年之中竟然被漢武帝破例提拔了四次，所以主父偃迅速地飛黃騰達了，成為漢武帝身邊的重要謀臣。主父偃奏書中，最打動漢武帝心的，是這樣一段內容：

古者諸侯不過百里，強弱之形易制。今諸侯或連城數十，地方千里，緩則驕奢易為淫亂，急則阻其強而合從以逆京師。今以法割削之，則逆節萌起，前日晁錯是也。今諸侯子弟或十數，而適嗣代立，餘雖骨肉，無尺寸之地封，則仁孝之道不宣。願陛下令諸侯推恩分子弟，以地侯之。彼人人喜得所願，上以德施，實分其國，不削而稍弱矣。

漢武帝想不到主父偃竟想出了這樣一個高明、簡便而又不牽動漢家天下的好辦法，幫自己解決了懸在心頭多年的一個大問題。從漢高祖劉邦以來，諸侯王的問題一直是個大問題。

開國之初，劉邦為了西漢政權的鞏固，大封宗族子弟為王，結果形成了數量巨大的同姓諸侯王。這埋下了後來中央集權與諸侯王之間矛盾的伏筆。為了順利地解決中央與諸侯王之間的矛盾，許多思想家積極想方設法，出謀劃策。

雖說劉邦費了九牛二虎之力，解決了異姓諸侯王的問題。漢文帝時，賈誼上疏「莫如眾建諸侯而少其力」。景帝時，晁錯認為與其晚痛，不如早痛，積極主張大規模削藩。可惜的是，諸侯未削，晁錯卻被景帝冤殺，以「內杜忠臣之口，外為諸侯報仇」。漢景帝平定七國之亂後，諸侯王的權力雖有所削弱，但諸侯王的問題並沒有根本解決。

漢武帝做太子時，就對諸侯王的所作所為時有所聞。他們大多是荒淫暴戾、無所事事的。做了皇帝以後，漢武帝眼見大量租稅為諸侯王分食，削弱了中央的財政經濟力量，許多事都辦不成，心中十分不滿。無奈分封劉氏為王，是高祖劉邦的遺訓，不可違抗。

漢武帝苦思冥想，也找不到一個好辦法。想不到主父偃的一封奏書，出了個「推恩」的好點子，使他茅塞頓開。他自然全盤接受了主父偃的建議，把「推恩」定為固定制度，並且，暗示梁王劉襄、城陽王劉延先做出個表率。

元朔二年，也就是西元前 127 年正月，梁王劉襄、城陽王劉延共同上書，上奏請願將部分屬邑分與其弟。武帝馬上批准，並下詔說：「諸侯王中有人想推廣自己所享受的恩惠，分封領地給眾子弟者，可一一奏報，朕將親自給他們確定封邑的名號。」

於是，各諸侯王紛紛報呈，請求推恩。按照推恩制度，他們的子弟必須由皇帝用「推恩」的名義受封，封土是從諸侯王的領地中分割出去的，而並非朝廷直接掌握的縣邑。如此推恩，推到後來，封地自然越分

越小，諸侯的勢力自然日益削弱，再也不足與朝廷抗衡，而只有心甘情願地接受朝廷的控制和支配，才能生存下去。

從元朔二年，也就是西元前 127 年至征和二年，也就是西元前 91 年，漢武帝共「推恩」分封王侯 178 人。有的諸侯王國最多分封為 33 個侯國，一般的也都是分封為 10 多個侯國。

「推恩令」是漢武帝 29 歲時採取的政治措施。這項措施對加強中央集權發揮重大作用，可是漢武帝並沒有掉以輕心。因為從「推恩令」開始推行，到諸侯王最後自行消失，要經過幾代人時間。好大喜功、急於求成的武帝，是等不及的，他要在他這一代就看到成績。因此，他念念不忘早點解決諸侯王國的問題。而對於公然反抗「推恩令」、圖謀不軌的諸侯王，武帝早已準備好了武力重拳，待機而發，一擊置之於死地。

淮南王劉安對於「推恩令」採取消極抵制的態度，他正在加緊陰謀叛亂。劉安與劉賜是親兄弟，他們的父親劉長是高祖劉邦的幼子，封淮南王，比武帝還長一輩。劉安有兩個兒子，太子劉遷，庶長子劉不害。

劉遷是法定的王國繼承人，而劉不害與兒子劉建卻得不到尺寸之封地，心中十分不滿。劉安不推恩自然有他儲存勢力的打算。早在七國之亂時，劉安就想要發兵響應，只是由於操作失誤才僥倖沒能捲入。漢景帝去世之後，他以漢武帝長輩自居，以好讀詩、善鼓琴、禮賢下士來收攬人心，求取名聲，廣致四方親傑賓客幾千人，並積極著書立說，編成《淮南鴻烈》一書，大談道家神仙、修身養性之術，這與尊儒的武帝大有唱「對台戲」之嫌。

起初，對於這位博學善文的堂叔，漢武帝非常謹慎。朝見宴會，思禮有加；凡發往淮南詔令賜書，多由司馬相如過目審讀後再發以免出紕漏。而劉安一直有奪位之心。加之賓客妄言吹捧，便暗地修治戰具，聯

繫四方，並派女兒劉陵入長安，爭取漢宮內應，日夜與其謀士加緊策劃、布置。

劉安的同胞兄弟衡山王劉賜也與劉安串通，企圖借支持劉安奪取皇位來為自己謀求江淮一帶的分裂割據。他們甚至都刻制了登基用的天子玉璽和文武百官的印綬。但這次叛亂還來不及發動就被人向武帝告發了，而告發人正是劉安拒絕推恩而懷恨在心的孫子劉建。

元狩元年，也就是西元前 122 年，淮南、衡山二王謀反活動徹底暴露，漢武帝下其事於群臣，大臣們一致認為謀反者應該伏法。結果，二王畏罪自殺，二國被除，封土改郡，收歸朝廷。當時捲入叛亂陰謀的株連人達數萬。

第二年江都王劉建也被捲入，同樣遭到滅頂之災。經歷過這一場空前株連大獄，諸侯有謀逆跡象的全部被肅清了。在審查淮南、衡山二王謀反案之後，武帝頒布了「阿黨」「左官」「附益」之法，用以限制和打擊王國勢力。

在「左官」三法的限制下，諸侯王國的經濟勢力越來越弱了，人才資源趨向枯竭，諸侯王國對中央的威脅徹底解除了。對於眾多侯國在漢朝境內的星羅棋布，漢王朝也沒有等閒視之，採取了進一步削弱的措施。

元鼎五年，也就是西元前 112 年，南越發生叛亂，卜式門上書武帝，願父子從軍，效死疆場，全國幾百列侯卻無一人要求從軍。漢武帝下詔表揚，號召天下向他學習。這裡面已經含著相當的不滿之意。同年九月，武帝在進行年度祭祀時，又抓住「酎金事件」，把業已無權的諸侯王狠狠整了一下。

按照漢朝制度，皇帝每年八月要到宗廟主持大祭，叫做「飲酎」。

「酎」是一種在正月開始釀造、到八月飲用的醇酒。飲酎時，所有參

加祭祀的諸侯王，都要奉獻助祭的黃金，稱為「酎金」。

酎金要有一定的分量和成色，數量以百姓人口數計算，每千口奉金四兩，人口越多，酎金量越大。這對諸侯王是一種沉重的負擔。他們想，這筆財產最後總是落到國庫中去，分不出是誰獻的，因此就來個偷工減料，以少充多，以次充好。這種偷工減料，以前也曾經發生過，只是沒有當作大事來抓，所以也就混過去了。

元鼎五年，也就是西元前112年八月的祭祀中，諸侯王又如法炮製。想不到早有準備的武帝，已在等著他們，立即抓住作為口實。在漢以「孝治天下」的時代，對祖宗祭祀不誠，是最大的不孝。

漢武帝叫少府官吏測定每個王侯酎金的成色和應奉獻的分重，這下子原形畢露，王侯們大驚失色。武帝抓住真憑實據，很快在九月裡宣布：奪去「獻黃金酎祭宗廟不如法」的106位王侯的爵位，收其封國歸於漢郡。

另外，列侯因犯罪或無嗣而除國的也很多。建元二年，也就是西元前139年，濟川王劉明以殺太傅、中傅罪被廢除，除其封國。

元朔二年，也就是西元前127年，燕王劉定國有罪自殺，除其國。元狩元年，也就是西元前122年，淮南王劉安謀反，除其國，以其地為九江郡；同年，衡山王劉賜反，除其國，以其地為衡山郡。元狩二年，也就是西元前121年，江都王劉建自殺，除其國，以其地為廣陵郡。

元鼎三年，也就是西元前114年，常山王劉勃有罪，除其國。元鼎五年，也就是西元前112年，濟北王劉寬有罪自殺，除其國，以其地為北安縣，屬泰山郡。

此外，因無嗣而除國的，有清河王劉乘、山陽王劉定、膠西王劉端等。侯國越來越少，到武帝太初年間，劉邦當年封一百餘名列侯已寥寥

無幾。這樣一來，延續近一個世紀的諸侯王問題，到武帝時期終於得到了徹底解決。

‖ 皇權與宰相權力的爭鋒 ‖

漢武帝在對付諸侯王割據勢力的同時，對怎樣獨攬中央大權也考慮了很多。在封建統治的政治生活中，官制改革始終是與整個政權的機構變動、職能轉化直接聯繫。皇帝為了使自己的政治意願得以有效地貫徹，就需要依靠國家政權機構的運作。對於政權機構的調整，必然直接從官吏制度的變化、改革入手，從而達到終極的目的。

這時，丞相這個官銜在漢武帝的腦海裡浮現。因為漢朝丞相的權力太大了，在一人之下，萬人之上。要是不對他們採取一定的措施，皇帝手中的大權將無法施展。

丞相是秦代官制，設有左右丞相，右丞相居上，左丞相居下。丞相的官印是金印，印紐上繫著紫色綬帶，職責是「助理萬機」。表面上，丞相要秉承皇帝旨意辦事，實際上是整個政權的負責人。

皇帝在宮廷內接見大臣，處理國政，稱為「內廷」；宮廷之外的事，都由丞相掌握，稱為「外廷」。所有國家大事的決定，法令的制定，百官的管理，丞相無不參加，甚至有權斬殺其他官吏。

漢景帝以前的丞相，大多都是開國的功臣，例如蕭何、曹參、陳平等等都是這樣，因此，皇帝十分敬重他們，百官更是恭謹從命。當時的丞相，實際上是朝廷掌握實權的總理大臣。丞相終身在位，必然導致分散皇帝的權力。

漢武帝想起了曾經一個關於漢文帝的故事：文帝有個寵臣鄧通，有

一次，他和文帝開玩笑，文帝不以為然。丞相申屠嘉知道了，要處鄧通對皇帝不恭敬之罪。

文帝說：「我很喜歡他，不用當真！」

可是，申屠嘉回到自己的相府後，派人把鄧通叫來，斥責他說：「你這個賤臣，竟敢和皇帝尋開心，大不敬，按律當斬！」這話嚇得鄧通跪下連連叩頭。後來，還是文帝出面講情，才免了鄧通一死。

漢武帝即位後，竇太后要免衛綰相，他也就順水推舟了。接著，他在建元二年，也就是西元前 139 年和六年，也就是西元前 135 年，相繼免去魏其侯竇嬰和功臣後代柏至侯許昌的相職。六年之中，輕免三相。

建元六年六月，漢武帝任命武安侯田蚡為丞相。田蚡有王太后為政治和權力背景，又結交諸侯來擴大他的權力基礎，所以權勢得以漸長，百官都對他趨迎奉承。田蚡身材短小，相貌醜陋，為人奸詐貪鄙，本屬缺德少才無功之徒，僅僅因為是王太后的弟弟而受封為侯，竊據相位。他所進言的政事，都是出於他豢養的賓客之謀。田蚡自恃有太后為靠山，非常驕橫奢侈。

他建有最豪華的宅第，占有最肥沃的田園，每天去各郡縣購買物品的車輛，絡繹不絕。大量接受公卿百官、諸侯、郡縣的賄賂，家中的金玉、美女、狗馬、古玩器物，不可勝數。

每次進宮奏事，總是誇誇其談，一說就是大半天，所奏的事不準不罷休，因而他的奏請，武帝不得已只好一一採納。田蚡還獨攬任官除吏的大權，根本不把年輕的皇帝放在眼裡，他所推薦的人，有的甚至從平民一下子便做到二千石的高官。

有一次，田蚡又拿來一大串任官的名單，武帝終於忍無可忍，問道：「你要任官的人有沒有個完？朕也想要任命幾個呢！」

　　竇嬰在竇太皇太后在世時，官居大將軍，封魏其侯，權傾朝野。當時，田蚡只是一個郎官，對竇嬰極力巴結，說話、敬酒時總是跪著，恭敬如父。為此，竇嬰對他也全力栽培。

　　竇太皇太后死後，竇嬰失勢，以侯爵閒居在家。朝中的官吏、士人都轉而去趨附新任丞相田蚡，竇嬰門可羅雀，只有一個曾任過中郎將和燕國之相的灌夫仍然和他要好。

　　田蚡為相後，再不把竇嬰放在眼裡，反過來還要奪竇嬰的田地。灌夫是一個軍功卓著、性格耿直、疾惡如仇的老將軍。他見田蚡如此忘恩負義，以勢欺人，心中憤憤不平。

　　在一次宴會上，灌夫藉著酒勁，指桑罵槐地把田蚡大罵了一番。田蚡懷恨在心，便捏造罪名，串通太后。逼迫武帝於元光四年，也就是西元前 131 年冬，將灌夫和救護他的竇嬰處死。田蚡以誅殺公卿進一步樹立了自己的淫威。

　　田蚡害死這兩位漢朝的大臣，不久，他也死了。田蚡死得很奇怪。據說他是害死了竇嬰和灌夫，這兩個屈死的冤魂，不屈服田蚡，他們在陰曹地府，仍和他作對，直到把他也拉到閻王爺那裡。

　　一天，田蚡突然說渾身疼，身上如鞭子抽一般。他疼得叫喚不已。侍從請來大夫，結果許多名醫檢查，連病情也診斷不清。急得他一百多個美人哭哭啼啼，宅府大院哭聲一片。

　　王太后聽說弟弟患病，許多名醫診治又不見效，覺著病得奇怪，頭一天還好人一個，突然之間病到氣息奄奄？漢武帝問舅舅怎麼疼痛法，田蚡說只覺渾身如人用鞭抽一般。於是漢武帝和王太后請來一位方士，讓給擺弄一下。

　　方士請下神來，神靈附了方士的身體說：「丞相曾殺害了兩位大臣，

是這兩位大臣用鞭在他身上狠抽，報他們的一腔怨氣。」

丞相一聽，十分害怕。他又懷疑方士胡說，查其是否竇、灌二人的奸黨。結果，沒有幾天，他身上果如鞭抽一般地紅腫起來。一天，田蚡已奄奄一息，昏迷之中，連喊幾聲：「饒命！饒命！」便一命嗚呼了。

竇嬰和田蚡雙雙死去，對漢武帝來說，是一件好事。竇、田的鬥爭，其實也是竇氏勢力和王氏勢力的最後一次衝突。對漢武帝來說，不論竇氏掌權還是田蚡掌權，都會成為他獨裁的絆腳石。田蚡在位時，依靠其姐姐王太后，已表現出為所欲為的樣子。以後任用丞相，漢武帝便吸取教訓，為削弱相權做了心理準備。

田蚡死於相位，繼田蚡為相的是薛澤。薛澤是高祖功臣廣平侯薛歐的孫子，景帝時封平棘侯，當然不好對他頤指氣使。於是，武帝說要用「文德」而改任公孫弘。

公孫弘出身貧苦，是放豬出身的讀書人，60多歲才徵為博士。這種老儒生升任丞相，對皇帝自然是感恩不盡，唯命是從。

有一天，公孫弘奉漢武帝之命去赴宴。進宮後，一眼就發現武帝穿著不整，而且還沒有戴冠冕，他明白，自己還遠沒有和天子親切到這種程度。這一定是對方在嘲諷和鄙視自己。宴會開始後，他坐了一會兒便給武帝敬酒，武帝卻假裝沒看見，只和別的官員談笑。武帝談笑完，又命宮廷內的樂手奏樂，舞女們也出來獻舞。

漢武帝沉浸在聲色中，忘了丞相公孫弘的存在。待到月上中天，漢武帝這才明白過來說：「丞相，你怎麼還在這裡作陪？」

公孫弘聽後，馬上磕頭告退。回到他自己府中，當即氣得口吐鮮血。卻仍是啞巴吃黃連，有苦說不出。公孫弘躺在床上，難以入眠，因為他已明顯感到自己命運正如皇帝手中隨意操縱的玩物，什麼時候，天

子厭煩了，就會把他摔碎到地上，再踏上一隻腳。

第二天，有下屬的郡國到丞相府彙報工作，丞相公孫弘看完之後，嘆息道：「你們先回去吧，過幾天我批後就給你們消息。」

來人一走，他馬上就穿上朝服，坐轎直奔皇宮。他要把上書親自交給漢武帝。這時的公孫弘，已失去了以往由丞相直接控制地方長官的職權。他覺得此時的自己已經毫無價值。他的仕途是輕飄的，他的前途是輕飄的。他想稱病辭職落到地上，過一段安安穩穩的生活。

但是，見了皇帝後，他就不再說出自己心裡的半句真話，仍叩著首說：「卑臣願在有生之年為皇帝效犬馬之勞。」

漢武帝對他說：「我看你臉色不太好，是不是想養病了？」

「臣沒有一點點疾病，只是為國事擔憂。」

「難得你一片忠心，為獎賞你的功勞，以後有什麼重大的文書，就直接送我這裡好了。」

「臣遵旨。」

「你可以回去了。但要牢記住，你的丞相之位是誰封的。」

「當然是萬歲封的。」

漢武帝聽後哈哈大笑。公孫丞相返回家中，身子便軟成一團。不久，公孫弘便憂勞成疾，一命歸西。後來，御史大夫李蔡為相。漢武帝覺得李蔡符合自己的標準。可惜這位丞相沒把握住自己，只利用權勢多取了一點，被武帝得知後，定罪入獄，受盡了刑罰，終因抵擋不住酷刑而自殺。

後來又有趙周為丞相。因列侯獻酎金成色不足，分量不夠，漢武帝便以不敬罪奪爵106人，再遷怒於丞相趙周，冤枉趙周說知道列侯所獻酎金不合規定，故意不奏皇帝處理，包庇列侯不重視宗廟祭祠，將其下獄治罪，趙周被迫在獄中自殺，落得和李蔡一樣的命運。

　　西元前 103 年，公孫賀做了丞相。公孫賀是將門之子，與武帝有舊交，漢武帝為太子時，公孫賀為太子舍人，經常從侍左右，漢武帝即位，提升他為太僕。

　　公孫賀開始時不願意接受丞相印綬，因為幾位丞相已經留下了前車之鑑。於是，他向武帝叩頭流涕說：「臣本是邊地騎馬射箭的粗人，才能低下，不足以承擔丞相重任，陛下免了吧！」

　　公孫賀他講得如此誠懇，哭得這樣傷心，武帝和左右的官員也被感動得傷心落淚。武帝說：「把丞相扶起來吧！」公孫賀聽說是扶丞相起來，跪在地上死也不肯起身。武帝令出必行，不管他涕泣，起駕回宮了，公孫賀這才不得已當了丞相。

　　出宮時，左右侍從問他為什麼不肯當丞相？公孫賀說：「當今皇帝賢明，賤臣不能稱職。從今以後，我的身家性命危險了！」果然，公孫賀一家，後來在「巫蠱」之禍中被滅族。

　　漢武帝後期唯一免於一死、得以善終的丞相是石慶。石慶任丞相職期間，漢朝正南征兩越，東出朝鮮，北逐匈奴，西伐大宛，漢武帝又大興禮樂，巡狩封禪，治國大事都沒有人向石慶彙報。形同虛設的石慶丞相哪敢計較，只是俯首聽命而保全自己性命。

　　西元前 107 年，關東出現大批的流民擁進長安，眾官商議如何解決。漢武帝認為石慶年老而又膽小怕事，特令丞相告歸。如此重大的國事，竟不讓石慶參與，石慶深感慚愧，上書自責說：「臣已年老，不能理事，願交出丞相印綬，告老還鄉，為賢士讓路。」

　　漢武帝不放石慶還鄉，便降旨說：「最近河水滔天，沖毀十多個郡的堤防，動員官民全力救險，至今未能堵塞險段。朕內心十分憂慮，親隨天下，問百姓疾苦，都說是官吏貪婪，賦斂無度，逼得百姓流亡道路，因而制定『流民法』，禁止重賦。但是官吏瀆職，百姓憂愁，盜賊公行，

現流民越來越多，郡國上計的戶口數字，弄虛作假，照舊不改。丞相不依法追究地方官的責任，反而請求徙邊四十萬口，驚擾百姓，朕很是失望。你明知百姓貧困，而請求增加稅收，擾亂民心，且又打算辭官不管，想把這個爛攤子交給誰？」

石慶任丞相，唯有謹慎過人，別無方略，從來不管事，漢武帝也不準他管。可一旦他表示辭職不幹，皇帝卻又把一切問題推到他頭上，他不能不嚇得失魂落魄，只好又老老實實地呆下來。漢武帝見他又老實了，也只好原諒了他。

漢武帝透過削弱相權，鞏固了自己大權獨攬的神聖地位。改變了漢室政權原來屈君伸臣、君弱臣強的權力結構，從而使得他擺脫了相權對他的抑制，完成了他走向皇權專制統治的頭一步。

‖ 內廷祕書機構的建立 ‖

皇帝在治國決策中，必須有一個穩定而精幹的輔助性、顧問性團體來為他服務。漢初承襲秦制，朝廷中丞相直接輔佐皇帝，總領朝政事務。由於丞相多由開國功臣出任，威重權大，地位極顯。不僅對百官有統領的責任，更有任免、考課的權力。他們直接參與決策，制定法律政令，一定情況下，即使對於皇帝的決定，也可保留執行。

武帝即位不久，舊日的功臣，大都衰敗凋零。但當時按照舊日慣例，承相依然據有極大的權力。丞相田蚡自己以皇帝的至親身分為丞相，獨斷專行。

當時，他所提的意見皇上一概接受，他所推舉的人，有的一起家就到兩千石的職位。權力幾乎超過了皇上。因此，對於相權的剝奪已不可避免。

　　為了使自己能夠直接掌握行政大權，漢武帝必須建立一個完全由自己控制運作的親信機構。後人為區別其與外廷因而稱作「中朝」。

　　「中朝」就是內廷，是由侍從皇帝左右的一批「尚書」

　　「內侍」組成。尚書本是少府之屬宮，漢初之尚書主要職掌文書，傳達詔令。武帝時開始利用其為內廷辦事人員，並一度用宦者充任，尚書令改稱「中書遏者令」，又設定僕射為尚書令之副職。後因國事日重，尚書機構亦隨之擴展，分事四曹各司其職。《漢歸儀》記載其執掌為：

　　常侍曹尚書，主丞相、御史事；二千石尚書主刺史、二千石事；民曹主庶人上書事；主客曹尚書，主外國四事。

　　由於武帝對尚書的重視，其職權漸漸擴大，地位也日益重要。此外，漢武帝又透過賢良對策、官員薦舉及自薦等方式，集中選拔一批近持之臣。他們由庶僚加銜侍中、諸曹、諸吏、散騎、小常侍、給事中，從而以加官之資入侍，成為皇帝親信內臣。

　　據《漢書‧百育公卿表》稱：侍中、中常侍可以出入禁中，諸曹受尚書事，諸吏得舉法，散騎騎並乘輿車，給事中掌顧問應對諸事。名義上是侍從之臣，實際上參與朝政謀劃、決策，甚至執行個朝的政令決策，成為權勢漸大的中朝宮。

　　中朝官秩位雖然不顯赫，但其身分特殊，尤其侍中作用更為重要。他們不僅參與軍國大事之謀議，還可奉命與朝廷公卿大臣論辯，甚至面折廷爭而數詘持不同意見者。其中像嚴助、朱買臣、吾丘壽王、主父堰等人，都是左右一時政令的實權派代表人物。

　　武帝即位不久，在吳於子劉駒的挑唆下，閩越發兵圍攻東甌，東甌向漢廷告急，武帝遂徵求大臣田蚡的意見，田蚡認為二越相攻漢廷不必出兵干預。

大臣嚴助據理力爭，武帝授其持節發兵之特權，會稽郡守以無兵符為由不發兵，嚴助怒持節斬殺一司馬，以明天子旨意，所以發兵渡海救東甌。

又如漢武帝為御匈奴，曾下令北築朔方之郡。當時的御史大夫公孫弘以為這是既耗費民力、財富又得不償失之舉，數進誅請罷之。朱買臣秉承武帝意旨，歷數利害 10 條，駁斥得公孫弘無言以對，只好承認自己認識鄙薄。不足言事。

漢武帝將已形成的內朝制度化，這就是設定脫離正常官制系統的加官，使之參與政治決策。諸大夫和諸郎既為郎中令的屬員，則雖常在天子左右，卻還不曾正式脫離正常官制的列卿系統而得以完全擺脫宰相的管治和影響，至少在官員們的觀念和心理上是這樣。

所謂加官，是本官外再加官職，本職外再兼差。從稱謂上即可推知，受加官者其初以本官為主職，加官為輔職。武帝對秦加官製作了很大修議和發展。他所設定的事實上是新加官制。

所謂新加官制，就是把這些《百官公卿表》提到的原先多屬內臣的官職特別提出來，或者新置官職，使之脫離或不屬正常的公卿系統，然後再作為特殊的職稱，由他個人直接賜授親信的官員。

這些親信的官員一受「加官」，即以「加官」為主，調入武帝左右，直接承旨，不再受宰相約束。透過他們，武帝增加了對政治的直接發言權、決定權和施行權。

這些「加官」，原都官卑職小，如其中位次最前的侍中的地位也不過是皇帝家奴，為天子分掌乘輿服物的宮廷賤臣，有捧唾壺的，有管溲器的，隨從左右服役。

《通典》卷二十一記載：

漢侍中為加官……直侍左右，分掌乘輿服物，下至褻器虎子之屬。
武帝時孔安國為侍中，以其儒者，特聽掌御唾壺，朝廷榮之。

《初學記》卷一引《孔臧與子琳書》中記載：

侍中安國，群臣近侍，特見崇禮，不共褻事。侍中悉執虎子，唯安
國事唾壺，朝廷之士，莫不榮之。

侍中加官，使一部分資歷淺、品味低的官員成為武帝內臣，享有特
權。以中朝臣身分越權而治，這使原來品味森嚴的朝廷，又樹立起一支
直承帝旨的新生力量。

漢武帝充分利用近侍中朝，預聞政事左右政局，從而掌握朝政大
權，壟斷決策程式。這樣就把以丞相為代表的「外朝」逐步降為完全伏首
聽命、忠實貫徹皇帝意志的單純性「執行機關」。

中朝的設定，實質上就是中央集權在帝國政府組織形式上的反映。

漢武帝又設定中、尚書官署，總攬政務，使內朝制度臻於健全。尚
書原先也是卑微之職，屬少府，秦始置。在《漢官儀》中記載：

初，秦代，少府遣吏四；一在殿中主發書，故號尚書。尚猶主也。
漢因秦置之。

在趙翼的《陔餘叢考》卷二十六中記載：

尚書，本秦官少府之屬，在內掌文書者，漢因之。

由此可見，內朝只不過是天子的「收發吏」。

尚書的設定與加官制緊密聯在一起。景帝時尚書仍不過負收藏詔書
的職責。武帝授尚書加官，加重尚書的職權。尚書受加官，就從少府中
分離出來，不再受公卿的管束。

參與議政，又分曹理事，顯然在武帝近側有了專門的參政、辦事機

構。而尚書一旦成為天子近側的專門機構，官員就不必再受加官就脫離了列卿系統。但尚書既為加官所加之官，則尚書官署之獨立當與加官制之設同時。則內外朝一分，尚書官署就獨立了。二者合之，其時似應在建元中。尚書官署的長官稱尚書令，次官為丞。

自尚書官署獨立，皇權強化，吏民一切章奏事都可不經過政府，而直接透過尚書上達天子，皇帝旨意由原經御史改由尚書下達丞相。丞相九卿，亦必由尚書入奏。

天下上書、章奏由公車司馬令直送尚書，尚書處理後趨走丹墀奏事。武帝也不自理，由隨侍左右的加官代為批閱，顧問應對，審議平議，獻可替否，蓋璽稱制，關通內外。

可是，漢武帝遊宴後庭，特別到晚年，精力衰退，懶得去平日正式聽政處受由加官所平的尚書奏事，而侍中、尚書令諸官其初都由士人擔任，不能隨入後宮；更重要的是，士人雖擔任內臣但生活仍在宮外，仍舊很容易與外廷公卿交結，而且尚書視事一旦長久，又能獲得客觀性，並從天子處取得一定的獨立性，武帝也不能放心。

於是，他在內廷另立與尚書平行的機構，選用可以出入後宮且生活在宮中的宦官執行尚書職務，稱為中書。主署長官為中書謁者令，省稱中書令。

中書與尚書職任相同，完全是武帝由於生活和心理上的需要而構築的疊床架屋的官職，不過中書比尚書更近天子且用閹臣罷了。

中書、尚書權力很大，基本上總攬政務，進而足以擅斷朝政。當時規定所有上書都寫成正副兩本，領尚書者先開啟副本，並有權屏棄不奏。武帝不加官丞相，使之不得入禁中，於是丞相及其統領的外廷被撇在一邊，有名無實，形同虛設。

《續漢志》中記載：

尚書令一人，千石。……承秦所置。武帝用宦者，更為中書謁者令。

《初學記‧職官部》有同樣記載：

中書令，漢武所置，出納帝命，掌尚書奏事，蓋《周官》內史之任。初，漢武遊宴後庭，公卿不得入，始用宦者典尚書，通掌圖書章奏之事。

《宋書‧百官志》也記載：

漢武帝遊宴後庭，始使宦者署理尚書事，謂之中書謁者，置令、僕射。

中書、尚書機構的建立，內朝制度的形成健全，在中國政治制度史上具有重大的意義。它使漢代國家權力機構明確分為兩大系統。這兩大權力系統構成了封建專制主義的基本權力框架。

其中，宰相制是骨幹，中書、尚書制是中樞；外朝是形式，是較機械、被動的，內朝是精髓，是較靈活、主動的。內外形神結合，核心是皇權，武帝是中樞神經的總司令、權力來源。而以鞏固、維護、伸張、強化皇權為中心為主題的皇權與相權、內朝與外朝的矛盾和鬥爭，演化成了武帝一代封建政治鬥爭史的主要場面。

與外廷相比，內朝是比較容易控制的。構成內朝的官職原多卑微，加重職權後秩仍低於公卿，中、尚書令、丞、僕射不過千石、六百石。又在天子周圍，中書更與天子日常生活接近，若有問題亦較易發現。天子賓客式的幕僚，似乎還帶有臨時性、權宜性，全憑天子一時之召用。

加官則繫於天子一身，也具有不穩定性。而中書，到元帝時，蕭望之還不承認它的合法性，提出：「武帝遊宴後庭，故用宦者，非古制也。宜罷中書宦官，應古不近刑人。」

可見內朝完全是皇權的附著物、衍生物。以武帝的雄才大略，自然能召之即來，揮之即去，玩弄於股掌之中。

內朝制度是武帝在後庭總攬政治，進一步削弱外朝侵奪相權的工具。但丞相及外廷，名義上終究是合法的政府，仍可行政。內外廷的意見不一致，皇權與相權的矛盾是不可避免的。

於是，漢武帝每令嚴助、吾丘壽王、朱買臣、主父偃等內朝臣詰難詘丞相大臣，內臣也經常利用親近機要的地位打擊外廷大臣以謀權利，丞相劉屈就是遭到內者令郭穰的告發而陷殺身之禍的。

自內朝制度形成和健全後，武帝再也不需要如對田蚡那樣親自出面與宰相爭權了。皇權與相權的衝突完全可以採取隱蔽的非正式的形式。武帝可以在後庭君臨內外，導演外朝與內朝的傾軋鬥爭，操縱政治，伸張皇帝意志。也就是說，皇權在對相權的鬥爭中，有了絕對的主動權，有了制度上的保證。

宰相政府系統受到很大的牽制和削弱，不但不能充分正常地發揮行政效能，而且常處在內朝的巨大壓迫之下，處在皇權威脅的陰影之下。

於是外朝日益減少其獨立性，增加了對皇權的依附性。丞相要想成為真宰相，必須入侍禁中，進入內朝，這就養成了宰相內懼皇權奴僕一面的複雜性格。武帝將處理政務的實權由外朝轉移到自己直接控制的內朝，加強了皇權專制統治。

‖ 察舉制度的創新 ‖

西漢建立後，統治者看到了秦朝法治絕對化的種種弊端之後，為了更好地鞏固封建政權，尚賢思想再度受到重視。這就為察舉制的創立奠

定了思想基礎。

高祖劉邦於十一年，西元前 196 年，劉邦下詔說：上古時代稱王稱霸有所作為者如周文王、齊桓公等，都是依賴了賢能之士的幫助。現在我們漢朝建立不久，需要大批人才幫忙治國安邦，而且到處都有賢能。大家踴躍地站出來為我們出力吧，國家不會虧待大家的。

這個詔令說明劉邦頗有求賢若渴的心理，更說明漢初急需人才的情況。於是，為了適應國家統治的需要，劉邦建立了一整套選拔官吏的制度，名為察舉制。察舉是自下而上推選人才的制度，也叫選舉。

漢文帝時期，察舉制度大體形成。文帝於二年，也就是西元前 178 年下詔：「舉賢良方正能直言極諫者。」於十五年，也就是西元前 165 年又下詔：「諸侯王、公卿、郡守舉賢良能直言極諫者。」並且定下了考試和等第。

直到漢武帝時期，察舉制達到完備，各種規定相繼推出。其後，各種科目不斷充實，特別是有了統一的選才標準和考試辦法。考試是漢代察舉制度的重要環節。被舉者經考試後，由政府量才錄用，這樣既保證了選才標準能貫徹實行，選出真正的人才，還能保證競爭的相對公平，令下層人士有進入國家管理層的可能。

建元元年，也就是西元前 140 年十月，漢武帝下令「丞相、御史、列侯、中二千石、二千石、諸侯相舉賢良方正直言極諫之士」，並依照丞相衛綰之奏、盡罷「治申、商、韓非、蘇秦、張儀之言」的賢良，為察舉制確定了以儒術取士的方向。

但由於竇太皇太后的干預，無法得以推行。元光元年，也就是西元前 134 年十一月，即竇太皇太后死後的六個月，武帝根據董仲舒舉賢良對策中「使列侯、郡守二千石，各自選擇其吏民之賢者，歲貢二人，以

給宿衛」的建議，下詔「令郡國舉孝、廉各一人」。

察舉制是由周代的鄉舉裡選「秀士」和諸侯每歲「貢士於天子」的制度演繹而來的。它在漢代的確立，有一個發展過程。察舉制度在推行過程中，遇到了來自郡國方面的阻力。有的郡、國每年甚至一人也不舉。對此，漢武帝非常惱怒。

元朔元年，也就是西元前 138 年十一月，特下一道嚴屬詔書：

朕殷切囑告官吏，獎勵廉吏舉薦孝子，是為了形成美好的風氣，以繼承古代聖人的美德宏業。孔子曾說：「十室之邑必有忠信，三人同行必有我師。」現在有的郡、國竟然連一個賢人也不向朝廷薦舉，這說明政令教化沒有貫徹下去，是阻塞、埋沒人才，是矇蔽天子。郡國的長官，是管理人倫教化的，這樣做，豈能協助朕教化百姓，提倡良好的社會風氣呢？何況，自古以來就是薦賢者受重賞，蔽賢者受嚴懲。今責令公卿、禮官、博士議定不舉賢的罪名。

一些部門的官員見詔奏報：「不舉孝，是不遵從皇帝的命令，應當以不敬治罪；不察廉，是不勝任本職，應當罷免。」

「不敬」罪，在漢朝為重罪，輕則棄市處死，重則族誅。

漢武帝當即批准執行。從此以後，各郡國再也不敢懈怠，察舉制度終於可以順利推行。以法律的形式規定官員不薦賢有罪，薦賢有賞。這樣，使察舉制度進一步完善，漸漸成為漢代選拔官吏的主要途徑。被舉的孝廉，多在郎署供職，由郎遷為尚書、侍中、侍御史，或外遷任縣的令、長、丞、尉，再遷為刺史、太守等。

漢武帝時代，大體上完成了由「功臣政治」向「賢臣政治」或「能臣政治」的轉變。漢武帝開創了獻策上書為郎的選官途徑，在一定限度內歡迎批評政治的意見。

　　一時間四方人士上書言得失者多達千人，其中有些因此而取得了相當高的職位。田千秋原任高寢郎這樣的低階職官，就是因為上書言事被武帝看中，很快被任命為列為九卿之一的大鴻臚，不過數月又升遷為丞相。

　　正是在漢武帝時代，察舉製得以基本成為正式的選官制度。這一歷史事實，代表著選官制度重要的進步，意義十分深遠。所以董仲舒指出，官吏大多數出於郎中、中郎。但吏二千石子弟，不一定是有才能的人。隨著社會經濟的發展，封建地主階級隊伍的擴大，他們要求參加各級政權。

　　漢武帝為了適應地主階級各階層的要求，鞏固和加強中央集權，於是改革了選官制度。他用察舉、徵辟等方式在博士子弟中考選人才，授以各級各類官職。武帝時期的公孫弘、司馬相如、東方朔、枚皋、終軍等都是從這種途徑進身而被重用的。

　　建立察舉制的優點就是：

　　第一，在察舉制下，個人的社會背景、家庭出身不再是選士任官的唯一依據。地方士人只要有真才實學，有一定的社會威望，或有值得稱頌的道德品質，就有可能成為察舉對象，從而登上仕途。許多出身卑微的人才像主父偃、東方朔、司馬相如在漢武帝時得到重用，而這在世卿世祿制下是根本不可能的。

　　在世卿世祿制下，官職由貴族壟斷並世襲，一般人根本沒有條件成為官吏。而世襲的貴族往往奢侈腐化，無所用心，於國於民都為害不淺。軍功制起初，只要有軍功，不管他出身如何都能授以爵位，如若沒有軍功，哪怕他出身再高貴也不能獲得爵位，所謂「有功者榮顯，無功者雖富貴無所芬華」就是這個道理。

　　但到兩漢時，有了高爵低爵的區分之後，一般人不可能獲得高爵，換句話說，家庭出身此時使得爵位越來越無實際意義，百姓對是否擁有爵位也毫不掛心了。

　　第二，察舉制有利於招徠各類人才。察舉科目很多，有孝廉、秀才、明經、明法、賢良方正、直言極諫、孝悌力田等不下十幾種，而且又讓熟悉地方情況的州郡長官親任察舉官，這就能把各類人才作為察舉對象，選仕任官，這無疑有利於封建國家的統治。

　　而軍功制不利於按才能來選拔官吏。在軍功制下，授爵僅以其軍功為依據，如此便剝奪了許多非身強體壯的士人之權利。韓非子有言：「今治官者智慧也，今斬首者勇力之所加也。以勇力之所加而治智慧之官，是以斬首之功為醫匠也。」說得很有道理。秦朝又實行「計首授爵」制，多次發生殺良冒功之事。

　　在軍功制的蠱惑刺激下，將士瘋狂屠殺，幾乎每次戰爭都要死許多人，給社會造成極大破壞。世卿世祿制不利人才選拔之弊則更明顯了。在世卿世祿制下，官職由貴族壟斷並世襲，出身的小貴族即使是昏庸之輩，甚至是白痴，也可繼承父兄的職位。如此弊病大矣哉！

　　第三，察舉制有利於中央集權，這與軍功制相比更加明顯。在察舉制下，察舉權雖下放到地方，但官吏任免權最終由中央掌握，中央仍可自由委派官吏。

　　而在軍功制下，極易出現地方諸侯「功高蓋主」的現象，對皇權造成威脅。西漢初，分封的異姓王幾乎全是軍功制的受益者，結果造成地方王國勢力強大，中央無法駕馭。地方王國問題遂成為西漢中央集權的最大威脅，這很能說明軍功制是不利於中央集權的。

　　第四，察舉制在其實行之初一般能保證被察舉者的「質量」。被察

舉者有一年任期,只有勝任者才能轉為正式官員。若不勝任,就要被撤換,而且推薦者也會因此受罰,這使得察舉人不敢隨便亂推薦士人。還用策問形式直接考察士人,其益處自不待言。

而察舉制也會產生弊端:

第一,在察舉制下,雖然察舉科目很多,但天下之大,賢人之眾,不可能把所有賢人都推薦給朝廷,仍有許多不為人知的賢才被埋沒在鄉村野氓中,終身未得任用,造成了人才的流失和浪費。

漢朝由察舉而成為官吏的士人只占總官吏人數的極少部分,而且有許多小人利用察舉機會,或賄賂或靠關係千方百計使自己成為被察舉對象。還有,被察舉者因察舉人而走上仕途,必對察舉者感恩戴德,併為之效命,這樣極易產生宗派行為,形成地方集團。

第二,對士人道德品質的考察是察舉制的前提,但這不易作好,因為很難對人的道德品質作出中肯的評價。人的道德品質須透過對他言行的長期考察才能得出較客觀的評價,而且這種言行還可能是假的,抑或他以後發生蛻變。

第三,察舉制廣泛推行,地方鄉間因之有了評議之風,「清議」名士好品評臧否人物,不重實際,空發議論。這種惡劣風氣還遺留給了後世,在魏晉時尤為明顯。

「清議」名士中有許多是「刻情修客,依倚道藝,以就聲價」者,清議成了這些偽君子攫取名利、撈取政治好處的資本。

察舉制是在漢代集權制國家中產生的,它為漢王朝選拔了一大批德才兼備的人才,有效充實和加強了中央和地方的封建統治機構,對當時社會政治、經濟、文化的發展起了一定的推動作用。

‖ 設十三部刺史以強化治理 ‖

在封建君主專制下建立的中央集權，目的在於對國土、民眾加強控制。而皇帝個人意志只有透過參與政權的官吏集團才能最終實現，因此，強化集權往往與強化帝權、加強對從中央到地方的各級官吏的控制相聯繫。

這種控制的強化，主要依靠各級監察機構職能的發揮。從某種意義上講，監察制度的完善與否是衡量一個政權是否成熟，統治是否嚴密、有效的重要標準，也是其控馭國家全域性、掌握統治工具能力高低強弱的展現。

秦王朝統一後，在中央設定御史大夫，下設御史中丞及侍御史等屬官，受公卿奏事，行使監督、檢查、彈劾權力；在地方各郡，則設定監御史一職，負責監察其所轄一郡之官吏士民。這樣，由御史大夫、監御史組成的全國自上而下的監察網建立起來，雖不盡完備，但業已初具規模。

漢承秦制，仍然設定御史大夫這一職位，但卻基本廢除了地方監察機構。地方監察職掌改由丞相便宜斟酌，不定期派員深入各地隨機調查，而不再設定專門的機構負責。漢初社會幾近凋敝，收縮機構也在情理之中；地方平靜，無為而治，郡國並行，全面監察似乎既不必要，也不現實。

漢武帝連年興兵，工程興作，財政窘困，在推行新財政政策的同時，承襲前代「入粟拜爵、免罪」的做法，又興置「武功爵」，從而將免役權和司法權部分變相出賣，後更發展為公開賣官鬻爵，從官吏選拔制度上為下層職官濫選及相關的司法混亂提供了條件。

而地方豪強也乘機投機鑽營，興風作浪，透過經濟手段堂而皇之進

入政治領域，謀求雙重特權，營私舞弊，魚肉一方，成為當時社會不安定的主要因素。

例如酷吏楊僕，史稱以千夫為吏，即以買爵而入補為吏並由此發跡，官至主爵都尉，拜樓船將軍，封將梁侯。就是這位憑投機而發家的領導人物，在奉詔討伐南越過程中，公然在戰場上弄虛作假，捕降者為俘，掘死屍為獲，謊報戰功擁兵不前，希望趁亂渾水摸魚。

其在對衛氏朝鮮的作戰中更是首鼠兩端，久不力戰，一心想借調停局勢而從中撈取好處，結果多次貽誤戰機。楊僕為高官極受中央重視尚且如此，而那些與他情形相似的下層官吏素質之低下更是可想而知。

吏治敗壞，官商勾結，甚至連中央派出的巡迴調查的監察人員也被牽扯進權錢交易，他們目無法紀，拚命聚斂，使許多地方民不聊生，怨聲載道。人禍加天災，部分地方農民破產嚴重，流民千萬計，階級矛盾日益尖銳。

鑒於這種情形，朝廷不得不重新布置吏治監察。漢武帝元封五年，也就是西元前 106 年，為了加強中央對地方的控制，除京師附近七郡外，把全國分為 13 個監察區域。每區由朝廷派遣刺史一人，專門負責巡察該區境內的吏政，檢舉不法的郡國官吏和強宗豪右，其管區稱為刺史部。

地方區域的劃分，漢遵古制，於郡縣之上有州，州也稱部。據《漢書‧地理志》序介紹：

至武帝攘卻胡越，開地斥境，南置交趾，北置朔方之州，兼徐、梁、喲、並夏、商之制，改雍曰涼，改涼曰益，幾十二部。

這種提法顯然是不夠全面的，後人經考訂研究認為：武帝一代，應有司隸校尉和十三州刺史凡十四部，其中司隸校尉部轄七郡多在京師附近，其餘十三州大體為：

第一，豫州刺史部，轄三郡一國；

第二，冀州刺史部，轄四郡六國；

第三，兗州刺史部，轄五郡一國；

第四，徐州刺史部，轄三郡四國；

第五，青州刺史部，轄六郡一國；

第六，荊州刺史部，轄六郡一國；

第七，揚州刺史部，轄五郡一國；

第八，益州刺史部，轄八郡；

第九，涼州刺史部，轄十郡；

第十，并州刺史部，轄六郡；

第十一，幽州刺史部，轄九郡一國；

第十二，朔方刺史部，轄四郡；

第十三，交趾刺史部，轄七郡。

這年秋天，13 部刺史整理好行裝，帶著不多的隨從，從京城長安分頭出發。他們帶著武帝的詔書，透過一個又一個驛站，不遠萬里奔赴十三州。

路途上所經過的州郡，當地的官吏早都已經派人在轄境線上迎接。到達目的地，各部刺史捧著皇帝的詔書，向當地長官宣布「六條問事」。所謂「六條問事」，是指在規定的六條範圍內，刺史有權監察、詢問有關事項。

「六條」內容是：

第一，地方上的強宗豪右所占田地、住宅超過規定，以強凌弱，借眾欺寡者，可問；

第二，二千石大官如果不遵照皇帝詔書和國家典章制度，損害民眾利益以滿足自己私利，侵犯百姓，聚斂作奸者，可問；

第三，身為二千石大官，不認真審理有疑問的案件，草菅人命，專憑自己喜怒濫施刑罰，害得百姓活不下去，發生了災害卻謊報吉祥的，可問；

第四，二千石大官在選拔人才時營私舞弊，把自己喜歡的壞人捧上來，把自己討厭的有才能的人壓下去的，可問；

第五，二千石大官的子弟憑藉老子的權勢，在地方上橫行不法，犯了罪又包庇下來的，可問；

第六，二千石官員不盡心公職，反而和當地豪強勾結，收取賄賂，貪贓枉法的，可問。

部刺史在宣布「六條」前還說明：「本刺史這次來到郡國，是為了考察地方治績，黜陟好壞，斷治冤獄。在六條範圍內，本刺史有權監察詢問；非六條範圍，即不省察。」

刺史宣布「六條」後，平時那些趾高氣揚、凶神惡煞的地方官吏還有那些紈褲子弟都惴惴不安，因為他們知道漢武帝的厲害，丞相都可以腰斬，何況他們這些人！

確實如此，「六條問事」主要是督察郡國守、俸祿二千石大官乃至諸侯王的，它的矛頭同時也指向不法豪強地主。各部刺史主要任務是監察，但也可以斷治冤獄。

他們蒐集到那些不法官吏作奸犯科的真憑實據之後，就在年底返回京師報告。漢武帝任用一批執法苛嚴的官吏，依靠他們狠狠打擊不法官吏和豪強地主。

十三部刺史的設定和六條問事，是同漢王朝社會矛盾的發展相聯繫的。漢初七十多年的相對平穩，發展了社會經濟，也培植了一大批豪強

地主和官僚地主。地主對農民的土地兼併日趨發展，到武帝初年，那些兼併豪強之徒已在農村裡橫行霸道。

官僚和地主沆瀣一氣，結為一體，侵犯農民，對抗中央法令。在農村和城市造成無數田宅逾制、以強凌弱、以眾暴寡、風厲殺人、蔽賢寵頑、子弟恃怙榮勢、依附豪強、通行賄賂的罪惡，直接影響到社會的安定和中央的統治。

從董仲舒的對策開始，就已經有不少人向漢武帝陳述過社會矛盾的尖銳性和嚴重性。漢武帝知道，打擊這些豪強地主以及同他們沆瀣一氣的地方官僚，對穩定社會秩序十分重要，也有助於加強中央集權。因此，他果斷地採取了這一重大的政治措施，嚴懲了各地橫行不法的地方官僚和豪強地主，暫時緩和了社會矛盾。

漢武帝設定十三部刺史，是對秦代監察制度的發展。這種監察制度，在當時能夠實行和實際造成作用，是同中國封建社會還處在上升、發展階段分不開來的。

漢武帝時期，雖然以地主和農民為主的各種社會矛盾已經在發展，但是，封建制度仍然具備有強盛的生命力，封建國家能夠運用自身的力量，在一定的範圍和一定的程度上，盪滌損害封建經濟基礎和危害封建中央集權的腐朽的社會勢力，鞏固封建統治。

當然，這種制度最後還是落實到漢朝整個封建統治階級對農民的控制和剝削上面。漢武帝的偉大之處，在於他能看到打擊區域性腐朽勢力對鞏固整個封建統治的積極意義，並能把這種正確認識轉化為實際行動。

嚴刑峻法的改革實施

法律在中國古代社會發展中始終扮演著十分重要的角色，它既像高懸於被統治者頭上的利劍，時刻準備以強力鎮壓他們的反抗；又充當整個社會的利益槓桿，不斷調整各種社會關係使之維持平衡與穩定。而封建統治下的國家法律的發展以及運用，必然與帝制社會的進步與停滯、王朝的興盛衰亡密切聯繫。

周朝在統治天下的時候重視的是以德治國，對舊貴族的利益和特權是非常維護的，所以《禮記‧曲禮上》說：「禮不下庶人，刑不上大夫。」因此，可以說明在周朝時期禮包含著法。春秋戰國時期隨著法家的出現，因而便提出了以法治國的思想。

先秦法家的法治思想有兩個十分顯著的特點：第一，用法「不別親疏，不殊貴賤，一斷於法。」

「刑過不避大臣，賞善不遺匹夫。」第二，必須公正執法，這就要求「言無二貴，法不兩適。故言行而不軌於法令者，必禁。」因此，在依法治國的條件下，任何人在法律面前都是平等的。

漢武帝即位後，他繼承了先秦時期和漢初執法公平「不別親疏，不殊貴賤」的法治思想，以法治國自然是比較突出的。元鼎元年，也就是西元前 116 年，漢武帝的妹妹隆慮公主的丈夫陳蟜在為母親長公主服喪其間「奸，禽獸行，當死」，事發後便自殺了，陳蟜的隆慮侯也因此被廢除。

作為母親，隆慮公主對於頑劣的兒子昭平君，是深感憂慮的。不久，隆慮公主患了重病，雖然經宮中名醫治療，但卻已病入膏肓，但她依然念念不忘兒子的前程，總想為兒子謀個萬全之策，以免自己死後，兒子會遭到殺身之禍。

於是她把漢武帝找去，傷心地說：「哥哥，我只有一個兒子，可是，他平素又不學好，我們現在也沒辦法管好他了，我害怕我死之後，他會觸犯國法，判成死罪。現在，我以黃金千斤，錢一千萬，為他預贖死罪，請你答應我，這樣我死也瞑目了。」

漢武帝答應了。可惜她的這一舉動，仍然沒有保住自己的獨子。昭平君在母親死後越發驕奢，在一次醉酒後將隆慮公主的保母殺死。因為是人命官司，廷尉立即派兵把昭平君抓了起來，把他關押在內宮的監獄裡。

按照漢朝法律，無故殺人者，必須償命；但由於昭平君是漢武帝的親外甥，廷尉不敢專斷，便上奏漢武帝，請漢武帝論斷其罪。漢武帝是個執法很嚴的人，但這件事卻使他左右為難。

按照法律，昭平君無故殺人行凶，理應判死罪。可是，漢武帝想到妹妹病危時向自己預贖昭平君死罪的情景，又覺得心不忍，禁不住落淚，說道：「我妹妹年紀很大才生了這麼個兒子，病危時又向我預贖了他的死罪，現在他真的犯了死罪，叫我怎麼辦才好呢？」

左右大臣看到這種情況，也紛紛上前說情，勸諫道：「既然公主生前已向陛下預贖了昭平君的死罪，陛下就赦免了他吧。」

但是，漢武帝畢竟是個注重法律的君主，在他沉默許久之後，終於抬起頭來，望著群臣緩緩地說：「法令是朝廷制定的，如果我庇護外甥，而破壞了法令，豈不是有負於民？這樣一來，我還有什麼臉面進高祖廟呢？」說完，他毅然忍痛判斬昭平君。下詔令時，漢武帝已經淚流滿面，悲傷不已。眾大臣也都默默無言。

昭平君被押在監獄裡，根本沒有意識到會有大禍臨頭，因為他從來都不相信漢武帝會判自己死刑，認為頂多不過罰點錢完事。可是等到聽

了宣讀詔令，他才知道什麼叫國法，但是已經晚了。

漢武帝執法非常嚴明，如方士欒大，在樂成侯丁義的極力推薦下來到了武帝身邊。欒大，是膠東王的宮人，以前曾與文成將軍少翁同師學習方術，後來做了膠東王的尚方。而樂成侯的姐姐是康王的王後，沒有生子。

康王死後，其他姬妾的兒子繼承了王位。康王後作風淫亂，與新王合不來，相互之間明爭暗鬥。康後聽說文成將軍已經死了，就想對皇上諂媚，進而派欒大透過樂成侯求見皇帝講述自己的法術。皇上既已殺掉文成將軍，後悔他死得太早，惋惜他的法術沒有全部使用出來，因此，他見到欒大後很是高興。

欒大這個人身材高大俊美，言談中有許多機巧，而又勇於說大話，說得就像真的一樣。他曾向皇上自吹說：「臣經常往來於海中，會見安期生、羨門高這些仙人。他們因為臣的地位低賤，不相信臣的話。又以為康王僅僅是一個諸侯，不足以把神仙方術交給他。臣曾經多次向康王說，但是康王又不採用臣說的話。臣的師父說過，『黃金可以煉成，河水的決口可以堵塞，長生不死藥可以得到，仙人可以招致而來。』但是臣恐怕再走文成的老路，被誅而死，就會使方士人人掩口不言，怎麼還敢再談方術？」

漢武帝聽到之後，說：「文成是吃馬肝死的，不是朕殺了他。先生倘若真有修成神仙的方術，我對爵祿等賞賜又怎麼會吝惜呢？」

欒大又接著說：「臣的師父不是有求於人，而是人們有求於他。陛下要是一定讓他來，那麼派遣邀請他的使者的地位一定要更加尊貴，使他做天子的親屬，以客禮對待他，不要鄙視他，讓他佩帶各種印信，才可使他傳話給神人。即便這樣，神人來與不來，尚在二可。總之，只有尊

敬神人的使者，然後才有可能招致神人降臨。」

於是，漢武帝就要欒大現場表演小方術，看看到底有沒有應驗。結果在他演示鬥棋的時候，棋子果真能自相撞擊。那時漢武帝正為河水決口而憂慮，於是就封欒大為五利將軍。過了一月多，他得到四顆官印，五利將軍印之外，還佩有天士將軍、地士將軍、大通將軍印。

皇帝下詔書給御史說：「以前大禹能夠疏導九江，決通四瀆。近些日子河水氾濫於大陸，築堤的徭役久不能息。朕在帝位二十八年，如果天委派士人輔佐我而欒大就是其中之一。《乾》封稱，『飛龍』，又有所謂『鴻漸於般』，朕以為欒大的境遇接近於這個樣子。你們給辦理一下，以二千戶的租稅封地士將軍欒大為樂通侯。」

賜給列侯的宅第一區，僅僅上千人。從皇帝的乘騎用物中分出車馬帷帳器物布置他的新家。而後把衛長公主嫁給他做妻子，送他黃金萬斤，又把衛長公主的湯沐邑改名為當利邑。漢武帝還親自到五利家裡作客。而到他家裡慰問、賞賜物品的人從此便絡繹不絕。自大長公主、將相以下，都在他家擺酒慶賀，獻給物品。

漢武帝又刻了一顆「天道將軍」的玉印，命使者穿著羽衣，夜間站在白茅草的上面，把印賜給五利將軍，五利將軍也穿著羽衣，夜間站在白茅上受印，以此表示不是天子的臣子。

而佩戴「天道」將軍印，只是為了與天子引導天神。於是五利時常夜間在家中祭祀，想要請神仙下降。神仙沒有降臨，各種鬼卻聚集而來，然而五利善能驅使諸鬼。

此後他治理行裝上路，東行到海中，說是要尋找他的師父。欒大見皇帝後幾個月的時間裡，佩戴六顆大印，他這般尊貴的樣子，使得天下都為之震動，而海上的燕齊眾方士，都以手扼腕錶示振奮，並自言有祝

禁的方術，能夠修煉成神仙。

元鼎五年，也就是西元前 112 年秋天，為了討伐南越，向太一神禱告祈求福祐。以荊為幡竿，幡上畫日月、北斗、升龍等圖案，以象徵太一座的三星，作為太一鋒旗，命名為「靈旗」。

在出兵禱告時，由太史官手捧靈旗指向被伐的國家。五利將軍作為使者不敢入海求神，卻來到泰山祭禱。皇上派人尾隨著他檢視他的行蹤，知道他實際上什麼也沒見到。可是，五利卻妄言說見到他師父了。漢武帝發現了他的詐騙活動後，毫不留情地處死了他，並且對推薦他的樂成侯丁義也判處棄市。

從上面所記敘的文字來看，我們不難看出漢武帝不分親疏貴賤、嚴明公正執法。可以說，漢武帝的法治思想是在吸收先秦法家思想的基礎上而形成的。事實上，漢武帝重法治也是當時客觀形勢的需要。

漢武帝即位後不久，西漢統治集團徹底改變了「無為而治」的方針。

「外事四夷，內興功利，役費並興」，在強化中央集權，加強統治力度的目的驅動下，新一輪帝國法制的建設、完善已勢在必行。而這一時期的尊儒活動也為漢廷最終形成「禮製為體，法製為用，出禮入刑，禮刑結合」的法律體系提供了必要的理論支持。

漢武帝時期在立法上的主要貢獻在於把早期漢律偏重刑法、民法的格局加以改變，並且加入了大量的關於帝國政治關係、政治生活、官吏制度方面的條款。這些法律有一些是以增補形式出現的，有的則是以單行法形式出現的。因此在數量上，當時《漢律》的增加是很驚人的。

元光五年，也就是西元前 130 年七月，漢武帝任命主持法律修訂的官吏是兩個令人談之變色的鐵腕人物：張湯與趙禹。這次制定的律令特點是法令文深而且嚴酷。在《漢書‧刑法志》中記載：

張湯、趙禹之屬，條定法令，作見知故縱、監臨部主之法，緩深故之罪，急縱出之誅。其後姦猾巧法，轉相比況，或罪同而論異。奸吏因緣為市，所欲活則傅生議，所欲陷則予死比。

從這一記載中可以看出所謂律令文深、嚴酷。法令不但條文繁多而且嚴密。《漢書·刑法志》說漢武帝時法網漸密：

律令凡三百五十九章；大辟四百零九條，一千八百八十二事；死罪決事比一萬三千四百七十二事。文書盈於幾閣，典者不能遍睹。

這段歷史記載充分說明了漢朝的律、令、科、比四種法律的基本形式，其中律、令是兩種最基本的形式。

律是漢朝最基本、最重要的法律形式，既包括以《九章律》為核心的成文法典，也包括《越宮律》、《傍章律》、《朝律》以及《左官律》、《酎金律》、《上計律》、《田租稅律》等各方面的單行法律。

令是皇帝釋出的詔令，也是漢朝的一種重要法律形式。其內容相當廣泛，是處理各項國家事務和解決具體糾紛的重要依據。由於令是皇帝直接釋出的命令，因而法律效力最高，往往可以取代律。

科是律以外規定犯罪與刑罰的一種單行禁條，也稱「事條」或「科條」。如武帝時有《重首匿之科》，東漢也頒布大量種類繁多的科條。

比是指律無正條規定時，比照相近律令條文或同類判例處斷，相當於秦律中的「廷行事」。

法律條文的明顯增加，使「文書盈於幾閣，典者不能遍睹」。漢武帝對於漢律的增補，目的就在於加強中央控制，進一步強化皇權與專制體系。但盲目地依靠法律藉以樹立特權，勢必會造成國家法典層出不窮，過於繁雜。最終的結果，一個是「法令滋章，盜賊多有」；再則是酷吏秉承皇帝個人意願隨意運用、解釋判例，使所有的法律都成為專為皇權服

務的暴力工具。

　　法律總是反映統治者的意志，並且是必須具有強制性的。無論多麼嚴密的法典，倘若要是沒有執行的人，那麼這隻能被視為無用的文字而已，不可能成為約束全社會的具有普遍性的規範。

　　漢武帝時期，朝廷在大力增加漢律的同時，還選拔除了一大批的鐵腕人物來運用、執行法律，在文書中他們被稱為「酷吏」。用嚴刑峻法打擊諸侯王叛亂、豪強、商人、農民起義。

　　公孫弘為相的元朔年間，軍旅數發，年歲欠收，東郡農民揭竿而起，聲勢漸大，如同波濤轟響，震動整個朝廷。漢武帝豢養的「文學應對」之士中，吾丘壽王是比較突出的一個。

　　吾丘壽王，複姓吾丘，雙名壽王，他是趙國人。從小就很聰明，少年時期，他就以擅長下棋出名，後來追隨董仲舒學習《春秋》，才華橫溢，肚子裝滿了聖人的名言，有「天下少雙海內寡」之譽。

　　吾丘壽王嚮往高貴，追求自由，他才思敏捷，不畏權貴，他大膽創新，不落俗套，他從來不人云亦云，也從來不會低三下四地委曲求全。而漢武帝也認為自己不可一世。

　　起初，漢武帝讓吾丘壽王陪自己下棋，吾丘壽王屢戰屢勝，漢武帝一怒之下就把他罷免了。這讓他感到了前途渺茫，於是，自己請求黃門養馬，沒有得到許可，然後又請求駐防邊塞，還是沒有得到許可，最後乾脆要求出擊匈奴，還是沒有得到許可。

　　直到後來，東郡發生農民起義，漢武帝任命吾丘壽王為東郡都尉，而不置太守，故號「四千石」，負責鎮壓勇於起義的農民。但是吾丘壽王這人相當仁慈，不願意大砍大殺。到任之後，他看到農民主要是因為賦稅繁重，官逼民反，他就減輕賦稅，安定民心，同時招攬流民發展生產。

但是，他這種標本兼治的方法最終沒有得到漢武帝的認同，氣得漢武帝詔賜璽書責問他：「你怎麼這樣窩囊？為什麼你的表現與你的名聲相差這麼遠？」

東郡農民起義，是漢武帝執政期內最早的一次農民起義。至漢武帝的晚年，聲勢十分浩大的農民起義終於爆發了。天漢二年，也就是西元前99年，南陽、楚、燕趙、泰山紛紛爆發起義。

起義隊伍多者有上千人，小的隊伍也有幾百人。他們攻城克邑，奪取武器，活捉和殺掉各地的郡守、都尉，全國為之震動。各地農民互相配合，活動在鄉間的小股起義隊伍此起彼伏。

劉徹下令對「亂民」採取鐵血鎮壓的政策，並派遣使者暴勝之等赴各地鎮壓。他身穿繡衣，手持斧頭，追捕盜賊，威震州郡。繡衣御史暴勝之根據地方官上交朝廷以供軍用的多寡進行處置，誅殺兩千石以下不聽從命令的官吏。

而王賀奉命巡查魏郡，監督地方官追捕「盜賊」。他行事平和厚道，遇畏葸不前、臨陣脫逃者往往縱而不殺。而別處御史如暴勝之等人，誅殺二千石以下官吏及連帶處死者不下萬人。王賀以奉使不稱職被免官。

天漢二年，也就是西元前99年十一月，漢武帝在《詔關都尉》中下令嚴防關東「群盜」：「今豪傑多遠交，依東方群盜，其謹察出入者。」漢武帝相繼派御史中丞、丞相長史到各郡縣嚴加督察，又派光祿大夫範昆、諸部都尉及原九卿張德等，以虎符發兵分頭圍剿。

這些欽差大臣，持節符，手裡掌握專殺的權力，所到郡縣，立即處死剿殺「暴民」不力的州、郡、縣官吏，曾經供應過起義軍飲食的群眾也大批被殺。

因為長期對外用兵和維持腐朽奢靡的帝王生活，漢武帝大肆揮霍民

脂民膏，遠遠超過了國力所能承受的限度。封建統治階級大搞土地兼併，愈演愈烈，沒有從根本上得到控制。

寧成，是漢武帝最早任用的酷吏之一。這個人盛氣凌人，傲慢異常。對下屬則怒目施威，十分專橫，治下的百姓對他更是重足而立，敢怒而不敢言。漢景帝十分欣賞寧成的嚴酷作風，因為在當時，長安左右宗室多違法亂紀，便起用寧成為中尉，巡查京師。他既辱下又傲上，將宗室豪傑收拾得人人惴恐，手足無措。

像寧成這樣的嚴厲苛責的人才，漢武帝求之不得，即位之初即召寧成為內史，負責治理京師。然而沒過多長時間，外戚們便紛紛要求武帝懲辦寧成。

當時的吏治尚有修謹之風，武帝的羽翼還顯得很單薄，只好判寧成「髡鉗」之罪，剃光了他的頭髮，戴上刑具，還去做了苦力。後來，寧成竟然弄開了束頸的鐵圈，又偽造了一個出關之符，伺機逃回老家。

寧成揚言道：「做官做不到二千石，做買賣賺不到千千萬，活著也沒意思！」幾年的時間，他竟然創下了一個良田千頃、僱農千家、產業數以萬計的大家業。在鄉裡照樣吆五喝六，持吏長短。對貧苦農民的壓迫，比郡守還要厲害。

當時還有一個做郡守的周陽由和寧成一樣孤傲自恃、生殺恣意，在地方上的兩千石級別的官吏中最稱暴酷驕恣。親信之人犯法，周陽由必枉法徇私，不予懲處；對所憎惡之人，必加之罪名，欲殺之而後快；地方豪強大族也被他夷滅者很多。性格極其剛烈的汲黯和他同車出行之時，也不敢穩坐正中，而在偏側相陪。

像寧成、周陽由這樣非常狠毒的官員，當時和後來的人都稱他們為酷吏。太史公說：「自寧成、周陽由之後，事益多，民巧法，大抵吏之治

類多成、由等失。」酷吏政治開始在社會上逐漸推廣開來。

　　寧成與周陽由兩人的所作所為，基本上展現了酷吏的外在特徵及政治內涵：他們嚴峻深刻、愛行苛法、嗜殺成癖，勇於凌辱上司，稱得上是維護專制主義統治的爪牙。他們所打擊的對象，是貧苦百姓、宗室貴族以及地方上的豪強大族。因他們行動殘酷迅捷，手段殘忍毒辣，的確比「循吏」更易受到雄傑之主的青睞。

　　這些人以皇權做後盾，以酷殺而著稱。他們的活動，對於抑制豪強地主的氣焰，加強專制皇權，起了顯著的作用。但是有一些酷吏也絕對不是清官廉吏。

　　他們往往以酷行貪，以酷掩貪，這既是他們聚斂財富的主要方式，也是這一時期貪官的重要特點。因此，一批豪強地主被打下去了，一批酷吏貪官卻滋生起來，這卻是漢武帝始料所未及的。

　　張湯就是酷吏的代表人物之一。他是杜陵人，他的父親曾經擔任長安丞，出外，張湯作為兒子守護家舍。父親回來後，發現家中的肉被老鼠偷吃了，父親大怒、鞭笞張湯。張湯掘開老鼠洞，抓住了偷肉的老鼠，並找到了吃剩下的肉，然後立案拷掠審訊這隻老鼠，傳布文書再審，徹底追查，並把老鼠和吃剩下的肉都取來，罪名確定，將老鼠在堂下處以磔刑。

　　他的父親看見後，把他審問老鼠的文辭取來看過，如同辦案多年的老獄吏，非常驚奇，於是讓他書寫治獄的文書。父親死後，張湯做長安小吏，曾為守城內史府的下屬，由寧成介紹給丞相府，為丞相史，後來又由丞相田蚡的推薦，補侍御史。

　　元光五年，也就是西元前 130 年，漢武帝命張湯治陳皇后巫蠱案。所謂的「巫蠱」，就是埋木偶人於地下，詛咒害人的一種巫術。迷信的武

帝，疑心陳皇后要詛咒他。

張湯接了這個案子，不敢不用心。他見武帝氣憤不同尋常，便明白皇上不僅是在疑心陳皇后，同時也因為陳皇后年老色衰了。從皇宮裡出來，明白武帝要利用自己，利用這一事件，趁機剷除陳皇后。

張湯不由心中暗喜，只要自己肯下得去手，不僅能討皇上歡心，而且還能加官進爵。第二天，張湯升堂。他不惜用盡所有的刑罰，陳皇后終因抵擋不了酷刑，便屈打成招。

張湯捧著帶血的口供，連夜奔到皇宮交差。漢武帝看後，點頭讚許，馬上下令把陳皇后的親屬等一併擒獲。這一案件，共判處死刑 300 多人。張湯也因此受到了漢武帝賞識，升為太中大夫。

張湯為了討取皇帝的歡心，更加精心揣摸皇帝的意圖，以皇上的好惡看作是非準繩，玩弄刀筆，隨意解釋法律條文。凡是遇到疑難案情，他必定奏上不同的處理意見，任漢武帝隨意選擇。經漢武帝批准意見，再正式確定。他說：「這是天子之意，不是臣下的高明。」

元朔三年，也就是西元前 126 年，漢武帝拜張湯為廷尉，掌司法平獄，審斷郡國議定報請的疑罪。漢武帝正醉心緣飾儒術，一心提倡經學。

當時董仲舒已致仕，漢武帝曾經多次派遣張湯親自到董仲舒的家，來諮詢天下的得失。董仲舒以萬能的《春秋》為審案的依據，作《春秋決獄》二百三十二事，然後提供給廷尉作決獄的標準。張湯由此受到啟發，奏請武帝以博士弟子補廷尉史，附會《尚書》、《春秋》經義治獄量刑。

所謂經義，就是集中展現了統治者的道德觀念和統治意志，以此為標準而治獄，就是說可以拋開一切法律束縛，隨心所欲地鎮壓臣民。對

漢武帝來說，這真是一個頗有新意的發明，馬上將其制度化。文雅的歷史學家又稱之為「以禮入法」。

所以，「陽儒陰法」的漢武帝沒有將先秦法家「不別親疏、不殊貴賤、一斷於法」的精神接過來，發揚光大，而是將儒家的「親親、尊尊」的血緣宗法觀念同法家的以嚴刑峻法治民的思想結合起來，形成了一個巨大的社會怪胎。

張湯是善於揣測皇上心意的高手，他看漢武帝有意想寬釋某人，張湯就交給平和的監吏審理；漢武帝要是有意重罪某人，就交給苛酷的監吏審理。遇有疑難案件，一定事先向武帝報告，併為之理清頭緒原由，等到漢武帝得到允許後，再書於法令讞法挈令，以之為日後量刑的標準。

在審理淮南、衡山、江都三大謀反案中，又是張湯窮究黨羽，任意肆殺。他最痛恨的是地方豪強，必舞文巧詆；對羸弱之民往往呵護有加。拜訪諸公卿大僚不避寒暑，對那些故人子弟為吏者及其「窮兄弟」，也給予很多照應。因此，張湯雖然用法深酷，仁義之聲卻傳於朝野，與「陽儒陰法」的精神完全一致。

張湯越來越得漢武帝賞識，這個人將儒、法這一軟一硬的兩把刀子揮舞得非常嫻熟，忠心耿耿、絞盡腦汁地為君王剪除異己，鎮壓黎民，在君上的周圍架起了一道密不透風的刀山。

元狩二年，也就是西元前 121 年，漢武帝提拔張湯做了御史大夫。其時，北部邊塞，長城內外，農業文明的保護者漢軍，正同游牧文明的代表匈奴連年大戰。

在漢軍的沉重打擊下，游牧文明的前沿開始崩潰，渾邪王率數萬兵將投降漢朝。正趕上山東水、旱連年，人民背井離鄉，興兵、安降、賑

災，要糧、要款、要車馬，奏章像潮水一樣，源源不斷地湧到京師。漢武帝急得好像熱鍋上的螞蟻，就是想不出到哪兒搜刮這些錢去。

張湯不愧是股肱之臣，給漢武帝出了一連串的好辦法：請造白金及五銖錢，壟斷鹽鐵，出告緡令，鈕豪強兼併之家，巧詆助法以行之。

漢武帝在張湯的幫助之下，廣開財路，大發利市。但是，這條「黃道」並不是一帆風順。富商大賈、豪強大族紛紛反對，許多奸吏乘此機會枉法貪贓，侵漁獲利。

因此，漢武帝授意張湯嚴厲鎮壓。大司農顏異對造實際價值和名義價值相差很大的皮幣持反對意見，漢武帝非常不高興。顏異的賓客曾對顏異非議過漢武帝的這些措施，而顏異身為九卿，見措施中有不當之處，卻不入朝當面闡述自己的意見，反而加以「腹誹」。張湯察覺了漢武帝的臉色，就以這個罪名論定了顏異的死罪。

顏異被判處死刑後震驚朝野。這時，白髮蒼蒼的汲黯質問張湯：「你身為朝廷九卿之一，卻上不能繼先帝的功業，下不能化天下之邪心，讓你這樣的人來當政，百姓們真是沒法過日子了。」

張湯不理他，逕自走了。後來，有人啟稟漢武帝，問大司農位居九卿被張湯判為腹誹罪處死的原因是什麼時，漢武帝便請張湯自己回答。

這時，張湯說道：「皇上，腹誹罪就是論心定罪，臣問大司農顏異對皇上頒布的農桑法令有何意見，臣見他嘴唇動了動，雖然話未出口，但臣可以斷定他心裡對朝廷不滿，所以判他死罪。」在此之後，就出現了「腹誹之法」。辦案量刑，根本不用證據，只需要說你「腹誹」君主就足夠橫屍東市了。

一時間朝野上下，到處都布滿了血腥之氣，百姓有冤無處申、無處訴。而在酷吏中還有一個叫杜周的人，他是被張湯欣賞舉薦為廷尉的南

陽酷吏。

他在一年辦理的上千個案件中，大的案子能同時逮捕株連幾百人，小的案子也要牽連幾十人，遠者幾千里，近者數百里，被拘捕到廷尉府的人，凡是不服的，都要加以黥笞刑訊，按事先規定的罪狀認供，大部分被誣告為「不道」以上的罪名，判以死刑。

丞相公孫弘多次稱讚張湯，對漢武帝更是俯首帖耳，唯命是從。只有敢作敢為、剛直譽滿朝野的汲黯，仍然對朝政橫挑鼻子豎挑眼。雖然早就被張湯和公孫弘排擠出朝，他還公開宣言：御史大夫張湯，對皇帝極盡溜鬚拍馬之能事。

漢武帝的宏圖偉業，就是依靠張湯這樣的酷吏才得以開創的；那一大片一大片耀眼的猩紅，是由他撐著酷吏們的腰塗抹上去的，在專制的陽光下，倒也顯得非常壯麗。

張湯奏事，喋喋不休，漢武帝聽得入迷，竟然連飯都忘記吃了。丞相名存實廢；漢武帝處理內政外交，只聽張湯一個人的。酷吏政治完全形成，君主專制穩若磐石，安如泰山。漢武帝那五花八門的慾望，也接連不斷地實現著。他的偉業雄圖上，閃閃爍爍的慾望之星更多了。

但轉眼發生突變，張湯媚上欺下，得罪公卿大臣者甚眾。尤其以朱買臣為首的一些大臣。朱買臣，原是吳人，大器晚成的布衣大臣，出身貧寒，年輕時靠打柴為生，他邊打柴邊讀書，後被同鄉好友嚴助舉薦給武帝。武帝見他精通《春秋》、《楚辭》很是喜歡，就任命他為中大夫。因奉旨破東越，被武帝升為主爵都尉，現任丞相長史。

因張湯處理淮南王謀反一案時，張湯誣告朱買臣的好友嚴助與淮南王劉安謀反有關，因此，漢武帝下令將嚴助斬首。朱買臣因此怨恨張湯。

等到朱買臣為丞相長史，張湯多次執行辦理丞相事務，就故意欺侮凌辱丞相府裡三名長史。朱買臣、王朝、邊通去拜見張湯的時候，張湯就坐在床上，不以禮相待。因此，三長史對張湯心懷怨恨，待機報復，朱買臣常想捨命害死張湯。

於是他邀約曾經被張湯怠慢的邊通和王朝去狩獵，三個長史騎著馬在山林路上邊走邊商議。

朱買臣說：「張湯的權勢愈來愈大，連丞相都怕他三分，他想除掉誰就除掉誰，也許下一個就該輪到我們了。」

王朝和邊通都是曾經當過二千石大臣的人，因為有冒犯，被貶官，現在當朝宰相莊青翟手下任長史。因為曾被張湯羞辱過，所以也對張湯恨之入骨，三人一拍即合。

王朝憤憤地說：「難道我們都像李文一樣死在他的屠刀下？」邊通冷笑了一聲：「哼，沒那麼容易，我看他得勢不了多久，因為他殺的人、滅的族太多太多了，我看他自己也不得好死。」

在野山上打了幾隻兔子，然後找了個空曠地坐下，他們用刀割下了野兔的皮，去掉內臟，點起篝火烤肉。朱買臣從馬背皮囊內取下酒，三人就對飲起來。

「唔，烤肉真香。」王朝咬了一口邊嚼邊說。

「這酒也不錯。」邊通喝了一口酒讚道。三杯酒下肚，三人都興奮起來，朱買臣說：「我們是不是坐等張湯來一個個把我們收拾掉？」王朝放下酒杯，大聲說：「我們當然不能等死。」邊通問：「張湯有權有勢，皇上又那麼寵他，我們能有什麼辦法？」朱買臣說：「辦法是人想的嘛，他能冤死李文，我們難道不能效尤？」

「明白了。」頭腦靈活的王朝立刻點頭。邊通也恍然大悟，說道：「朱

兄的辦法是……」

「把田信抓起來審問，指控張湯勾結商人受賄致富。」

「……那田信要是不招呢？」

「把張湯發明的三十七種刑法都用上，不就行了嘛。」

「逼他招供……好辦法。」王朝點頭叫好。朱買臣把酒樽一甩，高聲叫道：「就來他個物證、人證俱全。」

「好主意。」

「滿上乾杯！」三人又高興地飲了起來。

真是屋漏又遭連陰雨，莊青翟宰相因霸陵被盜一事也憎恨張湯，於是，也趁機指使朱買臣、邊通、王朝三長史彈劾張湯，這樣揭發控訴張湯的奏本頓時像雪片飛到武帝處。張湯聽說魯謁居病重就去探視，家人見是張湯忙通報進去。

「還不快請。」魯謁居躺在床上說。張湯進到屋裡，見魯謁居氣色不好，就在他的床上坐下問候。

「您老哪兒不舒服？」

「心慌氣喘，腫得厲害。」張湯就起身掀開了他的被子，一看腿腳腫得很厲害，就捲起袖子為他按摩腿腳。魯謁居說：「張大人，看來，人不能做壞事，自從李文死後我就天天晚上做噩夢……」

「魯兄！」張湯打斷他的話，「你不要胡思亂想，有我呢，你怕什麼？」張湯邊按摩，邊鼓勵他。

「張大人，聽說皇上對李文之死也有懷疑了，可能已經有人去告發了，張大人，我……我怕呀！」

「魯謁居，你後悔了，你若是這樣，也開脫不了你的誣告罪！」張湯

一字一句地說。

「你威脅我嗎？」魯謁居惶恐地說。

「你自己三思。」張湯沒有想到他們兩人的言行，已被魯謁居的弟弟偷聽了去。魯謁君受到張湯威脅，沒幾天病情加重，不治身亡。朱買臣等三人對田信嚴刑拷打後，田信只得招供，於是三人便上書狀告張湯受賄致富。武帝看了三人的告狀正在煩惱，楊得意來報：「皇上，趙王求見。」

「宣。」

趙王進來稟道：「皇上，李文之死有冤。」

「有證據嗎？」武帝問。趙王便說：「皇上，我帶來了證人，是魯謁居的弟弟。」這趙王名叫劉彭祖，他受封的趙國在北部，因其經營的冶鐵鑄造業遭到了執行官營冶鐵政策的張湯的無情打擊，從而與張湯勢不兩立。魯謁居死後，魯文居要為兄長報仇，就去求助趙王，趙王當然樂意，當即帶他面見皇上。

「帶進來。」魯文居進來叩道：「小民叩見皇上，皇上萬歲，萬萬歲！」

「你說李文之死有冤，有何證據？」

「稟皇上，我兄長病重，張湯來探視，我親耳聽見他們的密談，我兄長悔恨作了誣告李文的偽證。我也聽見張湯威脅我兄長，所以我懷疑我兄長是被張湯嚇死的。」

「帶張湯！」武帝大怒，立即升殿要懲處張湯。

「皇上……」

「張湯，你看看，這些都是彈劾你的參本，李文是怎樣死的？你跟田信有什麼干係？」

「皇上，張湯冤枉。」

「你為何威脅魯謁居？」武帝憤怒地質問他。

「皇上……」張湯欲分辯。武帝一揮手，表示不願聽，令道：「御史中丞咸宜。」

「臣在。」

「張湯交由你審處。」

「遵旨。」

「張大人，請吧。」

「皇上，冤枉啊。」張湯被兩獄卒帶走了。這個咸宜其實也是一個與張湯有隙的酷吏，張湯的案子交給他辦，他自然不能手軟。這時，同情李文憎恨張湯的大臣們紛紛上書，要求嚴懲張湯。這時的張湯在獄中沮喪著臉，披散著頭髮，背靠牆坐著發呆。柵門口一獄吏說：「張湯，趙大人來了，起來迎接。」張湯想，昔日你們這些下屬見了我腰弓得屁股快頂著天，現在卻這德行，真是些勢利眼狗。

趙禹進來了，他是張湯一手提拔起來的人，也是與張湯共同定酷刑、酷律的人，對張湯雖然同情，但皇帝的旨意豈敢違抗，他一擺手，獄卒端上了好酒、好菜。

趙禹斟了一杯酒說：「來，張大人，喝酒。」

「是來為我送行的吧？」張湯沒有接酒盅。趙禹把酒杯放下，為難地說：「大哥對我不錯，趙某自是感恩難忘，只是……只是皇帝的旨意，為弟豈敢違抗啊？」

「皇上什麼旨意，你就直說吧，大不了一個死字，何必吞吞吐吐的？」

趙禹只得說：「張兄，你處理的案件也太多了，你想想，你這一生一

共誅殺了多少人，滅了多少族。也是，難免沒有冤死的，皇上要我轉告你，你的罪過已到了犯眾怒的程度，皇上也救不了你啦。皇上念你過去有功於朝廷，不忍加誅，為保全你的家族，你就自己決定吧！」

張湯明白了，這個硬漢子臉上滾下了一串淚。說道：「我是殺了不少人，也滅了不少族，可這……這都是按皇上的旨意辦的呀。唉，我張湯呀，我有何罪？我犯何錯？我不過是頭替罪羊呀……」

說完之後，張湯用顫顫的聲音說：「給我筆墨。」於是寫道：

湯無尺寸之功，起刀筆吏，陛下幸致位三公，無以塞責，然謀陷湯者，三長史也。

趙禹拿起來看，還沒有看完，只聽「砰」的一聲巨響，回頭一看，見張湯已撞牆而死。張湯被迫自殺，他的家產總共不到500金。張母用牛車載著兒子的棺木去安葬，棺無外槨。

漢武帝知道了這件事，覺得自己虧待了張湯，就將朱買臣等三丞相長史殺掉。丞相莊青翟也被鎖拿入獄、自殺。張湯一死，漢武帝頓覺斷一臂膊。

在此吏治皆以慘刻相尚的年月，漢武帝就像白晝間的一輪毒日，正以火辣辣的光芒照遍每一個可能反抗他的角落。而酷吏們則彷彿一輪寒冷的冰月，依靠太陽照亮自己，又代替它用冰冷陰森的月光搜尋著無邊的暗夜。

這時，漢武帝找遍了當今酷吏，盤算著由誰來填補張湯死後的空缺。曾經與張湯共定苛法的少府趙禹，現在年紀稍微大了些，為吏卻務求寬厚起來。

漢武帝讓他做了幾年廷尉，終於沒有得到武帝的賞識，把他貶到燕國做相去了。其他一些酷吏如王溫舒、減宣、尹齊等人嗜血如命，做廷

尉還嫌不太老道。

元封二年，也就是西元前 109 年，漢武帝任命杜周為廷尉，希望利用他剷除天下的不法臣子。杜周是南陽郡杜衍縣人，出身小吏，甚有能名。義縱任南陽太守時，「以為爪牙」，推薦他為廷尉史。他為張湯服務，得到了張湯的讚許，官至御史。受命查辦沿邊郡縣因匈奴侵擾而損失的人畜、甲兵、倉廩問題。他在查辦過程中，嚴格追究造成損失的責任，很多人因此被判死罪。由於他執法嚴峻，奏事稱旨，因而得到武帝的賞識，加以重用。

杜周果然不負武帝殷切期望，上台後大興詔獄，二千石官繫獄者，不下百餘人。地方上報來的章疏，一年中多達千餘件。案子大的牽連幾百人，小的也有幾十人。到庭審理時，獄吏嚴令被告服罪如所刻之本章，如果不服，即捶楚交下，迫其服罪。

於是，吏民聞有逮證者全都亡命江湖。酷吏們大興詖讒奸告的風氣，詔獄逮捕者達 7 萬人之眾，此外，又以深文苛法羅織罪名，抓捕 10 萬多人。朝中尚且指鹿為馬、恣意殺戮，地方上更可想而知了。

漢武帝對寧成的貪酷之才非常欣賞，在他發財之後重新起用他做關都尉。只一年多的時間，出入關口的吏民皆云「寧叫面對帶崽的母老虎，也不願碰上發怒的寧成」。定襄吏民難以支應軍需，紛紛「亂敗」，漢武帝立刻起用另一個著名酷吏義縱為定襄太守。

義縱深知漢武帝的意思，把定襄獄中的 200 多名輕罪犯人和私人郡邸獄探監 200 多人同時捕殺，罪名是為死刑犯解脫桎梏。合郡之人不寒而慄，毛骨悚然。

類似這樣的慘案在全國已經不計其數。法律本身已經非常苛刻了，酷吏們還要法外施刑，任意而為。事實上，專制統治的鞏固要依賴於這

樣的人治。皇帝的意志、詔令就是法律。張湯、杜周等人看武帝的臉色辦案，從這個角度看，正是遵法守紀的表現。

君主所制定的任何詔令以及成文法，都只是大小不一樣的行星，要圍繞光芒四射的恆星旋轉。所以說，「法治」只治臣民不治君主，是絕對的。

這一年，還有另外一個上任的酷吏名叫王溫舒。八月時，王溫舒已經聽說他將要調任河內太守。他對河內調查了一下，聽說河內郡有不少「豪奸」之家。他決定，只要是他上任，就要來一次大屠殺。

調令果真來了。王溫舒計算著日子，現在已是九月了，按正常的規矩，這個時候上任後，抓捕「豪奸」再報給朝廷，只怕返回消息時，要等到明年的立春。

而春天是不能殺人的，一切都要在秋季結束之前完成。於是，為了趕時間，王溫舒命令河內郡派出五十匹快馬，從河內到長安沿途設驛站，用快馬傳遞消息，奏報不到兩日，郡裡就收到了朝廷的許可證，河內郡的人對此驚嘆萬分。

一時間，河內郡到處都是刑場和捕快，刀斧手每日舉著明晃晃的鬼頭大刀，斬頭好像切菜般令人生畏。郡中之人，互相牽連的有一千多家，大者滅族，小者致死，沒收全部家產，還要交納罰金。

到十二月底，郡內已是血流成河，十里之內，不見淨水。夜間，街上沒有行人，各家鎖門閉戶，雞犬之聲也淹沒在空前的黑暗裡。

立春這一天終於到了，王溫舒來到長安，叩見漢武帝說：「皇上如果再給我一個月時間，我定能使河內歌舞昇平，百姓歡呼萬歲。」

漢武帝聽完，覺得王溫舒辦事得力，應該把他牢牢掌握住並加以利用。便把此人升遷為中尉，負責長安京城的治安。王溫舒在中尉任內，

專用一些好殺人的惡吏為爪牙，鼓勵告密，百姓對他的爪牙畏之如虎，逃避恐怕是來不及了，凡入獄的人大部分都被折磨致死。

漢武帝曾想起用家居的寧成為郡守，當時任御史大夫的公孫弘進諫說：「臣居山東任小吏的時候，寧成為濟南都尉，他治理地方如同以狼牧羊，誠然不可使他治民。」

這樣，漢武帝便讓寧成出任函谷關都尉。這一年多時間，吏民出入關的，都傳說寧願撞見老虎，也不願看到寧成發怒。酷吏以苛法為治，以殺人邀功，殺人多的升官。

重任酷吏，必然伴隨著重法。按照法家的原則，法律一經制定，不管親疏貴賤，一斷於法，君主也不能隨個人好惡隨意破壞。法令一經宣布，君主應與庶民一律遵行，不得隨意曲解、改訂，才能取信於民。有法可依，犯法必糾，使人民知道怎樣避免犯法，封建社會的秩序才能維持。

可是，漢武帝濫用皇權，本人不再遵守已有的律條，法律的尊嚴成了他自己的尊嚴。他對漢律的大肆修訂，是隨心所欲的。招進張湯、趙禹這幫酷吏，恢復漢初已經廢除的連坐法、族誅法、誹謗妖言法等苛法，作「見知故縱」之法，對於執法較寬的官吏，以縱容犯罪的罪名處死。而對枉法殺人的酷吏，卻給予獎勵。

‖ 軍力的顯著增強 ‖

軍隊是歷代王朝用以鞏固和加強其統治政權的必要手段。

「天生五材，民並用之，廢一不可，誰能去兵？」統治者在標榜鼓吹文德治國平天下的同時，軍隊的建設，軍兵種多樣化更大程度上是在不斷加強。

封建專制主義的發展，同時為帝國國家機器中的重要組成軍隊的發展也提供了不斷的延伸空間。

「鞭撲不可馳於家，罰不可廢於國，征伐不可堰於天下。」

當封建專制主意的對內對外矛盾日益尖銳時，當中央集權的深化需要強力保障時，那麼軍隊的改革、兵制的變化就會不可避免地擺上議事日程。

對軍隊問題處理的後果，將直接作用於其他國家職能的行使。從某種意義上講，軍隊就是一面鏡子，它總是客觀地反映著一個國家的政治態勢及其發展趨向。

秦統一天下後，便出現了全國規模的徵兵制。徵兵以郡縣為單位，郡守有徵發一郡壯丁作戰的權力。當時農民既是主要生產力，也是兵員的主要來源。秦朝兵役和勞役極為繁重：當時全國大約有 2000 多萬人口，而經常被徵發服兵役、勞役的就有二三百萬人。

漢代的軍制是在繼承秦朝軍制的基礎上發展起來的。而且，漢代已經有了很完備的募兵制度和兵役制度。明文規定，23 歲就必須擔負國家徭役兵役。

但是，西漢主要採取的徵兵制度還是以自願報名，這樣招募的士兵，家屬受到優待，吸引力非常，一旦當事人招募成為士兵，他的全家就可以長期免除地方上各式各樣的徭役和賦稅。

其活動一般多在農閒時進行，所有被徵發者必須無條件到指定地方集結，裝備大多是由國家供給。地方常駐軍隊數量很少，但更番入衛長安的士卒則多由這些地方軍隊中選拔，統歸衛尉或中尉來掌握。

漢武帝時期，以「內朝」馭「外朝」，削弱王國諸侯，加強對軍權控制；在頻繁用兵過程中，軍隊結構、兵員徵集等不斷變化，騎兵上升為

重要兵種。募兵制逐漸施行。

漢初以來仍然繼續履行秦代「徵兵」的制度，具體劃分士卒為三類：材官，車騎，樓船，大體相當於步兵，騎兵與車兵、水軍。所徵士兵一般依照地域劃分，由郡尉等官吏進行召集、訓練。

軍隊的體制分為地方軍和中央軍二種。地方軍分散在各個郡、國，由郡的都尉或王國的中尉統領。各郡、國的地方軍，根據所在地的具體情況，組建不同的兵種，由都尉或中尉組織進行軍事訓練。

每年的秋天，郡太守、各封國之王或丞相舉行「都試」，檢閱「正卒」。各郡、國的地方軍，不得擅自調動。皇帝調發郡國兵時，用銅虎符為驗，無符合的就不得發兵。發生戰爭，調兵集中，由皇帝臨時委派將帥，率軍出征作戰。戰事畢，將回朝，兵歸各郡、國。

漢代軍隊，在武帝時期數量得到擴大、軍種也較為完備，尤其是改革了保衛京師的軍隊建制，使中央所控制的軍力大大加強。漢代沿襲秦代為南、北二軍。

南軍由衛尉率領守衛京師。屬下有公車司馬令、衛士令、旅賁三令丞。又諸屯衛侯司馬二十二官之屬焉。公車司馬掌宮殿中司馬門的警衛和接待工作。衛士令掌徵調入宮的衛卒；旅賁令掌齎力之士。

南軍的主要職責是守衛皇宮，西漢一代，未央宮基本上保持著皇宮的地位，是保護的重點區域。東央宮處長安城南部，守軍因此得名。

除未央宮外，南軍也承擔保衛其他宮殿安全的任務。當皇帝外出時，南軍充當扈從。因此嚴格地講，南軍主要是指宮殿區衛戍軍，這與其得名已有一定差距，畢竟長安城中宮殿區的面積是越來越大了。

漢初以來，宮廷禁衛軍，除了守衛宮城的南軍外，還有一批皇帝的貼身侍衛，稱為「郎」。郎官宿衛宮闈、給事近署，多是由官僚和貴族子

弟充任。

漢初郎官無員額限制，郎官之長為郎中令，其屬官主要是郎中將、署長、郎中；中郎將、署長、中郎；外郎將、署長、外郎。武帝在增加郎官數量的同時，又在建元三年，也就是西元前 138 年設立了期門軍。

期門軍「掌執兵送從」，即執兵器迎送、隨行皇帝。期門軍無定員，有時多至千人。大都是選自天水、隴西、安定、北地、上郡、西河六郡的「良家子」。

所謂的「良家子」，就是非醫、巫、商賈、百工之家的子弟。六郡地處邊境，人多勇猛善戰，所以主要從這裡選拔禁衛軍。由於這支禁衛軍，在武帝出獵、出巡時，總是先期待於諸殿門，因此以「期門」為名。期門軍之長為期門僕射。

太初元年，也就是西元前 104 年，漢武帝又選六郡「良家子」，組建羽林軍。羽林軍原稱建章營騎，由宿衛建章宮而得名，後更名「羽林騎」，取「如羽之疾，如林之多」的寓意。羽林軍大約有 700 人，由羽林令統領；漢武帝又選取戰爭中戰死者的子孫養於羽林營裡面，教他們騎射，被稱作「羽林孤兒」。羽林孤兒無員額限制。

而漢武帝建立的「期門軍」和「羽林軍」主要就是為了加強南軍的力量。與此相對的北軍是由中尉所掌衛士駐長樂。北軍主要用以保衛城防，負責把守各城門及城內外的防務。皇帝車駕出行，先導清道，布列儀仗。因為其營壘在未央宮之北，所以稱為北軍。屬下有兩丞、侯、司馬、千人等。

為了防範中尉權重專斷，出現危害中央的反叛，武帝於元鼎四年，也就是西元前 113 年，在京師周圍的內史所轄地區設京輔都尉、左輔都尉、右輔都尉三都尉，分管京師地區的保衛。又設城門校尉，掌京城的

城門警衛。

太初元年，也就是西元前 104 年，武帝將內史所轄區分為京兆尹、左馮翊、右扶風三個轄區，稱為「三輔」，級別相當於郡。京兆尹境內的軍事保衛由駐紮在華陰縣的京輔都尉負責；右扶風境內的軍事保衛由駐紮在縣的右輔都尉負責；左馮翊境內的軍事保衛由駐紮在高陵縣的左輔都尉負責。

與此同時，武帝將中尉改稱為執金吾。雖然他仍然是三輔地區的最高軍事長官，但其職權被分割了。三都尉與城門校尉之間也互相牽制。

長從軍的八校尉與北軍中的番上的衛士既互相輔助又互相牽制。這樣既充分發揮了北軍保衛京師的作用，又防止了可能發生的反叛。中央軍隊的穩定，有力地控制了地方。

北軍駐紮範圍應較南軍更廣，人數也多。與南軍戰士相同，北軍士兵也是每年輪流調充的，年初來，年終歸，稱為「番上」。

但不同之處在於北軍士兵多由三輔地區現役戰士充任。三輔地區鄰近京師，鄉土、宗族、親族的觀念使其民與京師聯繫緊密、休戚相關，守土抗敵之情甚濃。以子弟兵組成首都衛戍軍來保衛京城，其中防微杜漸之意亦深。

北軍兵力強盛，裝備精良、有很強的戰鬥力。呂后死後，陳平、周勃就是依靠北軍之力制服諸呂的。

而且北、南二軍互不統屬，軍權直屬皇帝，雖太尉也不得涉足。北、南二軍的兵力超過任何郡國，皇帝足可居重馭輕；北、南二軍內外相輔相制，足以保證皇帝的安全；北、南二軍不單保衛京師和宮城，有時還被皇帝派遣出征作戰，是皇帝用來制御四方的兩把利劍。

武帝長期用兵四夷，經常呼叫北、南軍將士遠征。為了防止「內無

重兵，或致生變」，必須建立一支可以由中央隨時調遣的「長從」軍，而不是一年一更換的「番」軍。

　　為了加強保衛京師的軍事力量，元鼎六年，也就是西元前 111 年，漢武帝在中壘校尉的基礎上又建立了由 7 個校尉而分領的 7 支軍隊，即屯騎校尉，掌騎士；步兵校尉，掌上林苑門所屯步兵；越騎校尉，掌由越人組成的騎兵；長水校尉，掌長水、宣曲胡人組成的騎兵；胡騎校尉，掌池陽胡人組成的騎兵；射聲校尉，掌待詔射聲士，就是優秀射手部隊；虎賁校尉，掌輕車部隊。

　　每個校尉所統領的軍隊約為數百人至上千餘人。七校尉都歸中壘校尉總領。各校尉軍的來源很多，有漢人，還有匈奴、越等少數民族，有的是經過特別選拔的，如射聲士等。八校尉軍在建制上歸北軍統轄，但與北軍的番上衛士不同，也是以兵為職的長從軍，長期屯駐於京師各城門內外。

　　漢武帝加強軍事力量的另一個舉措就是擴大兵源。由於長期對外戰爭，舊的徵兵制已滿足不了頻繁戰爭的需要。於是徵發刑徒兵、蠻族兵、奴隸兵和募兵應運而生。

　　經過武帝的改革和實施，漢代的軍制在發展中鞏固了。這個發展的最主要一點是使皇權與軍權合一，使漢代軍制的性質皇權專制化了。漢武帝是全國各軍最高的、也是僅有的統帥。他緊握宮廷禁衛軍，牢牢控制天下之兵，所以得運籌於帷幄之中，決策於千里之外，如身之使臂，臂之使手，顯威揚靈，以鞏固強化他的專制統治，建立文治武功，建立大一統的漢帝國。

中央財政的加固措施

漢武帝即位後，憑藉西漢前期 60 多年的積蓄，國家財政本來非常富裕，但由於漢武帝對外戰爭的耗費巨大，兼之大興功業和救災以及朝廷上下的奢靡，僅僅過了 20 年，國家財政就開始頻頻出現虧空，國家財政面臨著崩潰的危機。

在財政困難面前，漢武帝採取了一些應急措施。元朔六年，也就是西元前 123 年六月，漢武帝頒布詔書，准許百姓出錢買爵位和贖回被監禁的人，也可以交錢免除罪行。又特設「賞官」，稱為「武功爵」，共 17 級，共值 3000 餘萬金。

一級稱為造士，二級稱為閒輿衛，三級稱為良士，四級稱為元戎士，五級稱為官首，六級稱為秉鐸，七級稱為千夫，八級稱為樂卿，九級稱為執戎，十級稱為政戾庶長，十一級稱為軍衛。以下各級爵位名稱失佚。第一級定價銅錢十七萬錢，往上每級增加二萬錢。至十七級合成三十餘萬錢。只要購買武功爵至第七級「千夫」的人，可以優先出任下級官吏，免除本人徭役，有罪可減刑二等。

漢武帝賣官職，主要目的就是為了斂財。但買爵後能夠免役，那麼，就使國家失去了相當數量的徭役權。賣爵的收入，沒有用來營業，大部分用在軍費、官俸和皇帝自身消費上。那些買得起官爵的人，多是豪富之人，這些人入官府，造成官員素質降低，官場風氣腐敗，實在是弊大於利的辦法。

漢武帝還專門樹立了一個獻財典型，那就是卜式。他原本是河南郡人，是孔子的門生。自幼家境貧寒，上不起學，以種田和畜牧為生。父母去世之後，家中只有個幼小的弟弟，等到弟弟成人後，卜式便把田地房屋財產都給了弟弟，而自己只帶走了 100 多隻羊，上山放牧。

在他上山放牧的十多年間，他的羊達到 1000 多隻，又自己買了田地房屋。而他弟弟由於只是玩樂而坐吃山空，家產耗盡，於是卜式又把自己積攢的家產分給弟弟，它的舉動受到鄰里的一致稱讚。

當時漢朝正在和匈奴作戰，國庫很緊張。於是，卜式又上書表示願意把財產的一半拿出來支持邊境戰事。漢武帝聽說後，立刻派使者詢問他：「你這樣做，是不是想做官呢？」

他則答道：「我從小就放羊，沒學過做官的學問，不習慣過官吏的生活，我不願意做官。」

使者接著問，「那家中是不是有冤屈打算上告？」

他又回答，「小人生下來就從不和人爭執什麼，對我的家鄉人，生活困難的我就借他們錢糧，對行為不端正的人，我就開導教誨他。我住的那裡，人們都依賴我，對我都很友好。我能有什麼冤屈呢？」

使者覺得有些不可思議，便問，「既然是這樣，那你拿一半財產出來是想做什麼？」

卜式老實地回答道：「天子討伐匈奴，我認為有能力的人應該到前線拚死作戰，有錢財的人就應該捐獻出來，資助軍隊。這樣我們大漢就能把匈奴消滅了。」

當使者把卜式的話彙報給漢武帝後，皇上便把這些話說給丞相公孫弘聽，公孫弘說道：「這可不符合人的本性。對那些圖謀不軌的人，不能為了利益而破壞法紀。請陛下不要答應。」於是皇帝一直沒回覆卜式。

又過了一年多，漢朝又碰到漢軍屢次出戰，匈奴的渾邪王等投降，朝廷費用很大，倉儲府庫也空了。到了第二年，大量貧困民眾流離遷徙，都靠朝廷供給其吃住，朝廷不能全部供養。

這是，卜式便拿出 20 萬錢給河南的郡守，分給遷徙來的百姓。河南

郡守向上報了當地富人資助貧民的名冊，漢武帝看見卜式的名字，記起了他，說：「這就是從前想捐出家財一半助邊的那人麼？」於是，武帝賞賜卜式，把400戍邊人的12萬給養錢歸他，卜式又把這些錢通通還給朝廷。

此時，富豪都爭著藏匿錢財，只有卜式拿出錢來助邊。漢武帝於是以卜式為長者，因此特別尊重他，以他做榜樣教化百姓，便徵召他，拜為中郎，賜爵左庶長，又賜予他良田十頃。

漢武帝想用這樣的方式號召百姓，帶動其他人向國家捐獻錢財。這些方法確實取得了一定的成效，但總體上仍是杯水車薪，而且還造成了吏治敗壞等弊端。

漢武帝日夜思索，又反覆和大臣商議，想找條出路，以擺脫財政上的困難。經過一段時間的醞釀，終於想出了辦法，制定出一系列增加財政收入的政策。

這些政策，主要是透過加強封建國家的專制主義的經濟力量，以富有的大商人為對象，將他們過去所得的利益轉歸漢朝政府。一場整理財政、增加國家收入的抗爭，在漢武帝和大商人之間展開了。

鹽和鐵，是古代社會維持和發展生產力的重要原料。鹽是生活必需品，每天不消耗一定分量的鹽，人就沒有氣力進行生產。鐵在中國封建時代，除了用來製作兵器外，主要用作製造農具，對農業生產的發展有重大作用。

漢代是鐵製農具大發展、大推廣、大普及的時代，鐵的生產和買賣，對國計民生有極大意義。掌握了鹽和鐵，也就在相當程度上控制了社會生產的發展和財政經濟的收入。因此，誰掌握了鹽鐵的生產和流通，誰就可獲大利、致大富。

元狩三年，也就是西元前120年，大農令鄭當時向武帝推薦鹽商東

郭咸陽和孔僅二人。東郭咸陽是齊國人，他是資產累千金的大鹽商。

孔僅是梁國睢陽人，他是大冶鐵商人。

漢武帝採納鄭當時的建議，下令實施鹽鐵官營政策，將原屬少府管轄的鹽鐵劃歸大農令，由國家壟斷鹽鐵的生產，並任命大鹽商東郭咸陽、大冶鐵商孔僅為大農丞專門負責此事。

桑弘羊由於善於計算經濟問題，參與鹽鐵官營規劃，負責「計算」和「言利」之事。桑弘羊出身於洛陽一個商人家庭，據說在百日抓周的時候，就抓的是官印而非金銀。但商業給了他十分深遠的影響，童年時代的桑弘羊整天遊戲於喧鬧的市場和店鋪，周圍人談的都是生意經。

那時商人計算數字用籌碼，七八歲的桑弘羊已把 6 吋長的籌碼擺弄得非常熟練了。13 歲的時候，他已有超人的計算水平，且不用籌碼，只用「心計」就行了。

桑弘羊的父兄非常開明，有遠見，他們一改商人不讓子弟做官，只讓經商的習慣傳統，在桑弘羊 13 歲的時候，他便以心算的特長，被召選到宮廷任侍中。

漢武帝有了這三個人，一個理財家，兩個精通業務的專家，就委託他們全權辦理鹽、鐵專賣。

專賣政策規定：煮鹽、冶鐵及其販賣，全部收歸官府，不許私人經營。鹽民不準自置煮鹽鍋，煮鹽鍋由國家發給。私自煮鹽的，沒收生產用的器物，還要處以斬去左腳趾的刑罰。鹽民產鹽自負盈虧，國家按官價收購。收購到的鹽，基本上是就地出售，或由官家、商賈運銷各地。鹽價由國家規定，如要變動，須經皇帝批准。

鐵的專賣，包括礦山開掘、鋼鐵冶煉和鐵器鑄作三個環節。凡是礦山所在郡縣，都設鐵官，統管三個環節。沒有礦山的地方，設小鐵官，

只掌管鐵器的鑄作和銷售。

冶鐵和鐵器製作由卒徒和工匠擔任。鐵官對鐵的質量、規格、產量、產值，定出一定的標準。鐵官使用大批官徒，從事艱苦繁重的冶鐵、鑄鐵勞動。全國設定鹽官的有 27 個郡，36 縣，另加一個東平國；設定鐵官的有個 39 郡，48 個縣。

鹽官和鐵官都歸大農管，直屬中央政府。鹽鐵專賣政策完備詳盡，漢武帝對孔僅和東郭咸陽制定的專賣計劃和細則，非常滿意。為了拉攏鹽鐵商人，並防止他們搗亂、破壞，漢武帝下令任用鹽鐵商人中的大戶，充當各地鹽鐵官府屬吏。這樣，既能用其所長，又以法律約束，如果他們知法犯法，那就是自討苦吃。這一策略有效地保證了鹽鐵專賣政策的執行。

孔僅推行鹽鐵專賣政策，並在鑄造農具方面做出了成績，促進了農業生產的發展。漢武帝很是高興，於是在元鼎二年，也就是西元前 115 年拜他為大農，列於九卿之位。桑弘羊也因管理財政有功，被拜為大農丞，管理全國的會計事務。

鹽鐵專賣有效地解決了當時嚴重的財政經濟困難，為漢武帝「外事四夷，內事興作」，提供了可靠的經濟保證。這對漢代社會經濟的發展和多民族統一國家的形成，是有貢獻的。但也不免帶有封建官營事業共有的弊病，如不少鐵器質量低劣，規格不合要求，價格昂貴，還有強迫人民購買及強徵人民作役的弊病。

但對於武帝來說，是他整理財政的成功措施之一。他善於用人，善於採納合理的建議，並加以實行，這就保證了他的成功。

統一鑄錢它成為漢武帝整理財政、統一幣制的重要標誌。貨幣是商品流通的仲介物。貨幣混亂，嚴重影響商品經濟的發展和國家的穩定統

一。自由鑄錢，不僅使國家經濟遭受到了嚴重的破壞，並且助長了封國、豪強割據勢力的發展。

到了漢武帝即位之後，關於錢幣不一、通貨膨脹等頭疼問題奏呈上來時，漢武帝馬上意識到嚴重性，為此茶飯不思，非常憂愁。於是武帝決定採取幣制改革。

元狩三年，也就是西元前 120 年末，漢武帝便在未央宮前殿召集有關大臣商討此事。改革的目的性十分明確，「更錢造幣以贍用，而摧浮淫併兼之徒。」一是靠發行新幣來解決當前財政困難，二是從富豪手中要錢。

事實上，這兩者是一回事。此時，深受漢武帝重用而參與決策的，是御史大夫張湯，張湯拿出了一個方案：

張湯奏議：第一種是白金幣，由銀、錫鑄成。白金幣用銀錫合金鑄成，分為三品：上品重八兩，圓形，龍紋，面值 3000 萬錢；中品重六兩，方形，馬紋，面值 500 萬錢；下品重四兩，橢圓形，龜紋，面值 300 萬錢。

第二種是銅幣，取消半兩錢，改鑄為三銖錢；

第三種是皮幣，用御苑中的白鹿皮製成。每個皮幣長寬 1 尺，緣上繡五彩花紋，面值 40 萬錢。

元狩四年，也就是西元前 119 年初，皮幣、白金幣和三銖錢正式同時發行。白金幣和三銖錢在市場上流通，這使得朝廷大發「橫財」。但「盜鑄」不久也隨之出現了。

儘管在發行三幣的時候，武帝曾經下過禁止私人仿造的命令，但是皮幣、白金幣的面值超過實際價值不知多少倍，鉅額利潤誘使一些人鋌而走險。

　　白金幣的原材料是銀和錫，少府有大量的銀和錫，民間也很多。於是，盜鑄白金幣的難以計數，其中不乏達官貴人，甚至王侯。武帝下令殺了一批人，也沒能制止。

　　皮幣的原材料是白鹿皮，白鹿只有皇上的禁苑中才有，民間無法盜作。但大農令顏異又對皮幣的等值問題提出異議。他說：「今王侯朝賀以蒼璧，直數千，而其皮幣僅 40 萬，本末不相稱。」

　　他這話雖然迂腐至極。武帝造皮幣，目的就是強取王侯們的金錢以解決眼下的財政危機，哪裡管什麼「本末相稱」與否。當元狩四年令初下時，有人告訴顏異發行皮幣有許多不妥之處，「異不應，微反唇」。

　　造皮幣是張湯提議的，而張湯又與顏異素來有隙。

　　於是，張湯奏劾顏異身為九卿，見令不便，不明言而腹非，論死。此後始有腹非之法。這個事件恐怕事出有因。王侯們深受皮幣之「害」，有苦難言。顏異的態度和言論，無論其主觀動機如何，在客觀上都是為諸侯王們張目的。顏異被殺後，再也沒人敢對皮幣提出異議了。

　　而三銖錢又太輕，周邊又是平的，沒有廓，盜鑄者經常從三銖錢的背面磨下銅屑，再用來鑄錢。三銖錢只發行了一年的時間，到元狩五年，也就是西元前 118 年就無法再維持了。

　　元鼎二年，也就是西元前 115 年，在一些大臣的建議下，武帝又頒下詔令鑄造「赤仄錢」。赤仄錢又名「赤側錢」，其廓是用赤銅鑄的。一枚赤仄錢當五銖錢五枚。凡是交納算賦、口賦，必須得用赤仄錢。漢武帝希望靠鑄造難度大的赤仄錢來杜絕偽錢。同時，這無疑又是斂錢的方法之一。

　　赤仄錢發行後，逐漸取代了白金幣，人們非常喜歡儲存赤仄錢。為了維護白金幣的信譽，官府曾經採取一些強硬措施，可是收效非常小。

第二年，武帝不得不宣布廢止白金幣。

不僅如此，如果赤仄錢大量發行，必然貶值。按規定一枚赤仄錢當五枚五銖錢，但發行不久就兌換不了五枚，有時兌換四枚，有時僅能兌換三枚。而且各地區、各時期的兌換比值也完全不一樣。赤仄錢的發行造成了幣制的更大混亂。

這樣就迫使漢武帝不得不採取新的行動，以遏制混亂。否則，幣制改革不但不能解決財政危機，還將使眼下危機進一步加深。

於是，武帝總結百餘年貨幣改制的經驗教訓，終於認識到，如果要真正禁止盜鑄貨幣，保證貨幣的質量，確保貨幣的正常流通，就必須完全由中央壟斷貨幣的鑄造和發行。

元鼎四年，也就是西元前 113 年，漢武帝採用大農丞桑弘羊的建議，下令：

第一，取消郡國鑄幣的權力，由中央政府指定上林苑水衡都尉所轄的鐘官、技巧、辨銅三官分別掌管鼓鑄、刻範和原料，統一鑄造貨幣。

第二，新鑄造的貨幣重五銖，文曰五銖，「重如其文」。因為五銖錢是由上林三官所鑄，故而稱為「上林錢」或「三官錢」。三官錢是全國唯一合法流通的貨幣。非三官錢不得流通。

第三，郡國所有的舊幣一律作廢銷毀，將鑄錢的銅輸入三官。

此次幣制的改革，是中國有史以來第一次將鑄幣權完全集中到中央。這樣做的結果，一是政府把全國各地的銅材收歸中央，堵塞了盜鑄的材料來源；二是三官錢的名義重量與實際重量完全一致，盜鑄無厚利可圖；三是製作技術高，質量好，私人沒有能力盜鑄。從此以後，盜鑄的風氣大為減少，朝廷基本上能夠控制貨幣的鑄造與發行。

所以，這次幣制改革獲得了成功，終於取得了對富商大賈、豪強等

私鑄錢幣抗爭的勝利。貨幣的統一、貨幣的穩定，加強了國家的經濟力量，增強了中央集權。武帝所鑄的五銖錢，一直流通到隋王朝，700 年不廢。

據史書記載，從漢武帝統一幣製造成西漢末年，西漢政府總共鑄造 280 億枚五銖錢，五銖錢制大體上是穩定和鞏固的，這種方孔圓廓的五銖錢在七百多年時間內，成為中國大地上的主要流通貨幣，也為帝王提出了許多看得見、摸得著的經驗和教訓。

漢武帝所進行的統一貨幣、鹽鐵專賣等經濟改革措施都已經初見成效，有的措施正在深化完善，財政形勢大有好轉。武帝頗感欣慰。

元封元年，也就是西元前 110 年，已經升為御史大夫的卜式，聽到種種反映：官府賣出的鹽，不是鹹的，而是苦的；官府統售的鐵工具，脆弱不牢，一下地就斷裂，而價錢卻很貴。老百姓不歡迎這種產品，官吏卻強迫非買不可，還有，徵收商人的船稅太多了，以致經商的人減少，日用貨物也少了，物價上漲。

這些問題關係到了國計民生。於是，他便找大司農孔僅商量，孔僅也感到是個問題。經過反覆磋商，他們決定向漢武帝反映鹽鐵專賣中的這些問題。

漢武帝聽後，覺得十分不高興，一怒之下便把卜式貶為太子太傅，並且撤了孔僅的職位，繼而任命桑弘羊為治粟都尉，統管大農官的事。

事實上，桑弘羊也早已看到鹽鐵專賣中存在的問題。他還知道，主管鹽、鐵的官吏，為了賣出質量差價格高的鹽、鐵，往往互相爭市，影響了鹽、鐵的價格穩定。但是，桑弘羊沒有採取提意見的方式，而是經過深入調查、反覆思考，認為對郡國送京貢物的運輸和京師市場的供銷應該進行改革。

漢初，各郡國都向中央政府貢獻輸送當地的土特產品，假若產於其他郡中的，還得派人到遠方採購，然後僱人轉運到京師。其實這樣做，給商人提供了很好的從中漁利的機會，他們乘機抬高物價，大發其財。而且貢獻的物品幾經周折，長途運輸，肯定會損耗和破壞，有時貢獻的價值還抵不上運輸費用。勞民傷財，既增加了人民的負擔，又使政府蒙受損失。

鑒於這種情況，桑弘羊認為，應該由中央政府統一進行控制和管理，收權於中央，收財於中央。他奏請漢武帝行「均輸」「平準」之法。其具體做法是：

第一，在各郡國設定均輸官，主持運輸各郡國的貢納物品；在長安設平準官，掌握運到京師的貨物和物價。各地的均輸機關與京師的平準機關互通消息、互相配合。

第二，各郡國向中央貢納的物品，全部按當地市價，購買成當地出產的物品，交納國家後，由均輸官負責將它運輸到缺乏這類物品的地區出售。然後在這裡購買當地出產的物品，輸送到其他缺乏這類物品的地區出售。這樣輾轉運輸、銷售，國家利用地區存在的差價，從中獲取巨大經濟利益。最後根據平準官提供的消息，在最適宜的地區購買京師所需要的貨物，運到京師。

第三，在京師的平準官，將各地運到長安的貨物，在京師市場上賣掉，利潤上繳國家。並且要遵從「貴則賣之，賤則買之」的標準，平抑市場物價。這樣既確保了對京師人民的供應，又打擊了投機的商人。

這樣，果然得到漢武帝的讚許。

「均輸」「平準」的實行，使物價相對地穩定下來，政府的支出大大減少，還可以獲得很大的經濟利益。這項政策又能再次抑制大商人，完全

符合漢武帝重農抑商的方針政策。

統一貨幣、鹽鐵專營、均輸平準等，是桑弘羊改革經濟、理財興利最得力的措施。他能在不太多地增加農民賦稅負擔的情況下，滿足國家浩繁的財政需求，確實立下了很大的功勞。所以，一直受到武帝的信任和器重。

為了打擊積貨逐利的商賈。他頒布算緡、告緡令。元狩四年，也就是西元前 119 年，山東發生了水災，70 餘萬饑民無以為生，到處流亡，階級矛盾大有一觸即發的勢態。

而一些富商大賈擁有大量資財，過著奢侈無度的豪華生活。他們不但「不佐國家之急」，而且還趁火打劫，大發國難財，嚴重地破壞了地主經濟的基礎。這就使漢朝地主政權面臨著危機四伏的局面。

漢武帝看到了這一問題的嚴重性。為了解決財政危機，鞏固封建統治，他開始重用「興利之臣」，並決定首先向商人開刀。這就是元狩四年，武帝根據御史大夫張湯和侍中桑弘羊的建議，頒布了打擊富商大賈的算緡令和告緡令。

據《史記・平準書》的記載，這兩項法令包括了四個方面的內容：

第一，凡屬工商業主、高利貸者、囤積商等，不論有無市籍，都要據實向政府呈報自己的財產數字，並規定凡二緡抽取一算，即一百二十文。而一般小手工業者，則每四緡抽取一算。這叫做「算緡」。

第二，除官吏、三老和北邊騎士外，凡有軺車的，一乘抽取一算；販運商的軺車，一乘抽取二算；船五丈以上的抽取一算。

第三，隱瞞不報，或呈報不實的人，罰戍邊一年，並沒收他們的財產。有勇於告發的人，政府賞給他沒收財產的一半，這叫做「告緡」。

第四，禁止有市籍的商人及其家屬占有土地和奴婢，勇於違抗法令

的，即沒收其全部財產。

由以上規定可以看出，算緡主要是針對商賈的。元鼎三年，也就是西元前 114 年，漢武帝下令規定，百姓告緡，可以得到被告發者的一半資財。重賞之下，必有勇夫，於是楊可立了頭功。

一個商人，只要被人告發並經查實，立刻被拘入獄。商賈中家以上幾乎都被告發。武帝派遣御史和廷尉正、監等分批前往郡國清理處置告緡所沒收的資產，得民財物以億計，奴婢以千萬數，田地大縣達數百頃，小縣也有百餘頃。

商賈中家以上都因此破產，武帝將沒收的緡錢分配給各個部門。水衡、少府、太僕、大農等機構設定農官，分別經營沒收的郡縣土地。沒收的奴婢則主要用於飼養狗馬禽獸和在官府擔任雜役。

告緡延續近十年，使西漢政府的財政狀況有了明顯的好轉，這才停止了告緡。

告緡以及鹽鐵官營等政策，為武帝的內外功業提供了物質上的保證，造成了加強專制主義中央集權制度的作用。但商人勢力在經受嚴重打擊後並沒有銷聲匿跡，西漢後期，商人與官僚、地主逐漸合流，加劇了土地兼併的發展，直接導致了當時嚴重的社會危機。

‖ 土地政策的整合 ‖

春秋末期，諸侯國君占有的稱之為公田，地主占有的稱之為私田。到了兩漢時期，國家直接控制的土地稱之為公田，其中包括為提供軍糧而設的屯田，國家賦或假給農民的土地；私人占有的稱之為民田。

而除了公田以外，法典化的也就是在全國具有普遍性、永續性和穩

定性的土地制度是名田制。名田制就是占田制，也可以說是合法的占田制。

漢代的名田制是從秦名田制直接繼承而來的。最早是在《史記·商君列傳》中提出來的，它是商鞅變法在秦國確立，然後向關東六國地區逐漸推行的土地制度。《商君列傳》說，商鞅變法，令「明尊卑爵秩等級，各以差次名田宅，臣妾衣服以家次」。

司馬貞也在《索隱》中有記載：

> 謂賈人有市籍，不許以名占田也。

這表明確立名田制是商鞅田制改革的內容。這個名田制規定：凡吏民占有土地、奴婢都嚴格規定占有量，這個量必須與其家的爵秩即社會身分的品味等級相符，不得有超額。這是嚴格規定定額的品味，或稱品級占田制，也可以說是有限制的占田制。

所謂的爵秩，就是品級，說得具體一些，就是「以賞功勞」的封建二十等爵。功勞指耕戰的功勞，就是斬甲首與力本業。在《商君列傳》中記載：

> 力本業，耕織致粟帛多者復其身；事末利及怠而貧者，舉以為收孥。宗室非有軍功論，不得為屬籍。

這段文字說明，耕戰有功才能獲爵，而獲爵才得占田臣妾。也就是說，獲爵是名田宅的必要條件，它的途徑是斬甲首或力本業。這種按爵秩占田、不使逾等的嚴格規定，使得土地永遠處於按品級占有而不越位逾制的位置。

名田制也可稱之為賞田、賜田或者授田制。其中在秦律的《田律》中有「授田」的說法，可以為證。秦之吏民是由國家賞賜、授配給他們土地的。

「只有在沒有土地私有制的時代，土地方可以授。」

屬於國家的土地，經過授配，它的國有性質在根本上沒有發生變化。因為第一次授田後，在耕戰中還可能再次、多次發生爵秩的升降，占田量也必然會隨著增加或者減小，名田的田界也不得不再次或者多次地釐定，而這一切依然是由國家依名田法進行的。

而且在新立的名田田界不是在國家允許的情況下是不能隨意移動的，也就是說占田量不得私自擴大。在秦律的《法律答問》中說：「盜徙封，贖耐。」私自動田界的，還有私自擴大占田量的，就要懲罰其剃鬍鬚。所謂「盜」，就是指未經國家准許的非法逾制行為。

因此，田界的變動，名田量的增減都必須都是在國家的主持或干預下進行，國家掌握著名田量與田界的變動權，說明授田即名田的所有權歸國家。也就是說，土地的所有權是歸屬於國家。

商鞅變法「決裂阡陌，教民耕戰」，也就是「奪淫民之田，以食有功」，用合法甚或暴力的手段奪取非有軍功的舊貴族的土地，收歸國有，然後再由國家按爵秩授配給耕戰有功的吏民，結果在秦國確立了普遍的土地國有制。

大秦兼併六國之後，把這個土地國有制進一步用封建法度推廣開來、固定下來。秦始皇二十八年，也就是西元前 219 年，在舉行了神聖的封禪典禮後，刻石頌德，作制明法，在《琅琊台刻石》對國家即皇帝的土地所有權作了明確規定：「六合之內，皇帝之土。」「人跡所至，無不臣者。」

秦始皇三十一年，也就是西元前 216 年，令天下黔首自實田，是土地國有法令在全國範圍內執行情況的一次總檢查，是第一次全國性的法律措施。

秦始皇把土地國有制向「六合之內」推行，也就是把還沒有國有化的原六國的土地及吏民編入戶籍，正式確立秦王朝對這些土地的所有權，使秦名田制發展為全國性的土地制度。

由於秦名田的品級規定的嚴格性，土地買賣與土地兼併就不易發生；這種嚴格性使秦的土地國有制具有靜滯性，也具有很強的穩固性。因此，自商鞅至秦末，未見土地兼併的記載。

秦朝滅亡之後，漢朝興起，大丞相蕭何接收了秦丞相、御史府所藏的律令，從而製作了《戶律》。直到漢高祖五年，也就是西元前 202 年，頒布了兩個關於土地的法令，從而恢復了名田制。

一個是「復故爵田宅」令，主要文字是：「民前或相聚保山澤，不書名數，今天下已定，令各歸其縣，復故爵田宅。」另外一個是「以有功勞行田宅」令，表明承認封建二十等爵制的合法性，並根據這個向獲爵的軍功吏卒賜授土地。

這兩個法令說明：

第一，與秦名田一樣，漢名田與授田、賜田、賞田都是異名同義；

第二，漢名田也是按爵秩名田的品味或品級定格占田制；

第三，實施根據仍是封建二十等爵；第四，名田也必須首先「名數」，取得國家編戶齊民的身分。可是漢名田制在實施中發生了某些改變，這在高帝的兩個法令中也得到了反映。第一，秦制，列侯才得「食邑」；漢法卻規定七級大夫、八級公乘為「高爵」「皆令食邑」。

第二，實際上，秦爵一級賜田一頃，二級二頃，十分明確；漢則名田量有多有少，如《居延漢簡考釋釋文》名籍類公乘禮忠和徐宗兩戶，「入籍」的土地，禮忠有「田五頃」，徐宗僅「田五十畝」，名田量都大大少於同級秦爵。

第三，秦代沒有軍功即使貴族也不封爵，須奪「淫田」；漢代則從軍的小吏也自占「多滿」。

可以看出，漢代吏民豪富自占田為數勢必不少。這些改變，說明西漢興起的時候名田製出現了鬆動，已經遠遠沒有秦時期那樣嚴格堅硬了。

漢初名田制的鬆動、彈性主要表現在：第一，高後惠帝文帝的「弛山澤之禁」的較自由的經濟政策。第二，漢文帝「不為民田及奴婢為限」，事實上，這就使品級占田制變成了一般的占田制，吏民占田因此不再受爵秩的限制，真正「任其所耕，不限多少」了。第三，吏民名田具有了某種永續性和可繼承性。秦是在同六國爭雄與戰爭中確立嚴格的品級占田制的，在戰爭中，由於戰功的擴大或戰敗，必然引起爵秩的升降和土地占有量的增減，以及「身死田奪」，這種升降增減死奪的情況的週期不會太長，可以說，經常在發生。

漢初時期結束了長期的殘酷戰爭，這讓天下得以幾十年相安無事。而且上面說的兩項相關的經濟政策，國家在一般情況下也就不再需要收回吏民名田，另行授配。這種永續性和可繼承性，有可能使吏民名田的所有權深化，也就是從占有權向私有權發展。它使漢初的土地國有制逐漸發展與表現出軟性。

也可以說，它使封建土地國有制減少了穩固性和靜滯性。由此可見，如果說漢代的土地制度屬於亞細亞形態，那也帶有不純粹性，至少漢初肯定是這樣的。

漢代土地制度的鬆動、彈性和軟性，顯然還沒有發展到名田的所有權性質的轉變。可是，它正在為土地兼併與土地買賣提供可能。漢高帝時，相國蕭何曾買民田數千，但這是出於為解除劉邦的疑忌而自汙的政治原因，還不能作為具備典型的經濟上的土地兼併意義。文帝中，賈

誼、晁錯都曾上疏揭說農人背本趨末，富人兼併農人，說法律賤商人，而商人已富貴矣。

但有一定程度的誇大，因此不能就此說明土地兼併已是一個普遍的現象。文帝輕徭薄賦、貴粟募邊等措施，也有使小農經濟維持基本穩定的一面，儘管這一面也許有短期性。

直到文帝末年，土地兼併的現象才逐漸增多。《漢書·文帝紀》中記載後元元年，也就是西元前 163 年春，下詔說：「百姓之從事未以害農者蕃。」農民棄農經商，是土地兼併的間接反映。可是，景帝即位後，三十稅一，屢敕有司以農為務，又暫時減弱了農民破產、土地兼併的趨勢，民復樂業。

荀悅是以文景后土地兼併的發展，追溯源頭要歸結到文帝十二年，也就是西元前 168 年的免租措施，所以也不能把占田逾侈看成是漢文景時期的一種普遍的現象。而且「百一之稅」並不是漢文景時期的稅制。

漢武帝改行新畝制時在征和四年，也就是西元前 89 年，由此可見，荀悅「占田逾侈」云云，實際上還應是武帝時的事。

漢武帝即位之後，土地兼併終於從小到大，迅速發展。正如《漢書·食貨志上》所說：「網疏而民富，役財驕溢，或至併兼、豪黨之徒以武斷於鄉曲。宗室有土，公卿大夫以下爭於奢侈，室廬車服僭上亡限。」家食厚祿的貴宦們，利用他們富厚的勢力，與民爭利。結果促成，「眾其奴婢，多其牛羊，廣其田宅，博其產業，畜其積委」，財產愈積愈多，土地大為增加。

元光年（西元前 134 年）以後，土地兼併更加嚴重。貴族顯宦、豪強富人都熱衷「廣其田宅，博其產業」。武安侯田「治甲宅諸第，田園極膏腴」。淮南王後和太子奪民田宅。

驃騎將軍霍去病為父親霍仲孺大買田宅奴婢。卜式為平民時，營業致富，購買田宅。官做到將軍、太僕的灌夫侵奪細民，廣占陂池田園，家產累積數千萬。

就連位居丞相的李蔡也積極投入土地買賣與土地兼併的活動，他曾非法盜取土地三頃，轉手賣出，得 20 萬錢。像這樣的記載，不計其數。

土地兼併造成兩極分化，貧富懸殊：一面是「富者田連阡陌」，地主階級占有的土地量不斷擴大；另一面是「貧者無立錐之地」，小農接二連三地破產。

自耕農是土地兼併的主要對象。很顯然，小農從文景之治中得了點好處，但這並未能改變他們在國家經濟生活中的實際地位。他們是國家賦稅的主要承擔者。

西漢的民賦，大致可分為土地稅和人口稅兩種。因為自耕農是在名田即國家授配給他們的國有土地上耕種的份地小農，所以他們向國家繳納的土地稅，同時兼有地租與賦稅兩種性質。

漢初的田賦或田租徵收措施，是根據各農業戶自報的收穫量，經官吏評定核實，然後按十五稅一或三十稅一確定徵收量，這就是馬端臨所說的「隨所占之田以制賦」的變額稅制。具體的徵收額，若按晁錯的說法，漢初每畝年產量一石，三十稅一就是 3.33 升；若按李悝的計算，常年畝產一石半，則賦額為每畝五升。李悝似乎更接近事實。

算賦和口賦都是漢代的人口稅。算賦是向 15 歲以上的青年和成年人徵收的人口稅，人歲錢百二十為一算，無論男女。

如淳說：「《漢儀注》記載『民年十五以上至五十六出賦錢，人百二十為一算。為治庫兵車馬。』」

漢高帝四年，也就是西元前 203 年，初為算賦。惠帝六年，也就是

西元前 189 年，又規定女子年 15 以上至 30 不嫁，五算。就是把女子從 15 歲到 30 歲分為五個年齡等級，很可能是三年一級，不嫁者，一級一算，逐級遞加，到 30 歲還不嫁就要加到五算。

在《漢書・嚴朱吾丘主父徐嚴終王賈傳》中有記載，孝文皇帝民賦四十，丁男三年而一事。

如淳說：「常賦歲百二十，歲一事。時天下民多，故出賦四十，三歲而一事。」

直到什麼時候恢復的常賦歲百二十，在文獻中都沒有明確的記載。算賦既為治庫兵車馬的軍事開支所需，武帝又大興武功，因此可以推知，武帝雖然「獨於田租，不敢增益」，但算賦稅率必已恢複錢百二十。人歲錢百二十，這是有漢一代的算賦常制。

元光六年（西元前 134 年）以後，漢武帝為了籌集軍費，因此，他在原有的基礎上又增加了口賦。口賦，又稱作是口錢，是以 15 歲以下的少年和兒童為徵收對象的人口稅。

漢元帝時期，貢禹檢討武帝的財政經濟政策時說：「古民亡賦算口錢，起武帝征伐四夷，重賦於民，產子三歲則出口錢，故民重困，至於生子輒殺。」口賦錢，人歲二十三。更賦即不論男女，人錢三百的過更錢，另有芻稅，即按田畝徵收禾稈、草料的實物稅。

漢文景時期，小農生活仍很艱苦，政治學家晁錯對當時的狀況有這樣的一段描述：

今農夫五口之家，其服役者不下二人，其能耕者不過百畝。百畝之收，不過百石。春耕夏耘，秋獲冬藏，伐薪樵，治官府，給徭役。春不得避風塵，夏不得避暑熱，秋不得避陰雨，冬不得避寒凍。四時之間，無日休息。又私自送往迎來，弔死問疾，養孤長幼在其中。勤苦如此。

儘管如此勤苦，但倘不遇水旱之災，加上社會安定，朝廷又有多次減租免賦的舉措，五口之家要是省吃儉用，還能勉強保持收支平衡，守住田宅，維持史稱「民人給家足」的局面。

漢武帝將剝削量增加了九石半，剝削率提高了百分之六，而且，「武帝時，賦斂繁多，律外而取」，小農勉強的收支平衡就很難維持了。農民感到負擔最重的是無節制的勞役。漢武帝又軍旅數發，連續不斷內興功作，打破漢初正常的更役制度，無節制無限期地徵發徭役。

《鹽鐵論・徭役篇》中對這樣的舉措做過批評：

今中國為一統，而方內不安，徭役遠而外內煩也。古者無過年之徭，無逾時之役。今近者數千里，遠者過萬里；歷二期。長子不還，父母憂愁，妻子詠嘆。憤懣之恨，發動於心；暮思之積，痛於骨髓。

再加上官僚貴族自有種種手段和特權逃役免役，這無節制無限期的徭役便大多落在中下民戶，落在自耕農頭上，致使吏奪民時，田園荒蕪。更可怕的是專制主義政策有很大的隨意性，隨意改變，「急徵暴賦，賦斂不時，朝令而暮改」。

那些受盡折磨的貧苦百姓只好忍痛割愛，墮胎殺嬰，賣妻鬻子，賣田破產，被土地兼併勢力所鯨吞。殘酷的封建剝削和壓迫是農民破產的根本原因。

小農的破產助長了土地兼併運動的發展，二者互相作用，成正比例增減。土地兼併的發展加速小農的破產，造成土地品級占有狀況的不穩定性、社會經濟的不穩定性。而大量小農依附於豪強大家，也就是不書名數，脫籍逃籍，這就直接影響了國家賦稅的收入。而且，「民貧，則奸邪生」，朝廷因此產生經濟危機感和社會危機感。

土地兼併的迅速發展已經成了武帝時代必須解決的社會經濟問題。

名田制的鬆動，土地兼併的迅速發展，豪族豪強對朝廷和皇權的威脅，這諸多問題集中表現為豪族問題。

對豪族問題，漢代君臣早有所認識。漢興，婁敬就對劉邦說：「夫諸侯俱初起時，非齊諸田、楚昭、屈、景莫興。今陛下雖都關中，實少人，北近胡寇，東有六國強族，一旦有變，陛下亦未得安枕而臥也。」

高帝時，新貴族還沒有發展為新豪強，所以當時對朝廷和皇權的主要威脅來自六國強族。隨著豪族豪強構成的變化，漢代君臣的認識也深化了。武帝對新興的豪族豪強表現出特別的痛恨。

《漢書·游俠傳》說：「自魏其、武安，淮南之後，天子切齒，衛、霍改節。」

《衛青霍去病傳》說：「武安之厚賓客，天子常切齒。」布衣之俠也被視為「大逆無道」的人物。這些都反映了朝廷對豪族豪強認識的變化。

漢興，豪族豪強的構成複雜了，與漢朝的關係也複雜了。六國強族多參加反秦起義，新興的豪強更與朝廷有著千絲萬縷的聯繫，朝廷不便把他們當作賤民、遷虜，隨意處置，轉而採取政策性較強的措施，區別對象，作不同地對待。

大體上，對老豪強、首惡、游俠，一切奸法犯禁發展到公開威脅或對抗朝廷的，偏重於嚴厲打擊，直接鎮壓。如濟南郡大豪族目間氏有宗人三百餘家，豪猾不法，二千石都制不住他們。於是景帝就拜郅都為濟南太守。郅都到任，「誅目間氏首惡，餘皆股慄」。但漢武帝所任用的酷吏，幾乎都是族滅豪強的能手。

高帝九年，也就是西元前 198 年十一月，劉邦採用婁敬的建議，「徙齊、楚大族昭氏、屈氏、景氏、懷氏、田氏五姓於關中」；遷徙後，「與利田宅」。

這一次所徙計十餘萬口。這個措施不僅具有「弱末」即打擊地方豪強勢力的意義，而且包含著「強本」的意義，也就是充實關中，以為朝廷基礎，防胡備變。

對這「強本弱末」的雙重意義，婁敬說得很明白：「願陛下徙齊諸田，楚昭、屈、景、燕、趙、韓、魏後，及豪傑名家，且實關中。無事，可以備胡；諸侯有變，亦足率以東伐。此強本弱末之術也。」劉邦的這個措施，後來就沿為西漢一代的傳統政策。

「漢興，立都長安，徙齊諸田、楚昭、屈、景及諸功臣家於長陵。後世徙吏二千石、高訾富人及豪傑併兼之家於諸陵。蓋亦以強幹弱支，非獨為奉山園也。」

建元二年，也就是西元前 139 年二月，在槐裡縣茂鄉築茂陵，並作邑置縣。接著，徙民茂陵。次年春，賜徙茂陵者戶錢二十萬，田二頃。茂陵徙民為豪族豪強。

元朔二年，也就是西元前 127 年，主父偃向武帝建議道：「茂陵初立，天下豪傑兼併之家，亂眾之民，皆可徙茂陵；內實京師，外銷奸猾，此所謂不誅而害除。」

漢武帝從計，這年夏徙郡國吏民豪傑及資三百萬以上到茂陵。又募民徙朔方 10 萬口，據《漢書·蒯伍江息夫傳》伍被言：「朔方之郡土地廣美，民徙者不足以實其地。可為丞相、御史請書，徙郡國豪傑及耐罪以上，以赦令除，家產五十萬以上者，皆徙其家屬朔方之郡」，由此可推知其中必不少郡國豪傑。

元狩五年，也就是西元前 118 年三月，徙天下奸猾吏民於邊。太始元年，也就是西元前 96 年正月，又徙郡國吏民豪傑於茂陵、雲陽。

武帝處理豪族問題，與他的先輩相比，有兩點不同：一是把恩威並

重變為威重於恩，也就是以削弱、打擊為主；二是進一步制定削弱、限制、打擊豪族豪強的法令，充實和發展了漢初處置豪族的政策和措施。

《鹽鐵論・輕重》說：「張廷尉論定律令，明法以繩天下，誅奸猾，絕併兼之徒。」張湯的苛法，還有六條刺史法，就是以逾制不法的強宗豪右為重點對象。

法令是全國性的，這也表明了漢武帝對被強徙諸陵邊地的豪族也沒有一徙了之，更沒有一味優恤和扶植，而是仍舊嚴加限制和控制。透過朝廷一系列的法律活動，削弱、限制、打擊豪族豪強的政策和措施也就制度化了。

最主要的法律活動和措施，就是制定土地法令，限民名田：

古井田法雖難卒行，宜少近古，限民名田，以澹不足，塞併兼之路，然後可善治也。

這原本為董仲舒的建議，《漢書・食貨志上》沒有載明建議的具體年月，編年的《資治通鑑》也沒有將它收入，荀悅的《前漢記》把它列在元狩四年，也就是西元前 119 年下。但是據《食貨志下》說：「元光中，令賈人有市籍及家屬，皆無得名田，以便農；敢犯令，沒入田貨。」

綜上所述，董仲舒的建議一定是在元光中之前，說明漢武帝採用了這個建議。同時又可知武帝對豪族的削弱、限制和打擊，其重點放在禁止土地兼併、堵塞鬆動的漢名田制的漏洞上。這說明他企圖透過鞏固封建土地國有制，也就是從土地制度上根本解決豪族問題。

漢武帝徙豪本來就包含著禁止土地兼併的經濟目的，主父偃的建議對此已表達得很清楚，後來的六條刺史法也明確要解決強宗豪右的「田宅逾制」「侵漁百姓」的問題。

至於元光中令有市籍的賈人都不得名田，是針對工商家的土地法

令。它的主要目的是要禁斷商業資本轉化為地產，禁絕他們「以末致財，以本守之」的土地兼併活動。

徙豪對於鞏固封建土地國有制的意義也很明顯。

漢代社會有顯著的宗法性，豪族地主世代聚族而居，所以又稱為「強宗」。因為天高皇帝遠，他們占有的土地，很容易隱瞞過去，因而，沒有蓋上國有制的烙印。

雖然有的編入戶籍，所有權已法定歸封建國家，但也是對他們占田合法性的承認，而這占田本是歷史延續下來的產物。因為長期占有，有了永續性和可繼承的性質，又取得了合法性，所有權就可能深化，使占有制向私有制過渡。

徙豪措施把強宗豪右從原地連根拔走，遺下的土地順理成章地被收歸國有。更重要的是，現在，他們所占有的土地已是由朝廷所直接分配，所有權是屬於國家的。這樣，封建國家對全國土地的所有權不再僅僅是個名義，而是活生生地擺在他們面前的現實。

如果他們企圖橫行鄉邑，兼併土地，那就是「田宅逾制」，就是作奸犯法，就要受到懲罰，嚴重的就難逃酷吏的殺戮、誅族。可見經這一徙一賜，國家滯後了土地私有化的歷史程式，維護和鞏固了國家土地所有權。漢武帝強徙豪族、限民名田，是堅持和加固封建土地國有制，並使之嚴格化的措施。

可是，對付漢初幾十年富裕養足、分散各地、經濟自給自足的豪族地主來講，漢武帝不單要受著官吏質量、武器水平、國家機構的效能以及交通手段等歷史條件的限制，更根本的還要受封建土地制度和土地運動的制約。

漢武帝把豪族占田頑固地束縛在封建國有制條框內的努力儘管取得

了很大的成功，但他卻改變不了封建土地制度的基本矛盾和基本規律，他的成就只是區域性性和臨時性。

豪族地主，特別是貴族、官僚、地主三為一體的新豪強，有的憑藉著種種特權，得以逃免被徙誅族的命運。縱然被徙入關中諸陵及邊地的，也受到優恤和扶植，在「便利田宅」的基礎上，恢復元氣，有的甚至很快發展起來。

土地兼併在一個地方一個時候被消滅或被緩和，在另一個地方另一個時候還必然會再產生再發展。即使是在關東，也是徙走一批，生長一批。所以《晉書‧江統傳》說：「秦漢以來，風俗轉薄，公侯之尊，莫不殖園圃之田，而收市井之利，漸冉相放，莫以為恥。」

‖ 泰山的封禪大禮 ‖

泰山位於中國山東中部，由於雄偉挺拔，被稱為「五嶽」之首。在中國古代，一些功成治就的帝王，必須登上泰山，築土為壇，祭祀上天，以報答上天的功德，這叫做「封」。然後，再到泰山下的某一小山，築土為壇，祭祀大地，報答「后土」的業績，這叫做「禪」。

「封禪」自春秋戰國以後，就被視為是王者應天承運的大典。古人受地域限制，初以為泰山是天下最高的山。在泰山之巔祭天，與天的距離最近，人神溝通方便。初有所行，後世相襲，久而成俗。按封禪之說，凡是改朝換代、帝王易姓，都必須舉行封禪大典，以示受天承命。

但是首先，必須天降祥瑞，天肯定是受命的帝王；其次，受命的帝王必須功德卓著，恩澤廣及四方；而後，必須天下太平，有閒暇的時間。三者缺一，否則就不配去封禪。

　　春秋時期的霸主齊桓公，曾經想去泰山封禪，但是管仲卻加以勸阻。齊桓公說：「我北伐山戎，經過孤竹；西伐大夏，越過沙漠，登上卑耳山；南征楚國，達到召陵，登上熊耳山，遠眺長江、漢水；召集兵車之會三次，乘車之會六次，共九合諸侯，拯救天下之難。各國諸侯不敢違抗我的命令，這與夏、商、週三代帝王相比，又有什麼不同呢？」

　　管仲卻爭辯說：「古代封禪時，要得到東海比目魚，西海比翼鳥，有十五種不召而來的祥瑞。而如今，鳳凰沒來，麒麟不至，嘉禾未生，而蓬蒿藜莠等惡草卻長得很茂盛，鴟鴞鳥等惡鳥多次來，這種情況下，要舉行封禪，恐怕是不妥吧？」齊桓公聽後，深感自己的功德不夠，封禪的想法也只好放棄。

　　當秦始皇時期，他併吞六國，一統天下，九鼎歸秦。所以，稱皇帝後的第三年，也就是西元前 219 年，便封禪泰山。承天受命，報功於天地。但他焚書坑儒，刑法殘苛，天下人都怨恨他，儘管功有成，但恩澤有缺。所以上山途中遇到了暴風雨的襲擊，沒能完成封禪大典，12 年後滅亡，被上天所遺棄。

　　漢王二年，也就是西元前 205 年，漢高祖劉邦東擊項羽而還入關，又增一黑帝，在擁立黑帝時，名北時。因為忙於戰爭，漢高祖沒有親自去雍祭祀五帝，而是令原秦朝主持祭祀的太祝、太宰等官，按照秦時的舊禮進行祭祀。

　　到了漢文帝時期，皇帝便開始去雍郊祭祀五帝。以後，又採納趙人新垣平的建議，在渭陽建一座五帝廟。文帝十六年，也就是西元前 164 年夏四月，漢文帝親至渭陽五帝廟郊祭五帝，禮儀如同雍五時。而後又在長門築一五帝壇，祠以五牢。

　　漢武帝繼位之時，漢王朝經過 60 多年的休養生息，國勢強盛，天

下太平。於是官員和儒生們都希望武帝能夠改制封禪。他聽說封禪是長壽、成仙的一個重要途徑，就更增加了興趣。

但是，即位不久的漢武帝太年輕，而且當時的竇太后還掌握著部分權力，竇太后不喜儒術，崇尚黃老，因此，對趙綰、王臧不滿，結果趙、王二人自殺，封禪之事被擱置。

元光二年，也就是西元前 133 年，方士謬忌首先向漢武帝推薦了祭祀「泰一」神，並告訴了祭祀的方法。所謂「泰一」，「泰」者大之極，「一」者一統也。泰一神即至高無上的大一統之神，五帝雖尊，但都是泰一的輔佐之臣。謬忌捏造的泰一神，事實上就是人世間至尊無上的皇帝在天國中的折射。

沒有人間獨尊的皇帝，也就不可能有天國中獨尊的上帝。相反，皇帝是上帝的子嗣，正所謂天子。所以只有上帝獨尊，他在人間的代表皇帝才能是至高無上的。聰明的漢武帝，非常明白這人與神、神與人之間的奧妙。所以謬忌提出的獨尊「泰一」的建議，對他藉助神權來強化皇權，實現「大一統」，無疑是一個絕妙的方案。

於是，武帝採用了謬忌的建議，元鼎五年，也就是西元前 112 年，漢武帝正式在甘泉宮建造獨尊泰一的神壇。祭壇分為三層，最上層為泰一神位，五帝壇按方位環居其下，青帝居東、赤帝居南、白帝居西、黑帝居北、黃帝居西南。祭祀泰一的太祝、太宰穿繡有花紋的紫衣，祭祀五帝的祝、宰之衣，則各如所祭帝色。

泰一的祭品，除了與五土為壇以祭天，報天之功；「禪」即是在泰山下的小山上除地為以祭地，報地之功。在《白虎通義‧封禪篇》中記載：

王者易姓而起，必封昇泰山何？報告之義也。始受命之日，改制應天。天下太平，功成封禪，以告太平也。

由此可見，凡受命天子，如果不到泰山去祭祀天地，就不能算作完成就天子大位的禮制。

元鼎年間，也就是西元前 116 年至前 111 年，漢武帝的政治、軍事、經濟等活動達到高峰。繼大敗匈奴之後，又相繼平定了兩越、西南夷，開通了通往西域的道路，大漢的國土拓至邊疆，聲威遠震；鹽鐵官營、算緡、告緡、統一貨幣等經濟政策大見成效，國庫豐足，可以稱得上是功德卓著、恩澤廣及四方了。

漢武帝志得意滿，又受到方士們的誘惑，其中公孫卿等人說：「行封禪大禮，可以成仙登天。」一心一意想長生不老的漢武帝躍躍欲試。在正式封禪泰山之前，君臣之間有一番議論。這天，漢武帝剛要下早朝，只見有個人氣喘吁吁跑上大殿前面，稟報：「皇上，有喜事啊！」

「有什麼好事？快快說來！」

「汾陰河裡撈出一隻寶鼎，郡守親自送來了，已到宮門外了。」

「寶鼎？」漢武帝眼睛一亮，便高聲說道，「趕快呈上來！」

「是。」不一會兒，只見一隻繫著紅絲綢的青銅方鼎被 8 個人抬進了大殿，後面緊跟著汾陰郡守及下屬。在場的所有人都目瞪口呆地看著這隻青銅鼎。這時，郡守上前跪稟：「啟奏皇上，前些日有人報告說汾陰河裡有寶氣，臣便去檢視，果不其然，河中有道光在閃，於是就派人去撈了上來，竟然是一隻寶鼎，臣聽說寶鼎是吉祥物，河出寶鼎，象徵國運大昌，所以臣不敢怠慢，即刻給皇上呈送來了。」

漢武帝聽後，十分高興，然後便走到大殿中央，欣賞這隻青光閃閃的青銅寶鼎。於是，漢武帝又上手摸了摸，眉開眼笑地說：「確實是只寶鼎，朕要重賞你們。」

漢武帝登上九階台，落座龍椅，說：「賞千金。」郡守聽後，趕緊下

跪接了重獎，大聲感謝漢武帝道：「謝主隆恩，祈我大漢國運昌盛，國泰民安。」齊人方士公孫卿看到漢武帝對古鼎很感興趣，就乘機向漢武帝奏呈有關古鼎的《申公書》。漢武帝問道：「申公是什麼人？」公孫卿回答說：「申公是齊地人，與仙人安期生素有往來。他聆聽過黃帝的話，沒有別的書，只有這部《申公書》。」然後，公孫卿又奏道：「這簡冊是申公給我的，申公現在已經死去。陛下，臣聽傳說，先祖黃帝也曾得寶鼎，時辰是冬至，今陛下得寶鼎也在冬至，黃帝後來封禪泰山，然後成仙登天了。所以今天得這寶鼎確是天賜吉物啊，皇上應該封禪泰山。我大漢從高祖至今已 60 多年，當朝天子文治武功，而達海內一統，九州平安，以此太平盛世舉辦封禪承受天命，實乃朝廷所盼，黎民所望。泰山封禪乃普天之下最神聖的大典，前有三皇五帝文王武王秦始皇，今應有我當朝文治武功的大漢天子，所以，泰山封禪，勢在必行。」

漢武帝聽後，臉上呈現出喜悅的神情，文武百官這時也隨聲應道：「泰山封禪，勢在必行。」

漢武帝大喜，兩眼放光，興奮地說：「泰山封禪一事，朕也有此意，既是大家擁戴，那就作封禪準備吧。」

此後，漢武帝積極籌劃登泰山封禪事宜，時常和公卿、儒生博士們議論封禪的程式禮儀。因為自秦始皇以後，近百年沒有舉行封禪大典，而秦始皇封禪又搞得很神祕，具體做法也沒有留下記載。

漢武帝命令儒生參考《尚書》、《周官》、《王制》等，草擬封禪禮儀。但五十多個儒生，都拘泥於《詩》、《書》等古籍，墨守章句，不會變通，又各執一詞，爭論不休，幾年也沒能拿出一個像樣的方案。

元鼎六年，也就是西元前 111 年，左內史倪寬向漢武帝進奏道：「皇帝的功德感動了上帝，天地並應，符瑞昭明，封禪是聖王大典，應該實

行。但是大典的細節、儀式，經書上缺乏記載。臣以為封禪的目的是向上天報告成功，祭祀天地神靈，只要誠心誠意就可以了。至於具體的儀式，只有聖明的君主才能制定，非臣下所能擬就。現在就要舉行大典了，卻拖了數年的時間，讓群臣討論是不會有結果的。皇帝金聲玉振，完全可以自行決斷。」

漢武帝認為倪寬的話說得很有道理，於是，便自己制定了封禪的禮儀。他先按照古代先「振兵」，再釋旅，然後才舉行封禪的原則，於元封元年，也就是西元前 110 年十月，頒布詔書：「南越、東甌都已平定，而西蠻、北夷尚未平定。朕將置十二路將軍，親自掌握兵符，統率這十二路大軍巡視邊陲。」

於是，漢武帝親率 18 萬騎兵，離京出巡。自雲陽向北，經上郡、西河、五原，然後出長城，再向北登單于台，直至朔方，兵臨河北。

派使臣告知匈奴單于：「南越王的頭顱已經懸掛到大漢京城的北門上，現在單于若是有膽量勇於決戰，我大漢天子親自率軍在邊境等候；若是不敢決戰，就應該歸降我大漢，何必嚇得躲在寒冷、困苦的漠北呢！」

剛剛慘敗的匈奴，哪裡還敢決戰，漢武帝享受到了「振兵」威服四夷的喜悅，下令回朝。在橋山祭黃帝陵，行至須如，將徵調的兵卒遣散，是為「釋旅」。完成了封禪大典的前奏。

三月，漢武帝率領諸侯王、列侯、文武百官、驍勇扈從等大隊人馬東巡，去泰山舉行封禪大典。這是報功於天地的盛典，參加者都感到萬分的榮幸。

漢武帝來到東海之濱，但見大海浩瀚無際，霧靄騰騰。時而碧波粼粼，皓月映輝；時而惡浪掀天，驚濤蔽日。變幻無窮，神祕莫測。早就

仰慕海上神仙的漢武帝，下令祭祀八神。

齊人見漢武帝親臨，知道這是一個獵取富貴的大好時機，於是紛紛上書陳述神怪之事和奇藥祕術，數以萬計。而漢武帝自然聽從他們的設計，他派出一批又一批船隻，派那些說海中有仙山的人出海，去尋找蓬萊神仙。先後出海人數達到了千人以上，但卻沒有一個能找到神仙的。

四月，草青樹綠，漢武帝率領群臣、扈從至奉高，正式開始舉行封禪大典。漢武帝按照自己原來設計的封禪儀式，先是到泰山腳下的小山樑父，祭祀地神。

十九日，漢武帝命令凡是擔任侍中的儒生，都頭戴鹿皮帽，身著官服，腰繫絲帶，笏板插在腰間，參加射牛儀式，並且隨武帝在泰山東坡之下祭祀天神。祭祀時仿照祭祀泰一神的禮儀。

他還命令人修建一座祭壇，寬一丈二尺，高九尺，在壇下埋了一些漢武帝給神的書信。而這書信是寫在玉上的，所以稱它為「玉牒」。玉牒上寫的內容完全保密。祭禮後，漢武帝單獨與侍中奉車都尉霍子侯登上泰山，在山頂封土而建的祭壇上祭天，祭祀的儀式和祈禱的內容都密不告人。第二天，君臣二人從北麓下山。

二十日，漢武帝在泰山腳下東北部的肅然山，仿照祭祀后土之禮祭祀肅然山。祭祀的時候，漢武帝身穿黃色衣服，在音樂的伴奏下，行叩拜之禮。以江淮地區出產的三條脊稜靈茅獻神，用五色土建造祭壇。祭壇上堆滿遠方運來的奇獸珍禽等。

大典日子裡，天公作美，風和日麗。於是便有人說：「祭壇上夜有光亮對映，晝有白雲飛出，這一定是神靈的顯示。」《漢書・郊祀志》中記載漢武帝泰山封禪的經過：

四月，還至奉高。上念諸儒及方士言封禪人殊，不經，難施行。天

子至梁父，禮祠地主。至乙卯，令侍中儒者皮弁縉紳，射牛行事。封泰山下東方，如郊祠泰一之禮。封廣丈二尺，高九尺，其下則有玉牒書，書祕。禮畢，天子獨與侍中奉車子侯上泰山，亦有封。其事皆禁。明日，下陰道。丙辰，禪泰山下止東北肅然山，如祭后土禮。天子皆親拜見，衣上黃而盡用樂焉。江、淮間一茅三脊為神藉。五色土益雜封。縱遠方奇獸飛禽及白雉諸物，頗以加祠。兕牛、象、犀之屬不用。皆至泰山，然後去。封禪祠，其夜若有光，晝有白雲出封中。

從這一段記事中，我們得知：祭祀泰山，有「射牛行事」；「衣上黃而盡用樂」，以「江淮間一茅三脊為神藉」；用「五色土益雜封」；「縱遠方奇獸飛禽及白雉」。

封禪禮的成功，使漢武帝十分高興。這意味著他已經正式受命於天，天對大漢天子所報的功德是滿意的。於是，漢武帝返回奉高，坐在明堂上，接受群臣的祝賀。

漢武帝對群臣說：「在祭祀泰一神時，好像有吉祥的光彩，連綿在望。朕深深地為出現的奇異的景象所震驚，但卻不敢中途停止下來。於是登上泰山祭祀天神，至梁父又至肅然山祭祀地神。自此以後要有一個新的開端，以期與大夫們共勉。」

說完又下令，賞賜百姓每百戶一頭牛，十石酒，對80歲以上的老人、孤兒、寡婦，再加布帛二匹。除此之外還免除博縣、奉高、蛇丘、歷城四縣的徭役和當年的租稅及往年欠下的租稅。大赦天下，並賜天下有爵者一律擢升一級。

接著又下詔書，宣布以後每五年巡遊一次，至泰山舉行封禪大典。各諸侯國都要在泰山腳下修建府第，作為朝會時的住所。由於這一年舉行封禪的大典，下詔從十月起，改年號為元封元年。

封禪大典完成之後，方士們又在一旁說道：「舉行封禪大典時，天晴

日朗，這是吉兆，蓬萊仙島上的神仙們看來是可以請到的。」

漢武帝本來就對求仙心切，於是又一次興高采烈地來到海邊，盼望能遇到神仙。可是卻沒有看見神仙，因此又準備要親自出海去尋找蓬萊仙島。可是這樣的想法遭到了群臣勸阻，但他依然固執己見。

這時東方朔會奏道：「與神仙相遇，要出於自然，不能急躁強求。果真有緣，不怕遇不到；如果無緣，縱然到了蓬萊山，見到神仙也沒有什麼好處。臣以為陛下可先回宮中，安靜等待，神仙自會降臨。」

東方朔的一番話終於讓漢武帝取消了親自出海的計畫。正巧奉車都尉霍子侯突然暴病而死。霍子侯是霍去病的兒子。漢武帝非常難過，於是起駕離去，沿海岸北上至碣石，自遼西巡視北部邊疆到九原，五月回到甘泉宮。此次東巡封禪，歷時兩個多月，行程 18000 餘里。

漢武帝舉行封禪大禮，雖然出於方士的迷信宣傳和自己想成仙不老，但這種具有神祕性和宗教色彩的隆重典禮，也神化了「受命於天」的人間帝王的統治地位，對加強封建專制主義中央集權，發揮了很大作用。

邊疆拓展與定邊政策

大行令王恢向漢武帝進言：「戰國初年，代國雖小，北有強胡的侵擾，南有中原大國的威脅，君臣尚能同仇敵愾，奮勇抗擊外侵；匈奴雖強，也不敢輕易侵擾代國。如今大漢強盛，海內一統，陛下威名遠颺，然而匈奴卻侵擾不止，每次與漢和親，不過數年即違背約定，正是因為沒有堅決抗擊的緣故！」

御史大夫韓安國則認為，到千里之外不屬於自己的土地上作戰難以取得勝利，就如強弩之末不能穿魯縞一樣，主張與匈奴和親，不可輕率出兵。

雙方唇槍舌劍，各不相讓。漢武帝最終採納王恢的建議，準備設計伏擊匈奴。

‖ 匈奴戰爭的決定性勝利 ‖

西元前 3 世紀前後，當中原七國為爭霸權而鬥得你死我活、暗無天日的時候，北方大漠南北活躍著一個強大的游牧民族，那就是匈奴。他們倚仗著好騎善射的特點，不斷給秦、漢王朝以巨大的威脅，嚴重破壞和影響了中原封建社會經濟的發展。

在漢朝建國之初，由於國力衰弱，無力與匈奴進行抗爭，因此，不得不實行和親政策，選漢家女子嫁給匈奴單于為閼氏，贈匈奴千金。而且每年還要奉送大量的絲織品、酒、米等。

此外，漢朝還被迫開放「關市」，允許匈奴和漢朝通商。這些舉措無

疑給漢朝帶來了巨大的損失。可是仍不能滿足匈奴奴隸主貴族的貪慾，無法換取北方的安寧和人民生命財產的保障。

野蠻的匈奴騎兵，所到之處，蹂躪莊稼，劫奪財產，殺掠吏民，抄掠人口，把大批漢人擄為奴隸。直到漢武帝即位，匈奴騎兵仍是寇盜不止，和親政策並沒有收到實際效果。

元光二年，也就是西元前 133 年，馬邑地方有個大商人聶一來找官居大行令的王恢，說：「匈奴在邊界經常侵犯，總是一個禍根。現在趁剛跟他們和親的機會，把匈奴引進來，我們來一個伏擊，準能打個大勝仗。」

王恢問他：「你有什麼辦法能把匈奴引進來？」

聶一說：「我經常在邊界上做買賣，匈奴人都認識我。我可以借做買賣的因頭，假裝把馬邑獻給單于。單于貪圖馬邑的貨物，一定會來。我們把大軍埋伏在附近地方，只要等單于一到馬邑，將軍就可以截斷他們的後路，活捉單于。」

於是，王恢便把聶一的主意奏告給漢武帝，漢武帝為此詔命群臣商議。王恢原本是燕國人，邊吏出身，他對匈奴情況也十分熟悉，在商議中他向漢武帝進言：「戰國初年，代國雖小，北有強胡的侵擾，南有中原大國的威脅，君臣尚能同仇敵愾，奮勇抗擊外侵；匈奴雖強，也不敢輕易侵擾代國。如今大漢強盛，海內一統，陛下威名遠颺，然而匈奴卻侵擾不止，每次與漢和親，不過數年即違背約定，正是因為沒有堅決抗擊的緣故！」

御史大夫韓安國則認為，到千里之外不屬於自己的土地上作戰難以取得勝利，就如強弩之末不能穿魯縞一樣，主張與匈奴和親，不可輕率出兵。雙方唇槍舌劍，各不相讓。漢武帝最終採納王恢的建議，準備設

計伏擊匈奴。年輕的漢武帝不能容忍匈奴貴族在他當政時繼續為非作歹，不能允許這些屈辱的政策再繼續執行下去。他要用武力把匈奴的囂張氣焰壓下去，把匈奴侵略者遠遠地趕出去。

元光二年，也就是西元前 133 年六月，漢武帝派遣精兵 30 萬，命護軍將軍韓安國、驍騎將軍李廣、輕車將軍公孫賀率主力部隊埋伏在馬邑附近的山谷中。將屯將軍王恢與材官將軍李息率 3 萬多人出代郡，準備從側翼襲擊匈奴的輜重並斷其退路，一舉全殲匈奴主力。漢武帝同時派遣商人聶一前往匈奴誘敵。

聶一進入匈奴境內，欺騙軍臣單于說：「我有手下數百人，能斬殺馬邑縣令，讓全城百姓投降大王，大王可盡得全城財物。但大王一定要派大軍前來接應，以防漢兵。」

單于貪圖馬邑城的財物，因此，他聽後十分高興，對此也深信不疑，並且親率 10 萬大軍進入武州塞。聶一回到馬邑與縣令密謀，殺死一名囚犯，割下首級懸掛在城門之上，偽裝為縣令頭顱，叫人報告匈奴單于說：「馬邑長吏已被我斬首，請大王快派兵來！」

單于得到使者的報告後，率領大軍向馬邑方向進軍。大軍來到距馬邑百餘里的地方，發現沿途有牲畜，卻無人放牧，引起了軍臣單于的懷疑。他冷靜下來，心想可能有詐，派兵攻擊附近一個亭障，俘獲了一個雁門尉史。

在威脅下，尉史將漢軍的計謀全部說出。軍臣單于聽後大驚之後繼而大喜，說道：「我得到尉史不上漢天子的當，真是上天所賜。」於是封尉史為「天王」，並且立即下令撤軍。

這時，王恢、李息率領的 3 萬大軍已出代郡，準備襲擊匈奴的輜重，在得知匈奴退兵後，非常驚奇。王恢自思自己的軍隊敵不過匈奴大

軍只好退兵。韓安國等率領大軍分駐馬邑境內埋伏，但好幾天不見動靜，所以就改變了原先的作戰方案，率軍出擊，結果一無所獲。

馬邑設伏誘敵失敗，漢武帝把怒氣發洩在王恢身上，說：「即使不能生擒匈奴單于，王恢也應該擊其輜重，這樣還能安天下之心，鼓士卒志氣，如何能一無所為？不殺王恢，無以謝天下！」

王恢聽說武帝大怒，自殺身亡。從此之後，匈奴便拒絕與西漢朝和親，在邊境攔路劫掠，或者出兵四處襲擊漢朝邊郡，以報復馬邑的設伏，數量多的數不過來。漢武帝怒不可遏，決心進行大舉反擊。

元光六年，也就是西元前 129 年，匈奴興兵南下直指上谷。漢武帝任命衛青為車騎將軍，率領一萬騎兵，出上谷，迎擊匈奴；太中大夫公孫敖為騎將軍，出代郡；太僕公孫賀為輕車將軍，出雲中；衛尉李廣為驍騎將軍，出雁門，各率騎兵一萬，攻擊在邊境關市貿易的匈奴人。

匈奴見漢軍輕敵，兵力分散，就採取放開兩邊，集中力量圍殲中間兩路的策略。公孫敖與匈奴主力接戰，被擊敗，損失了 7 千騎兵；李廣在雁門北被匈奴重兵包圍，負傷被擒，在被押送的途中奪馬逃歸，險些全軍覆沒。西出雲中的公孫賀，一路上連個匈奴兵的影子都沒見到。聽說中間兩路兵敗，害怕匈奴回兵包圍，急忙退回境內。

只有東路的衛青，因匈奴的主力都集中在代郡、雁門一線，得以乘虛而入，直搗匈奴祭天和大會諸部的首府龍城，殺俘 700 多人，凱旋而返。

從整個戰局來看，是匈奴奪得了勝利。李廣、公孫賀的損失嚴重，按罪當斬，漢武帝允許他們納金贖為庶人。只有衛青一路獲勝，顯露出了傑出的軍事才能，武帝封他為關內侯。龍城之戰是自漢初以來對戰匈奴的首次勝利，為以後漢朝的進一步反擊打下了良好的人心基礎。

　　元朔元年，也就是西元前 128 年，匈奴鐵騎萬人掠遼西，殺遼西太守；侵擾到漁陽，韓安國幾乎全軍覆沒；到雁門，殺掠千餘人。武帝派衛青率騎 3 萬出雁門，領 3 萬騎兵，長驅而進斬首虜數千人；復召李廣為右北平太守。李廣逃回時，曾奪弓射殺追騎，百發百中，匈奴敬畏，稱他「飛將軍」，因此幾年不敢南侵右北平。

　　元朔二年，也就是西元前 127 年，漢武帝決心奪取河南。而這時的匈奴大舉入侵上谷、漁陽，先攻破遼西，殺死了遼西太守，又打敗漁陽守將韓安國，劫掠百姓 2000 多人。

　　漢武帝改變過去的那種匈奴在哪裡入侵，就到哪裡援救、迎擊的辦法，採用聲東擊西的戰術，命令衛青、李息率數萬騎兵先向東北方向發進，拉出援救上谷、漁陽的架勢，然後北上出雲中郡，再突然西向，奪取河南。衛青受命後，便依計行事。

　　匈奴人見漢軍已經向東進軍，以為一定是來解上谷、漁陽的圍困，趕忙調集軍隊，準備迎擊漢軍。可衛青出雲中後，卻來不及顧及上谷、漁陽，沿黃河西進，潛行千餘里，突然襲取了要塞高闕，切斷了西部河南地區匈奴的退路。緊接著衛青又揮軍沿黃河折而南下，直達隴西，出現在匈奴的側後方。

　　屯居河南地區的匈奴樓煩王、白羊王萬萬沒有想到漢軍會從北面、西面殺過來，措手不及，連忙率部渡黃河逃命。衛青和李息指揮部隊乘勢掩殺，殲敵數千人，獲牛羊百餘萬頭，收復了被匈奴占領了 80 餘年的河南地區。

　　河南地區的收復，終於扭轉了漢朝對匈奴作戰的不利形勢，不僅解除了匈奴對長安的威脅，而且相當於在匈奴的肋部插了一把尖刀，因為從這裡可以直接向匈奴腹地進攻，為一舉殲擊匈奴創造了有利條件。從

這以後，漢、匈戰爭進入了漢對匈奴大舉進攻的階段。

當時擔任郎中的主父偃向漢武帝建議，在這一大片豐饒的地區設定郡縣。這樣，軍事上可以抵禦匈奴，經濟上可以轉輸漕糧。漢武帝把這個建議交給公卿們討論，公卿們都說不行，怕匈奴騎兵再來搗亂。

漢武帝非常了解主父偃這個建議的深遠意義，果斷地批准這一建議，在河套地區設定了朔方郡，並且命令蘇建徵集 10 萬人建造朔方城，然後修復了秦始皇時蒙恬沿黃河所築的長城要塞。這是兩項極為艱鉅的國防工程，耗費了無數的資金，國庫因此而變得空虛了，勞動人民付出了血汗的代價。

但這兩項工程的完成，解除了匈奴騎兵對長安的直接威脅，也建立起了進一步反擊匈奴的前方基地。此仗漢軍全甲兵而還，衛青立了大功，被封為長平侯，食邑 3800 戶。蘇建、張次公以校尉從衛將軍有功，封平陵侯、岸頭侯。從此，黃河以南防務鞏固，京城長安確保無虞，奠定了漢朝主動出擊匈奴的基礎，漢朝從被動轉入主動。

元朔三年，也就是西元前 126 年冬，匈奴軍臣單于病死，軍臣單于一死，匈奴內部發生了激烈的爭奪。軍臣單于的太子理應繼承王位，可是軍臣單于的弟弟左谷蠡王伊稚斜垂涎單于多年，倚仗他強大的軍事力量，便自立為單于。

太子單于不等他叔叔奪去王位，便與其展開了戰爭。可是因力量薄弱，被伊稚斜打得逃往中原，投降了漢朝。漢武帝封他為涉安侯。可是於單不習慣中原的生活，幾個月之後便鬱悶而亡了。於是，伊稚斜便正式做了匈奴的單于。

在這期間，漢朝也發生了重大的變化。漢武帝的母親王太后去世，漢武帝對他的母親十分敬重，因此出於孝禮，他決定在兩年之內不動用

軍隊。這樣，漢與匈奴之間的戰爭就停了下來，從此進入一個相持和平時期。為了報復河南的戰敗，匈奴對漢朝邊郡攻掠更加頻繁。

元朔四年，也就是西元前 125 年，匈奴又使各三萬騎攻入代郡、定襄、上郡。元朔五年，也就是西元前 124 春，朝廷命令車騎將軍衛青率領三萬騎兵，從高闕出兵；命令衛尉蘇建做游擊將軍，左內史李沮當強弩將軍，太僕公孫賀當騎將軍，代國之相李蔡當輕車將軍，他們都隸屬車騎將軍衛青，一同從朔方出兵。

朝廷又命令大行李息、岸頭侯張次公為將軍，從右北平出兵，他們全都去攻打匈奴。匈奴右賢王正對著衛青等人的大軍，以為漢朝軍隊不能到達這裡，便喝起酒來。

晚上，漢軍到了，包圍了右賢王；右賢王大驚不已，連夜同他的一個愛妾和幾百個精壯的騎兵，急馳突圍，向北而去。輕型甲兵校尉郭成等追趕了幾百里，沒有追上。漢軍俘虜右賢王的小王 10 餘人，男女 1.5 萬餘人，牲畜達千百萬頭。

衛青功高，拜為大將軍，加封食邑 8700 戶，所有將領歸他指揮。衛青的三個兒子被漢武帝封為列侯。長子衛伉為宜春侯，次子衛無疑為陰安侯，幼子衛登為發干侯，均食邑 1300 戶。

衛青謙讓著說：「出師大勝，都是諸將的功勞。」於是，漢武帝遍封賞了隨從衛青作戰的公孫敖、韓說、公孫賀、李蔡、李朔、趙不虞、公孫戎奴、李沮、李息、豆如意等將士。

正當漢朝君臣為獲得大勝而彈冠相慶的時候，匈奴統治者卻跌入了失敗的深淵中。他們不僅沒有從漢朝撈到便宜可賺，反而被漢軍打得一敗塗地，連牛羊也被漢軍順手奪去了。他們檢點損失，越想越忍不下這口氣，於是又向漢朝發動了猛烈的進攻。這年秋天，意圖報復的匈奴人

又入侵漢朝邊界，在代郡殺死都尉朱英，俘虜漢人 1000 多人。

元朔六年，也就是西元前 123 年春、夏，漢武帝命衛青為大將軍先後兩次率領 10 萬騎兵出擊匈奴，結果殲滅匈奴軍過萬。二月，以公孫敖為中將軍，公孫賀為左將軍，趙信為前將軍，蘇建為右將軍，李廣為後將軍，李沮為強弩將軍，分領六路大軍，統歸大將軍衛青指揮，浩浩蕩蕩，從定襄出發，北進數百里。

戰後全軍返回定襄休整，一個月後再次出塞，斬獲匈奴軍 1 萬多人。但漢軍也損失 3000 餘騎，翕侯趙信兵敗投降匈奴。趙信本是降漢的匈奴小王，降匈奴後，被封為自次王，為伊稚斜單于出謀劃策。伊稚斜採用趙信計策將王庭遷到漠北，引漢軍深入，以逸待勞。

衛青的外甥，17 歲的霍去病被漢武帝任命為驃姚校尉隨衛青擊匈奴於漠南，帶領 800 輕型甲兵長驅數百里，俘虜匈奴單于的叔父和國相，斬單于的祖父等 2028 人，其中包括相國、當戶的官員，同時也斬單于於大父行籍若侯產，並且俘虜了單于的叔父羅姑比，勇冠全軍，以 1600 戶受封冠軍侯，因此很受武帝重用。

元狩二年，也就是西元前 121 年，漢武帝任命 19 歲的霍去病為驃騎將軍。於春、夏兩次率兵出擊占據河西地區渾邪王、休屠王部，殲敵軍 4 萬餘人。俘虜匈奴王 5 人及王母、單于閼氏、王子、相國、將軍等 120 多人，同年秋，奉命迎接率眾降漢的匈奴渾邪王，在部分降眾變亂的緊急關頭，率部馳入匈奴軍中，斬殺變亂者，穩定了局勢，渾邪王得以率 4 萬餘眾歸漢。從此，漢朝控制了河西地區，為打通了西域道路奠定基礎。匈奴為此悲歌：

失我祁連山，使我六畜不蕃息；
失我焉支山，使我嫁婦無顏色。

元狩四年，也就是西元前 119 年春，漢武帝命衛青、霍去病各率騎兵 5 萬，「步兵轉折踵軍數十萬」分別出定襄和代郡，深入漠北，尋殲匈奴主力。

漢軍原計劃由霍去病先選精兵攻擊單于主力，衛青打擊左賢王。後從俘獲的匈奴兵口中得知伊稚斜單于在東方，兩軍對調出塞線路，霍去病東出代郡，衛青西出定襄。

霍去病率軍北進 2000 多里，越過了離侯山，渡過弓閭河，與匈奴左賢王部接戰，共殲了敵軍 70400 人，俘虜匈奴屯頭王、韓王等 3 人及將軍、相國、當戶、都尉等 83 人，乘勝追殺至狼居胥山，在狼居胥山舉行了祭天封禮，在姑衍山舉行了祭地禪禮，兵鋒一直逼至瀚海。

經過這次戰爭，匈奴被漢軍在漠南盪滌，匈奴單于逃到漠北，「匈奴遠遁，而漠南無王庭」。他和衛青發起的對匈奴的進攻性戰爭，改變了漢朝長此在對匈奴戰爭中的守勢狀態，一舉打敗匈奴。從而長久地保障了西漢北方長城一帶，也就是在漠南地區的邊境安全，此戰為漢朝進擊匈奴最遠的一次。

而衛青大軍出塞 1000 多里，卻與匈奴單于主力遭遇。衛青命前將軍李廣和右將軍趙食其兩軍合併，從右翼進行包抄。自率左將軍公孫賀、後將軍曹襄從正面對抗單于主力。

衛青下令讓武剛車排成環形營壘，又命 5000 騎兵縱馬奔馳，抵擋匈奴。匈奴也有大約一萬騎兵奔馳而來。恰巧太陽將落，颳起大風，沙石刮到了人們的臉上，雙方軍隊都無法看清對方，漢軍又命左右兩翼急馳向前，包抄單于。

單于看到漢朝軍隊很多，而且戰士和戰馬還很強大，倘若交戰起來，對匈奴肯定不利。因此，在傍晚時單于就乘著 6 頭騾子拉的車子，

與大約幾百名壯健的騎兵，直接衝開漢軍包圍圈，向西北奔馳而去。

這時，已近黃昏，漢朝軍隊和匈奴相互扭打，殺傷人數大致相同。漢軍左校尉捕到匈奴俘虜，說單于在天沒有黑的時候就離開了，於是漢軍派出輕型甲兵兵連夜追擊，大將軍的軍隊也跟隨其後。

匈奴的兵士四散奔逃。直到天快亮的時候，漢軍已經走了200餘里，沒有追到單于，俘獲和斬殺敵兵19000餘人，到達了寘顏山趙信城，獲得匈奴積存的糧食以供軍隊食用。漢軍留住一日而回，把城中剩餘的糧食全部燒掉才歸來。大軍回營時才遇到迷路失期未來支持的李廣趙食其部。

「飛將軍」李廣在戰鬥中卻十分不利。在漫無邊際的沙漠中行軍，由於沒有找到嚮導，以致迷失了道路，沒有跟上衛青的大部隊，失去了戰機。

衛青回營，把李廣叫到軍營裡來，嚴厲責問：「為何失期？！」

李廣說：「校尉、將領們無罪，是我迷了路，責任在我。」漢朝法律規定，戰鬥中失期當斬。李廣深知問題嚴重，悲憤地對部下說：「我自結髮以來，與匈奴大小70餘戰。這次從大將軍與匈奴作戰，可惜迷失了道路，豈不是天命？我李廣已60多歲了，我不能再受刀筆之吏的審訊。」說罷，引刀自刎而死。

李廣不僅作戰勇敢，善於騎射，而且每發必中，為人廉潔。他當二千石大官前後40年，家無餘財，所得賞賜都分給部下。他對待士卒如同子弟，在大漠中用兵，士卒飢渴到極點，每見到水源，便擁向前爭水喝，李廣不等士卒喝夠，決不走近水邊；不等士卒吃飽，決不吃飯，因此深得士卒熱愛。

士卒聽說李廣自刎，全軍上下都泣不成聲。百姓聽說李廣死了，老

老小小都淚流滿面。

「飛將軍」李廣，用他悲壯的一生，為漢朝抗擊匈奴戰爭譜寫了一曲感天動地的頌歌。

霍去病在這次戰爭中，依然是天之驕子。他率領士卒，出代郡 2000 餘里，沒有攜帶輜重，只帶很少的糧食，以極快的速度行軍，深入匈奴內部與左賢王交戰。他的騎兵來去無蹤，經常用奇襲突擊匈奴兵，生擒匈奴屯頭王、韓王等 3 人，活捉匈奴將軍、相國、當戶、都尉等 83 人，前後殲敵 7 萬多人，一直打到狼居胥山。

在那裡，霍去病代表漢王朝舉行了封禪禮。他英姿勃勃登上高山，眺望茫茫大漠，慶祝漢軍的勝利。漠北大決戰，匈奴的主力受到了毀滅性地打擊，將士被殺俘八九萬之多，經濟也受了嚴重破壞，元氣大喪，匈奴勢力不得不再次北徙，終於造成了漠南無王庭的局面。還幾次派使者到長安，希望同漢朝和親，直到太初二年，也就是西元前 103 年，17 年間雙方沒有發生戰爭。

同時，漢朝的勝利也代表著西漢王朝則重新占據了朔方以西直至張掖、居延澤之間的大片土地，從軍事上為漢開通西域提供了保障。從此之後，漢匈戰爭的重點由中原北部轉向對西域爭奪。匈奴在此後相當長的一段時間內再無力組織對中原的大規模入侵。至此大漢建國以來危害北部郡縣安定的匈奴問題基本得以解決。

而當漢武帝得到霍去病等人的捷報時，非常振奮，再次下詔表彰，他設定武功爵，以籌集軍費。漢武帝為表彰衛青、霍去病的戰功，特加封他們為大司馬，但霍去病的戰績遠遠超過衛青。所以，武帝對衛青不再另外封賞，部將中也沒人晉爵封侯。而對霍去病則恩寵益盛，加封食邑 5800 戶，令秩祿與大將軍衛青相等。

對霍去病的部將也特別賞賜，封右北平郡太守路博德為邳離侯，衛山為義陽侯，復陸支為杜侯，伊即軒為眾利侯。從驃侯趙破奴加封食邑300戶。

李廣的兒子校尉李敢賜爵關內侯，封食邑200戶。軍中的下級官吏和有功士兵也都賜武功爵。霍去病所受的恩寵大大超過了他的舅舅大將軍衛青。霍去病雖然職位高升得到了皇帝的恩寵，但他卻不追求個人的安樂，立志獻身國家。

漢武帝非常喜歡這個沉默寡言、敢衝敢打的青年將軍，曾想教他學吳起、孫武兵法，霍去病說：「看作戰的方略如何，又何必拘泥於古代兵法呢？」

武帝為他造了一座華美的府第，讓霍去病去看看，霍去病回答說：「匈奴不滅，何以家為也？」

武帝因此更加重視和喜歡這個以國家為己任的青年將軍。霍去病也有他的缺點，他自幼顯貴，不知民間疾苦，也不像李廣那樣愛護士卒。武帝在霍去病出征時，曾送了好幾十車好吃的東西給他。

回來時，吃剩下來的好肉、好米都腐臭了，只好拋棄掉，而當時軍中士卒每每有吃不飽的。在塞外作戰，士兵吃不飽，餓得走不動路，霍去病絲毫也不知愛惜，一個人玩他的「蹴鞠」遊戲。雖然霍去病有這些毛病，但他在抵抗匈奴的戰爭中立下了豐功偉業，還是值得表彰的。

元狩六年，也就是西元前117年，霍去病因疾病去世。武帝對他的早逝十分傷心，下令讓匈奴渾邪王降部的匈奴人全部身穿黑甲為他致哀。送葬的行列，把他從長安城一直護送到茂陵東側的霍去病墓地。武帝為他建立了象徵祁連山的大墓，紀念他擊敗匈奴的戰功。

漢武帝元狩四年，也就是西元前119年，衛青、霍去病大敗匈奴

後，匈奴元氣大傷，不得不遠途逃遁，從此漠南無王庭。而大漢朝廷也因連年戰爭耗盡了資財，戰馬損失無數，無力繼續進行遠征。所以，此後，漢匈雙方十餘年無戰事，往來使者穿梭不停，進入了所謂的「和漢」時期。但雙方和議終無結果。

然而，就在農民起義軍反抗西漢王朝剝削壓迫的同時，匈奴貴族也開始驕橫起來了。伊稚斜單于採用趙信給他提出的意見，一方面繼續向西漢王朝假意表示求和，另一方面又不斷侵擾漢邊境，隨時準備挑起新的戰爭。元狩六年，也就是西元前 117 年遣使者到漢朝請求和親。

此時，由於西漢王朝實力的相對下降，漢武帝對匈奴的陰謀也缺乏足夠的認識，放鬆防範措施，而且又用將不當，導致了對匈奴新的戰爭的一系列失利。

元鼎三年，也就是西元前 114 年，伊稚斜單于去世之後，他的兒子烏維單于立為王。元封元年，也就是西元前 110 年十月，漢武帝封禪前巡視朔方，勒兵 11 萬騎，旌旗千餘里，實際上是一次大規模軍事演習示威行動。緊接著又採取外交行動，派遣郭吉出使匈奴，示意烏維單于向漢稱臣，烏維大怒不已，扣留了郭吉。但烏維自己知道自己的兵馬弱，很少寇邊，只是在漠北休養士馬，練習射獵，並屢次派使者到長安好言相告，要求和親。

漢武帝也多次派使者與匈奴往來和議。元封四年，也就是西元前 107 年夏，漢武帝派王烏到匈奴摸情況，王烏尊重匈奴風俗得見烏維單于，烏維假惺惺表示要派太子入質於漢，以結和親。而後，漢武帝派楊信作為正式使者去談判。

烏維在穹廬外接見楊信，楊信提出：將上次非正式協定確定下來。烏維覺得後悔，說這不符合傳統的和親。談判因此失敗。漢武帝再派王

烏出使匈奴，烏維想多得財物，就哄騙王烏說：「吾欲入見漢天子，當面結為兄弟。」

王烏回到都城，把消息報告給漢武帝，漢武帝信以為真，在長安為烏維修建官邸。可是不曾想，烏維卻又提出要漢派高級使者到匈奴，同時派匈奴貴人到漢朝。匈奴貴人病，服藥無效而死。

武帝派路充國佩二千石印綬，帶數千金護送其喪。烏維誤會漢朝殺了他的使者，扣留路充國。於是和議中斷，烏維單于不斷製造邊境事件。於是，漢武帝便派郭昌為拔胡將軍，會同浞野侯趙破奴屯兵朔方以東，加強邊備。

當漢武帝太初年間，匈奴經歷詹師廬、句黎湖、且鞮侯三代單于。這一時期匈奴內亂，上層多變動，五年中，換了三次單于。這時的漢朝國內已經無大事，東、南、西三面開土斥境的軍事行動也大都結束。

元封六年，也就是西元前 105 年，烏維單于去世之後，他的兒子詹師廬立為王，年齡小，號為兒單于。此後，匈奴愈加遠離東部，向西北遷移，左方兵在雲中郡正北，右方兵在酒泉、敦煌正北。雙方互相扣留使節。

詹師廬年輕氣盛，喜好殺戮征伐，使得國內動盪不安，內部矛盾加深。左大都尉想殺單于，便派人暗中報告漢朝，他準備降漢。太初元年，也就是西元前 104 年夏，武帝派因將軍公孫敖在五原郡北長城外築受降城，準備接納來降匈奴，再派趙破奴將二萬騎出朔方，向西北行軍2000 餘里，抵達匈奴障蔽浚稽山。

這時，詹師廬覺察到左大都尉計謀，殺左大都尉，發左方兵迎擊趙破奴。趙破奴捕獲匈奴數千人後立即退兵，在距受降城北四百里的地方被匈奴八萬騎追上圍住。趙破奴被生擒，2 萬漢騎全部覆沒。詹師廬大

喜，派騎兵攻受降城，劫掠漢邊而去。到這時，元鼎、元封間的和議徹底破裂，邊疆上的挑釁又開始了。

太初三年，也就是西元前 102 年，詹師廬去世了，匈奴立烏維單于弟右賢王句黎湖為單于。漢武帝針對匈奴左右兩翼，相應修築邊防設施，加強警戒，派光祿勳徐自為出五原郡榆林塞外，西北走向到盧朐一線築城、障、列亭，游擊將軍韓說、長平侯衛伉屯兵其間，又派路博德在居延澤築軍事設施。

這些邊防設施在阻遏匈奴南下方面顯示了潛在的力量，匈奴一心想破除它。這年秋天，匈奴全力大肆擾掠定襄、雲中，殺掠上千餘人，沿途搗毀漢所築城、障、列亭。右賢王攻略酒泉、張掖，擄略數千人，被漢軍正任文救回。當時韓廷大臣都主張專力攻擊匈奴，漢武帝正一心西顧征伐大宛，邊境糾紛才沒擴大。

正好句黎湖死，繼立的左大都尉且鞮侯單于怕漢朝趁他統治未穩時出襲，主動表示尊崇漢朝。天漢元年，也就是西元前 100 年三月，把元封四年烏維單于扣留的路充國等送回漢朝。

太初四年，也就是西元前 101 年，大宛降服後，漢武帝原打算乘伐宛的餘威，繼續解決匈奴問題，因且鞮侯尊服，才改變主意。天漢元年春，武帝組成中郎將蘇武、副中郎將張勝、假吏常惠等募士、斥候百餘人的大型使團。

蘇武字子卿，是杜陵人，將軍蘇建的二兒子。年輕的時候擔任郎官。後擔任中廄監，負責管理御馬。在蘇建的三個兒子中，他是最有節操和才乾的一個。一直被同僚所稱讚，也頗受漢武帝的賞識。

天漢元年，也就是西元前 100 年初，在一個春寒料峭的日子裡，長安城門旌旗飄揚，萬頭鑽動，原來蘇武將作為漢使率百多人前往匈奴，

而城門中皇帝一行人正準備為他們送行。

到了城門，蘇武等翻身下馬，向送行的人拱手致謝，御史大夫杜周舉杯，代表皇帝向他敬酒，蘇武接過一飲而盡。

「謝聖上。」

「聖上祝你們一路平安，你們要很好完成朝廷使命，要讓匈奴知道大漢天子的威力。」

蘇武忙朝皇宮方向拱手道：「請聖上放心，蘇武是大漢使臣，決不辱使命。」說完，蘇武便騎上馬向送行的老母、妻兒、同僚、親友道別，帶領使團踏上了去往塞北的征程。

40 歲剛剛出頭的蘇武，騎著一匹雪練似的高頭駿馬，手持旌節，神色凝重，走在隊伍的前頭。那根旌節，以 9 節之竹為柄，長 8 尺，頂端系索，索上垂掛三重白色旄牛尾為飾，它是使者節操和信守的象徵，蘇武把它看得比生命還重要。

對於這次出使匈奴，蘇武深知任重事險。漢、匈兩國交惡多年，互相仇殺，結怨甚深。何況匈奴人一向狡詐，且鞮侯單于的真正意圖究竟是什麼，還很難猜測。一路上，蘇武想到了種種方案，以期圓滿完成使命。至於他個人的安危，倒很少考慮。

蘇武一行經過近一個月的長途跋涉，到達了匈奴王庭。蘇武拜見且鞮侯單于，遞交了武帝表示願意釋放匈奴使者的名單，彬彬有禮，不卑不亢，並且贈送了禮品，說：「這是我大漢天子向貴邦贈的禮物。」

單于看是一匹匹的錦緞絲綢和黃金，頓時眉開眼笑、面現狂色，他哈哈大笑，轉過頭對左右說：「這是漢王朝給我敬獻的禮物，哈哈……」

蘇武見單于的狂相，心中甚為反感，但想到他的使命，還是不亢不卑地說：「大漢願與貴邦結為友好，互通商貿，大王給天子的使函大王自

稱是小輩，對此，天子很讚賞。」

「哈哈哈……」單于又是一陣大笑，「是小輩嗎？以後還要請天子老兒多加指教。」

蘇武聽了立即沉下臉來：「請大王自重。」

「自重，我們匈奴是小輩嗎？我們原來也在中原生活，是你們大漢把我們趕到西域來的，總有一天我們還要打回去。」

蘇武聽了嚴正地回駁：「大王，我漢朝是在祖先給我們留下的疆域裡生活，從炎黃與蚩尤戰於涿鹿，到秦始皇統一六國，再到當朝天子西征，我們都在自己的家園裡生活，我們趕走的是豺狼……」

「住口！你把誰比作豺狼了？」

「再重申一遍，我們把侵犯我們的漠北，偷襲我們的西疆的豺狼趕走了。」

「那是你們的地盤嗎？」

「有萬里長城為證。」

「萬里長城……」單于不屑地說，「早晚我要把它全拆了。」蘇武嚴肅地說：「萬里長城可拆，但大漢民族用脊樑築成的長城你可拆不了。」

「萬里長城拆得了拆不了，不是誰說了算，以後我們走著瞧……不過你這個來使還是很厲害的，欽佩，欽佩，怨話歸怨話，交往還得交往，擺宴，給漢使接風。」單于被這個使節鎮住了。

「是。」單于在庭外擺上了酒宴，單于偕閼氏坐在上座，左右兩排的宴幾，右邊是他的重臣，左排是蘇武、張勝、惠常等大漢使臣。單于舉杯謝漢使送了厚禮，作為回贈，他向漢使送了酥油奶茶。蘇武起身施禮道：「漢使蘇武代漢朝廷謝過大王。」蘇武等在匈奴住了一些日子，且鞮侯單于正準備將漢使遣還，想不到卻發生了一起意外的事件，使蘇武等

人的命運發生了急遽的變化。

前漢朝有個使者叫衛律，本是匈奴人的後代，是協律都尉李延年的好友，在李延年的舉薦下，武帝派他出使匈奴。後來，李延年因罪下獄。正在匈奴的衛律，怕回國受到牽連，便投降了匈奴。

衛律熟稔漢王朝的內情，又多謀略，正是匈奴侵漢最需要的人。衛律的從人虞常，被迫隨降，內心仍然忠於漢朝，總想尋找機會逃歸。此時，漢將緱王在隨趙破奴時被俘，送到匈奴王庭。

緱王是原匈奴昆邪王姐姐的兒子，隨渾邪王一同降漢。儘管他是匈奴人，也有歸漢的心。虞常、緱王兩人成為知己，密謀殺衛律，而且準備劫持單于的母親，一同歸漢，得到了蘇武使團中的副使張勝的支持。

過了一個多月，單于出去射獵，只有閼氏和單于的子弟等人在家。

虞常等 70 多人便想趁這個機會起事。誰知有人逃出告密，單于的子弟立即發兵捉拿。緱王等人戰死，虞常被擒。單于得知王庭有變，火速趕回，派遣衛律審問追查。

張勝聽說虞常、緱王起事失敗，心中恐懼，不得已將內情報告了蘇武。蘇武說：「事情已經到了這一步，一旦虞常供出你來，勢必會連及到我，我身為漢使，受匈奴之刑而死，就是對大漢國的侮辱，不如自殺而死，以維護國家的尊嚴。」說完，便要抽刀自刎。

張勝、常惠急忙攔住，企圖僥倖。果然不出蘇武所料，虞常熬不住重刑，供出了張勝。單于大怒，要殺掉漢朝的使臣。

左伊秩訾勸阻說：「這樣的處罰太重，不如饒他們一死，迫令他們投降，可使漢朝難堪，又可以讓他們為我們出力。豈不一舉兩得？」單于認為不無道理，便命衛律把蘇武等人叫來，傳達了召降的意思。

蘇武聽了，大義凜然地說道：「我是大漢的使臣，若是屈節辱命，即

或是能夠苟且偷生，又有何面目復歸於漢？」這既是對衛律的回答，又是對同伴的鼓勵。說完，憤然拔刀向自己的胸部刺下。

衛律聽完後大吃一驚，一把把蘇武抱住。但蘇武已經身負重傷，鮮血噴湧，昏死過去。衛律趕忙找人搶救。過了好長時間，蘇武才慢慢甦醒過來。常惠等痛哭，用車子將蘇武拉回漢使的營帳。單于很欽佩蘇武的氣節，每天早晚都派人來問候。只把張勝等有牽連的人監禁起來。

蘇武的傷勢漸漸痊癒，單于又設法逼迫蘇武投降。有一天，衛律奉單于之命審訊虞常和張勝，讓蘇武等人也都參加。衛律宣布：「虞常叛亂犯有死罪，當斬！」說完，就當著眾人的面，一刀把虞常的頭顱砍下，再看蘇武，神色坦然。

衛律接著又拉過張勝，說道：「漢使張勝，謀殺單于近臣，罪在當死。但單于有詔，降者赦罪！」說完，舉刀在張勝的脖子上晃了兩下。

這時的張勝早已嚇得渾身顫抖，連忙說：「願降！願降！」

衛律又用餘光看看蘇武，他原本以為蘇武會害怕，誰知蘇武正在蔑視地看著張勝，好像在說：「你這個大漢國的叛徒，無恥的敗類！」衛律向蘇武的身邊跨了一步，對蘇武說道：「副使有罪，你這個正使罪該連坐！」說完，又舉起手中的刀。

蘇武面不改色，義正詞嚴地說：「我跟張勝本未同謀，又不是他的親屬，憑什麼要連坐？」衛律理屈詞窮，又揮刀在蘇武的頭上晃了晃。

蘇武淡淡一笑，慢慢站起身，一點也不顧衛律劍鋒。他脫下外面罩衫上前一步蹲下，將虞常頭顱並數顆牙齒裹住，然後走到旁邊侍立的一個小校面前道：「煩先生將虞將軍身首合併，留個全屍。豺狼尚且有夥伴，衛將軍自此必是孤身一人甚為寂寞，無人之時定會憶起虞將軍以前跟隨他的好處，可惜那時悔之晚矣！現你將虞將軍身首合併，或可減輕

衛大人的愧疚之情，想必日後會提拔於你……」

小校不由自主地接過布包，眼睛望著衛律。衛律朝他揮了揮手，接著還刀入鞘，哈哈大笑後說道：「果然一張利嘴！」

「大人過獎。」

衛律走過去拍了拍蘇武肩膀，就像對待老友一般，說道：「蘇將軍，你看我歸順之後，受爵封王，手下擁兵數萬，馬畜遍山，金帛滿倉，享盡人間富貴。將軍如若今日歸降，明日便可和我一樣飛黃騰達，為何倔著性子做個枉死鬼！」說完，他急忙觀看蘇武的臉色。

只見蘇武的目光堅定不為所動。衛律又說道：「將軍若肯歸順，你我便是兄弟，如若不從，恐怕今日之後，再無見面的機緣了！」

蘇武聽後，不由得勃然大怒，拍案而起，指著衛律道：「衛律！你身為大漢臣子，不念皇上恩義，甘降胡虜，我蘇武根本不屑見你！況且單于命你審訊乃是要你公平從事，你卻憑空誣陷於我，反欲藉此事挑起事端，坐觀成敗，你道此事於你有好處嗎？鼠目寸光的小人！」

蘇武說得激動，上前一步又道：「你且仔細想來！南越殺漢使，大漢出兵屠城九郡；大宛王殺漢使，自己頭顱落地；朝鮮殺漢使，國破家亡，現匈奴尚未至此。你明知我不肯降胡，所以多方威逼。既如此，我死便罷！不過你今背上誅殺漢使之罪，武帝必興兵討伐，匈奴勢如累卵，一朝傾覆，試想你何處倖免？衛大人，你可多想想你脖子上人頭！」

這一席話說得衛律面紅耳赤，汗流浹背，啞口無言。他再不敢拿死來嚇唬蘇武，只好回報單于請求定奪。

且鞮侯單于還真是個惜才之王，聽了蘇武的事更是欽佩不已，降服之心愈是濃烈。但是以蘇武之剛烈堅韌，單于很難想出辦法，只好幽禁蘇武，徐圖良策。

轉眼已至初冬，單于見蘇武仍是決心不改，於心不服，於是將蘇武囚於幽暗的大窖之中，既不給飲水，也不給飲食。天下起了大雪，蘇武又凍又餓，但他不屈不撓，他想要活著，要讓匈奴人看看大漢的使節是什麼樣的脊樑，於是就把氈毛扯下來嚼，然後用落到地窖裡的雪和著嚥到肚裡充飢。

幾天之後，單于打發人去地窖裡看他死了沒有，不料，他還活著，單于十分驚奇就來到地窖旁，讓人把他抬了出來，只見蘇武雖然面容消瘦，乏力喘息，但目光如劍，不禁打了一個寒顫。暗想，漢人也有如此剛毅的人，這樣的人既不為我所用，那更不能放他回去。於是便問道：「蘇武，吃苦了吧？我單于很器重你的氣節，你若能歸順我匈奴，我一定重用你，讓你享盡榮華富貴，怎麼樣，考慮好了嗎？」

蘇武把頭一歪，回道：「寧死不屈！」聲音雖然微弱卻很堅定。

單于聽了愈加欽佩，說：「蘇武使者，你重氣節，我也很講義氣，凡是歸順我的人，我都把他們和匈奴人一樣看待，不分彼此，你看衛律，現在已是我的重臣，你的副使張勝我也待他不薄……」

「住口，請你不要再在我面前提這些小人。」

單于惱怒地說：「你們漢人有句話叫做敬酒不吃吃罰酒，好吧，既然你已鐵了心，那我就成全你，來人啦。」

「在。」

「把他給我押到北海去，讓他去放公羊。」

蘇武所牧的羊是一種叫「羝」的公羊，從不產乳生子，單于告訴蘇武說：「什麼時候這群羊產了羊乳，才能放你回去。」事實上是讓蘇武永遠放棄回國的念頭。在蘇武的感召下，常惠等其他漢使也堅決不降。單于下令把他們全都分散安置，使他們互不想見。蘇武來到冰天雪地的北

海，舉目一望，白茫茫的湖面，雪花飄飄，四周荒無人煙，刺骨的寒風颳來，幾隻羊凍得嗷嗷直叫。蘇武在寒風中手持旌節向東喊道：「大漢朝廷，我蘇武在此起誓，決不有辱漢節。」

蘇武冒著寒風在岸邊找到了一個被人丟棄的草棚，就把羊趕了進去，然後去拔了一些荒草來餵羊，自己去挖野鼠的地洞，掏一些野草籽充飢，晚上就蜷縮在羊群中，讓羊身上的皮毛溫暖身體。

就這樣，蘇武每天都在北海邊手持旌節放牧羊群。春去秋來，日復一日，蘇武的頭髮逐漸發白，容顏消瘦，但一雙眼睛依然目光四射。春天來了，北海碧波蕩漾，岸邊的綠柳迎風飄揚。

蘇武手持旌節一邊牧羊，一邊不停地眺望著東方，他在想念中原，想念家人。眼前浮現出他和兒子在山坡上追趕羊群，兒子跌倒在草地上哇哇大哭，他跑過去抱起兒子哄著的情景。

「唉，不知老母和妻兒此刻如何？我的兒子啊，父親想你啊……」

忽然，遠處傳來了馬蹄聲，一隊狩獵人來到了北海。他們安營紮寨，準備在這裡狩獵一段時間。一個王爺穿著的人在湖邊看見蘇武持旌放羊十分驚奇。

「看你是漢人穿著，莫非你就是漢使蘇武？」

「正是。在下是大漢天子的使臣蘇武。」

「噢，你就是蘇武，失敬、失敬。」那人從馬上跳下施禮道，「我是單于且鞮侯的弟弟於軒王，早就聽兄長說過你的大名，今日得見，不勝榮幸。」蘇武也抱拳道：「幸會，幸會。」於軒王把蘇武請到他的帳篷內以酒肉款待，他說：「沒有想到你竟然活下來了，真了不起。」

蘇武說：「我是漢朝的使者，忠於職守是為臣的天職。」

「了不起，了不起，來，乾上一杯。」

「謝謝。」

於軒王又去看看蘇武的草棚，十分感動地握住蘇武的手說：「你太苦了，我給你留下一個帳篷。」

「不，不用。」

「蘇大人，這不是單于給你的，是我自己給你的，你不用介意。」

於軒王走時，又給蘇武留下了一些食物。可是，有一天，蘇武牧羊回來，見帳篷和食物都被人偷走了。蘇武只得仍住回草棚。

年復一年，漢節上的旄毛落盡了，蘇武的鬚髮也白了，他還是手持漢節，遙望著南方，那裡有他的祖國。這一天，他的朋友李陵為單于來勸降蘇武。

李陵是「飛將軍」李廣的孫子，字少卿，李廣長子李當戶的遺腹子，年輕時便在朝廷任職。他精於騎射，禮賢下士，漢武帝稱他有李廣之風。因為率 800 騎深入匈奴 2000 餘里偵察有功，被任命為騎都尉。

漢武帝命李陵招募荊地區的驍勇壯士 5000，教以騎射，嚴格訓練。這 5000 勇士個個力大過人，手可扼虎；射技精絕，百發百中。奉命駐紮在酒泉、張掖一帶，防禦匈奴。李陵謙讓愛眾，士兵們都願意為他拼死效力。

武帝讓李陵獨當一面，確實是對他莫大的信任。可能正因如此，李陵才過高地猜想了自己，導致後來的敗績。

李陵曾深入匈奴 2000 餘里，越過居延偵察地形，未遇到匈奴順利返還。後升為騎都尉，帶領精兵 5000，駐在酒泉、張掖等地教習箭術以防衛匈奴。

幾年後，漢朝派貳師將軍李廣利征大宛，命李陵帶其五千兵馬隨後。行至邊塞，武帝又詔令李陵，要他留下手下將士，只率五百輕型甲

兵出敦煌，至鹽水，迎接李廣利回師，然後仍駐屯在張掖。

天漢二年，也就是西元前 99 年，李廣利統領三萬騎兵從酒泉出發，攻擊在天山一帶活動的右賢王，武帝召見李陵，想要他為大軍運送糧草。

李陵來到武台殿，向武帝叩頭請求說：「臣所率領的屯邊將士，都是荊楚勇士、奇才、劍客，力可縛虎，射必中的，望能自成一軍獨當一面，到蘭幹山南邊以分單于兵力，請不要讓我們只做貳師將軍的運輸隊。」

武帝說：「你是恥於做下屬吧？我發軍這麼多，沒有馬匹撥給你。」

李陵答道：「不須給馬匹，臣願以少擊多，只用 5000 步兵直搗單于王庭。」武帝為他的勇氣所感便同意了，並詔令強駑都尉路博德領兵在中途迎候李陵的部隊。

路博德以前任過伏波將軍，也羞於做李陵的備援，便上奏：「現在剛進秋季正值匈奴馬肥之時，不可與之開戰，臣希望留李陵等到春天，與他各率酒泉、張掖五千騎兵分別攻打東西浚稽山，必將獲勝。」

漢武帝見奏大怒，懷疑是李陵後悔不想出兵而指使路博德上書，於是傳詔路博德：「我想給李陵馬匹，他卻說什麼『要以少擊眾』，現在匈奴侵入西河，速帶你部趕往西河，守住鉤營。」

又傳詔李陵：「應在九月發兵，應從險要的庶虜鄣出塞，到東浚稽山南面龍勒水一帶，徘徊以觀敵情，如無所見，則沿著泜野侯趙破奴走過的路線抵受降城休整，將情況用快馬回朝報告。你與路博德說了些什麼？一併上書說清楚。」

於是，李陵率領他的 5000 步兵從居延出發，向北行進 30 天，到浚稽山紮營。將所經過的山川地形繪製成圖，派手下騎兵陳步樂回朝稟

報。陳步樂被召見，陳步樂說李陵帶兵有方得到將士死力效命，武帝非常高興，任陳步樂為郎官。

李陵在浚稽山遭遇到單于主力，被匈奴 3 萬多騎兵包圍。李陵軍駐紮在兩山之間，以大車作為營壘，李陵領兵衝出營壘擺開隊伍，前排持戟和盾，後排用弓和弩，下令：「聽到擊鼓就進攻，聽到鳴金就收兵。」匈奴見漢軍人少，直接撲向漢軍營壘。

李陵揮師搏擊，千弩齊發，匈奴兵應弦而倒。匈奴軍敗退上山，漢軍追擊，殺匈奴兵數千。單于大驚，召集左賢王、右賢王部 8 萬多騎兵一起圍攻李陵。李陵向南且戰且走，幾天後被困在一個山谷中。連日苦戰，很多士卒中箭受傷，三處受傷者便用車載，二處受傷者駕車，一創者堅持戰鬥。

李陵說：「我軍士氣不如前，又鼓不起來，是什麼原因？莫非是軍中有女人麼？」原來，軍隊出發時，有些被流放到邊塞的關東盜賊的妻女隨軍做了士兵們的妻子，大多藏匿在車中。

李陵把她們搜出來後，用劍把她們全部殺掉了。第二天再戰，果然斬匈奴首 3000 多。他們向東南方突圍，沿著故龍城道撤退，走了四五天，被大片沼澤蘆葦擋住。

匈奴軍在上風頭縱火，李陵也令將士放火燒出一塊空地才得以自救。又退到一座山下，單于已在南面山頭上，命他兒子率騎兵向李陵發起攻擊。

李陵的步兵在樹林間與匈奴騎兵拚殺，又殺匈奴兵數千，併發連弩射單于，單于下山退走。這天李陵捕得俘虜，俘虜供出：「單于說，『這是漢朝的精兵，久攻不能拿下，卻日夜向南退走把我們引到塞邊，會不會有伏兵呢？』而許多當戶和君長都說，『以單于親率數萬騎兵攻打漢朝

幾千人，卻不能把他們消滅，那以後將無法再調兵遣將，也使漢朝越發輕視匈奴。務必在山谷間再度猛攻，還有四五十里才到平地，即使不能破敵，返回也來得及。』」

這時，李陵軍處境更加險惡，匈奴騎兵多，戰鬥一整天不下幾十回合，匈奴兵又死傷 2000 餘人。匈奴軍不能取勝，準備撤走。

正巧，李陵軍中有一個叫管敢的軍侯，因被校尉凌辱而逃出投降了匈奴。對單于說：「李陵軍無後援，並且箭矢已盡，只有李陵將軍麾下和成安侯韓延年手下各八百人排在陣式前列，分別以黃白二色做旗幟，派精兵射殺旗手即可破陣了。」

單于得到管敢，特別高興，命騎兵合力攻打漢軍，邊打邊喊：「李陵、韓延年快降！」接著擋住去路猛烈攻打李陵。李陵處在山谷底，匈奴軍在山坡上從四面射箭，矢如雨下。漢軍堅持南行，未等衝到鞮汗山，一天之中 50 萬支箭已全部射光，便丟棄戰車而去。

當時，還剩士兵 3000 多，赤手空拳的就斬斷車輪輻條當武器，軍吏們也只有短刀。又被一座大山所阻折入狹谷，單于切斷了他們的退路，在險要處放下壘石，很多士卒被砸死，不能前進。

黃昏後，李陵換上便衣獨步出營，攔住左右說：「不要跟著我，讓我一個人去幹掉單于！」過了很久，李陵才回來，嘆息說：「兵敗如此，唯求一死！」

軍吏說：「將軍威震匈奴，陛下不會讓您死，以後可想別的辦法回去，像淏野侯雖被匈奴俘獲，但後來逃回去，陛下仍以禮相待，何況對將軍您呢！」

李陵說：「你別說了，我不戰死，不為壯士。」於是他要部下把旌旗都砍斷，把珍寶埋藏在地下，又扼腕道，「再有幾十支箭，我們足以逃跑

了，可現在無武器再戰，天一亮就只有束手待擒了。不如各作鳥獸散，還可能有逃回去報告陛下的人。」

他令將士們每人拿上二升乾糧，一大塊冰，約定在邊塞遮虜鄣會合。準備夜半時分擊鼓突圍，但鼓沒有響。

李陵與韓延年一同上馬，十多名壯士和他們一道衝出。匈奴數千騎兵緊追，韓延年戰死，李陵長嘆：「我無臉面去見陛下呀！」於是下馬投降了。

他的部下四散逃命，逃回塞內的僅四百餘人。李陵兵敗之處離邊塞只有百餘里，邊塞把情況報告了朝廷，武帝想必李陵已戰死，就把他母親和妻子叫來，要相面的人來看，卻說他們臉無死喪之色。後來得知李陵已降匈奴，武帝大怒，責問陳步樂，陳步樂自殺了。

文武百官都罵李陵，武帝以李陵之事問太史令司馬遷，司馬遷則說：「李陵服侍母親孝順，對士卒講信義，常奮不顧身以赴國家危難。

他長期以來養成了國士之風。今天他一次戰敗，那些為保全身家性命的臣下便攻其一點而不計其餘，實在令人痛心！況且李陵提兵不滿五千，深入匈奴腹地，搏殺數萬之師，敵人被打死打傷無數而自救不暇，又召集能射箭的百姓來一起圍攻。他轉戰千里，矢盡道窮，戰士們赤手空拳，頂著敵人的箭雨仍殊死搏鬥奮勇殺敵，得到部下以死效命，就是古代名將也不過如此。他雖身陷重圍而戰敗，但他殺死殺傷敵人的戰績也足以傳揚天下。他之所以不死，是想立功贖罪以報效朝廷。」

起初，漢武帝派李廣利率領大軍出征，只令李陵協助運輸，後來李陵與單于主力戰鬥，李廣利卻少有戰功。漢武帝認為司馬遷誣罔，是想詆譭貳師將軍為李陵說情，於是把他下獄施以腐刑。

很久以後，漢武帝悔悟到李陵是無救援所致，說：「李陵出塞之時，

本來詔令強弩都尉接應，只因受了這奸詐老將奏書的影響又改變了詔令，才使得李陵全軍覆沒。」

於是，漢武帝派使者慰問賞賜了李陵的殘部。李陵在匈奴一年後，武帝派因杅將軍公孫敖帶兵深入匈奴境內接李陵。

公孫敖無功而返，對漢武帝說：「聽俘虜講，李陵在幫單于練兵以對付漢軍，所以我們接不到他。」武帝聽到後，便將李陵家處以族刑，他母親、兄弟和妻子都被誅殺。隴西一帶士人都以李陵不能死節而累及家室為恥。

此後，有漢使到匈奴，李陵憤憤質問使者：「我為漢將，率五千人橫行匈奴，因無救援而敗，我哪裡對不起大漢而誅殺我全家？」從此，他終於死心塌地投入了匈奴的懷抱。李陵的投降，使且鞮侯單于興奮異常，為了籠絡李陵，他把女兒嫁給了李陵，並立他為右校王，身居顯位，每逢國有大事，都找他商議。

蘇武見到李陵一副匈奴顯貴的裝束，大為吃驚。李陵為蘇武擺酒設宴，席間詳細地講述了自己的遭遇，又趁機對蘇武說：「單于知道你是我的老友，特讓我前來勸告。你被幽禁在這荒遠之地，返回漢朝已是不可能的了。你在這裡受盡了苦難，可有誰知道你的信義節操呢？」

為了讓蘇武徹底放棄歸漢的念頭，李陵又說：「你的兄長蘇嘉為奉車都尉，因扶車輦下台階，不小心碰折了車轅，被彈劾為大不敬罪，自殺而死；你的弟弟蘇賢為騎都尉，受皇上命追拿畏罪逃亡的宦官未果，懼怕皇上問罪，服毒自殺；你的老母已經去世，妻子聽說也已改嫁。」

蘇武多年未聞家音，聽了這些不禁老淚橫流，泣不成聲。李陵又深為同情地接著說：「唉！人生苦短，猶如朝霞，你何必這樣與自己過不去呢？現在皇上年事已高，反覆無常，大臣們無罪被誅的，已有數十家之多。做臣子的安危不保，你這樣做又是何苦呢？」

蘇武擦了擦臉上的淚水，鄭重地說道：「我父子本無功德，蒙皇上聖恩，官為將軍，爵至封侯，我常想肝腦塗地去報答聖上。而今幸有這個機會，即使刀斬鼎烹，我也在所不辭。臣子對君主就同兒子對父親，兒子為父親而死，是毫無怨言的，少卿就不必再勸我了。」

李陵在蘇武那裡每天都擺宴設酒，閒述往事。又過三五天，李陵乘著酒興又對蘇武說：「子卿何妨就聽我一句呢？」

蘇武說：「為大漢朝，我願意肝腦塗地。請不要再說了。一定要逼我投降，我馬上死在你面前！」

李陵聽罷，仰天長嘆：「義士啊，義士！我李陵和衛律的罪過真是通天啊！」他淌著羞愧的淚水，告別了堅貞的蘇武。

李陵見蘇武生活艱苦，於心不忍。過了一段時間，讓自己的匈奴妻子出面，送給蘇武幾十頭牛羊，又為蘇武找了一個匈奴女子為妻。蘇武考慮到自己的兒子生死不知，怕絕了後嗣，所以也就接受了李陵的美意。蘇武有了個匈奴妻子，減少了許多寂寞。不久，又得了一子，蘇武在心理上又得到了一些安慰。

後來漢武帝病死，李陵又來到北海，將這一消息告知了蘇武。蘇武向南放聲痛哭，直哭得吐出血來。他為不能直接向漢武帝覆命而悲痛，旦夕哭祭。

漢昭帝繼位後數年，匈奴與漢和親，在漢使的一再要求下，要求匈奴答應了放還蘇武。李陵擺酒為蘇武慶賀。李陵百感交集，對蘇武說道：「今足下歸國，我又是高興又是悲傷。你堅守漢節，揚名於匈奴，顯功於漢室，即使是古書所載、丹青所畫的那些聖賢也不過如此，你將流芳千古。我李陵親人被族誅，世人厭棄我，我還有什麼可值得顧戀的呢？罷了！罷了！你我以後就是異域之人，此番便永別了！」

李陵說到這裡，已經是淚如雨下，他離開座位，起舞作歌：

徑萬里兮度沙漠，為君將兮奮匈奴。

路窮絕兮矢刃摧，士眾滅兮名已隤。

老母已死，雖欲報恩將安歸？

李陵的悲歌，唱出了一個背叛國家者的內心痛苦。

蘇武被囚禁在匈奴 19 年，直到昭帝始元六年，也就是西元前 81 年春天，才在漢使的堅決要求下，回到長安。蘇武出使匈奴時，正當年富力強；歸漢時，頭髮鬍鬚已一片雪白。在 19 年的漫長歲月裡，他獻出的是一顆對國家無比堅貞的心。

對待匈奴，漢武帝集中了全國的經濟力量和軍事力量，組織並指揮了反擊匈奴的戰爭，是完全符合漢朝人民的利益和要求的。匈奴經過屢次打擊，力量已大為削弱。

從太初三年，也就是西元前 102 年以後雖然還有幾次入侵，但已不是漢朝的大患了。對匈奴的戰爭，打擊和抑制了自秦末、漢初以來匈奴對中原人民幾十年的殘殺掠奪，保護了人民的生命財產，也保證了漢朝社會經濟和文化的發展。作為這次戰爭的最高決策者、組織者和指揮者，漢武帝建立了偉大的功勳。

對大宛的遠征討伐

大宛是中亞古國，位於帕米爾高原西麓，錫爾河中上游。大宛國盛產葡萄，並用葡萄做原料釀製美酒；大宛國還盛產苜蓿，苜蓿養育了大宛的良馬。漢朝使者於是就將這兩種植物的種子帶了回來。漢武帝以極大的興趣投入種植。

　　幾年以後，一眼望不到邊的葡萄和苜蓿令西域使者吃驚。漢武帝還將自己在上林苑的離宮命名為「葡萄台」。在城南的樂遊苑，則全面種植了苜蓿。

　　當時長安人稱苜蓿為「懷風」，又稱之為「光風」，由於風行苜蓿叢中，常發出蕭蕭之聲；而陽光照射其花，又有美麗的光彩，因而得名。長安遠郊的茂陵邑也種植苜蓿，當地人稱之為「連枝草」。

　　而大宛最以汗血馬為著名。即建元三年，也就是西元前 138 年，張騫第一次出使西域曾到過大宛，並且受到了大宛王的接待。

　　張騫出使西域回來之後，曾向漢武帝詳細介紹大宛等西域國家的風俗、民情、特產。他說：「大宛在漢之正西，有萬里之遠。當地產好馬，馬出的汗是紅色的，當地人稱之為『汗血馬』。」

　　這些關於異國的奇珍異寶和民情風俗的有趣見聞，深深吸引了漢武帝，特別是汗血馬。當初漢武帝開啟卜筮之書占卜時，書上說：「神馬當從西北來。」沒過多長時間，果然就得到了烏孫的良馬，武帝大喜，名烏孫馬為「天馬」。

　　如今，漢武帝又聽說大宛有一種馬叫汗血馬，比烏孫馬更好，武帝便一心想弄來一匹看看。這對愛好狩獵、酷愛良馬寶駒的武帝，具有莫大的吸引力。

　　漢武帝一心想同大宛等西域國家在經濟和文化上加強聯繫。可是，中間有樓蘭和姑師擋住了去路。樓蘭扼西漢通往西域的要衝，西南通扜泥、且末、小宛、精絕、于闐等國，北通姑師。漢使者每年經過這裡，都要花去大量餽贈，有時還被刁難，弄得吃不成飯。這些國家還多次為匈奴通風報信，叫匈奴人截獲漢使者，使西漢與西域諸國的交通受到很大阻礙。

元封三年，也就是西元前 108 年，正是北國大雪紛飛之時，漢武帝命從票侯趙破奴及王恢率兵數萬，遠征樓蘭和姑師。趙破奴率領輕型甲兵 700 人，一舉攻克樓蘭城，活捉了樓蘭王，接著又攻打姑師，於征和四年，也就是西元前 89 年征服了姑師。漢朝用兵樓蘭、姑師，震動了西域各國。

匈奴得知樓蘭降漢的消息後，就發兵出擊樓蘭。樓蘭不敢抵敵，只好分遣王子入質西漢與匈奴，向兩面稱臣。為了打破匈奴對大宛的控制並獲得大宛的汗血馬，漢武帝在太初元年，也就是西元前 104 年，命車令為使臣，攜帶著黃金 20 萬兩及一匹黃金鑄成的金馬去貳師城求換汗血馬。

車令滿懷信心地踏上了西去的路程。漢使團一路上歷盡千辛萬苦，半年多後抵達大宛國，車令求見大宛王毋寡，說：「漢天子令臣等專程以黃金千斤，金馬一匹請求交換貴國的汗血馬，不知大王……」

大宛王毋寡，毫無主見，用眼睛看著群臣。群臣們像是著了魔似的大叫起來：「我們不欠漢朝的這一點禮物！」

「貳師城裡的馬都是大宛的國寶，怎麼能這樣輕易地送給別人呢？」語氣更是直截了當。

另有一個大臣在下面低聲附和：「漢朝離我們那麼遠，路途又艱險。每次派幾百名使者來，死得只剩下了一半人，怎麼可能派大軍征伐呢？我看漢朝奈何不了我們。貳師城汗血馬，是我大宛寶貝，決不能給漢朝！」

毋寡聽信群臣意見，堅決拒絕了車公的請求。

車令被兜頭潑了一瓢涼水，想起途中的千辛萬苦、飢餐露宿，不禁惱羞成怒，失去理智，破口大罵，敲碎金馬，拂袖而去。留下目瞪口呆

的大宛群臣。

大宛貴族也被激怒了，他們說：「漢使也太輕視我國了，竟這樣辱罵您，我們絕對不能放他離開大宛！」

大宛王毋寡立即手書一封信給東邊的守將鬱成王，讓他出兵截住車令。鬱成王接信之後決定半路行劫。就這樣，茫茫的戈壁灘上次響起金戈的撞擊之聲，千斤黃金也被洗劫一空。

消息傳到長安，這天有人突然來報：「皇上，大宛國不但不給我們汗血馬，還殺了漢使，奪走了黃金。」漢武帝聽後大怒，便召集眾臣商議，準備發兵征討大宛。

由於趙破奴曾經以 700 騎兵就活捉了樓蘭王，因此漢武帝十分輕視西域各國的戰鬥力。漢武帝便發誓要踏平大宛，得到汗血馬。

出使過大宛的姚定漢說：「大宛的兵力薄弱，只要派去 3000 人馬，用強弓硬弩射他們，就可將其全部俘獲。」

一時間，漢武帝不知道派誰出征好，忽然他心頭一震：「對，既然此番征討大宛，唾手可得，何不將此任交給愛姬李夫人的哥哥李廣利呢！」

李廣利嫻熟弓馬，這時正隨侍在宮廷。漢武帝早就想封其為官，只是苦於沒有加封的理由。現在，機會終於來了。於是，漢武帝封李廣利為貳師將軍，率領屬國的 6000 騎兵和郡國那些品行惡劣的少年數萬人，前往征討大宛。

所行的目的是到貳師城奪取良馬，所以武帝命李廣利號稱「貳師將軍」。同時任命趙始成為軍正官，原浩侯王恢為軍前嚮導，李哆為校尉，具體掌管行軍作戰事宜。

漢武帝對幾個大臣說：「大宛國不給我們汗血馬，還殺了我們的使

者，這是對我大漢的無視，朕封你為貳師將軍，率三萬人馬到西域進攻大宛國，把汗血寶馬給朕取回來。」

「末將遵旨。」

漢武帝繼續說：「朕要取汗血馬的原因還在於我大漢歷來受匈奴所擾，就是因為他們擁有一支剽悍的騎兵，敵夷的騎兵所以凶猛，就是因為他們有優質馬。所以，從長遠考慮，我們一定要有良馬。」

「皇上聖明。」一些大臣們附和著。

於是這支大軍，帶著大量輜重，艱難地越過沙漠、草地、雪山，路上死了不少人，中途又受到敵人頑強的抵抗。李廣利看實在不行，就引兵返回。等回到敦煌，已費時兩年，士卒只剩十之二三。

李廣利派人報告武帝：「道路艱險，士卒缺糧，人員大減，不足以伐大宛。請求陛下暫且罷兵，重新徵發士卒後再去。」

剛愎自用的武帝聞訊大怒，派使者趕到玉門關，下令說：「軍士敢入關者，斬！」嚇得李廣利只得留駐敦煌。由於用兵不利，朝廷公卿大臣也都希望罷兵。

可是，武帝對誰的意見也聽不進去，認為小小的大宛國都攻不下來，西域各國不是要小看我漢朝嗎？於是下詔再徵發 6 萬大軍，後來又補充徵發天下七種有罪的人充當士卒，調集了不計其數的牛、羊、驢、駱駝，組成遠征軍，仍由李廣利統率，繼續遠征大宛。

李廣利率領遠征軍再伐大宛。漢軍歷盡艱難困苦，終於在太初四年，也就是西元前 101 年，包圍了大宛都城貴山。貴山城內沒有水井，飲水是從城外將河水引進來。李廣利派水工斷絕水源，想用這個辦法逼迫守兵投降。

圍城 40 多天，大宛人拚死反抗。後來城裡找到了會挖井的漢人，開

鑿水井。飲水問題解決了，大宛人愈加頑強地參加守城鬥爭。戰鬥中，大宛貴族將軍煎靡被漢軍俘虜。

軟弱的大宛貴族被圍城的艱苦嚇壞了，堅持不住了，商議說：「如果殺掉大王，將好馬獻給漢朝，漢軍將自動解圍。如果不解圍，再力戰而死，還不算遲。」

經過一番陰謀策劃，大宛國王終於成為這些貴族的犧牲品。他的頭顱被送到李廣利的軍營，大宛使者對李廣利說：「漢退兵，我盡獻好馬；要是不聽，我殺盡好馬，康居的援兵又將來到，我將與漢軍死戰。請慎重考慮，何去何從？」

李廣利已經知道貴山城裡鑿了水井，糧食也不少，再打下去沒有什麼好處，就同意了大宛的意見。大宛放出好馬，讓漢軍挑選。漢軍挑選了幾十匹汗血馬，還有3000多匹普通馬，與大宛盟而罷兵。西征大宛告捷，漢朝國威大張。

沿途中亞各國聽說漢軍征服了大宛國，無不大受震動。各國王公貴族紛紛派遣子姪跟隨漢軍回到中原，他們為漢武帝呈上貢品，並留在漢朝作為人質，表示對漢武帝的效忠。

儘管大宛戰事取得了成功，但是，對大宛戰爭的意義，歷史評論者各有不同的見解。宋代詩人蓮池生在它的詩中曾經寫道：

漢武愛名馬，將軍出西征。
喋血幾百萬，侯者七千人。
區區僅得之，登歌告神明。

詩人是以一種批評態度看待漢武帝的寶馬追求。千萬人死傷，數十人封侯。而這場戰爭所換取的，不過是「名馬」而已。

因為東西交往頻繁，漢朝在敦煌至鹽澤之間，設定了許多驛站，供

往來的人居息。又在輪台、渠犁駐屯田兵數百人，以解決來往使者的糧食供應問題。

為了保護這條通道，武帝命令守卒和當地百姓開始規模巨大的國防工程的建設，這就是把秦代長城由令居向西延展，直達今敦煌之西。在敦煌西北築起了雄偉壯麗的玉門關，作為漢王朝的西大門。

沿長城還設有驛站，可以及時傳達軍事情報、命令和公文。由於亭障烽燧萬里相望，中國西北出現了一條堅強的防線，有效地保護著從敦煌到樓蘭的通道。

漢武帝對樓蘭、姑師和大宛用兵，動機是錯誤的，無論對西域人民還是漢朝人民，都帶來巨大的痛苦和犧牲。但是客觀效果卻出乎封建統治者意圖之外。因為，從此中國和西域的商路正式開闢，東西交通更加頻繁，各族人民之間的往來更加密切，加速了經濟和文化的交流。

‖ 南越叛亂的平息 ‖

元狩四年，也就是西元前 139 年以後，作為西漢王朝最大邊患的匈奴帝國在經歷三次大規模戰爭衝擊後已元氣大傷。驃騎將軍霍去病封狼居胥的號角聲驕傲地宣布自秦末以來爆發而興的匈奴帝國及其控弦鐵騎已無力在大漠以南與西漢王朝相抗衡。

歷時近 15 年的西漢王朝反擊匈奴戰爭最終以武帝志滿意得而告終。儘管這場戰爭是殘酷的，勝利的代價是沉重的，但是漢王朝第一次用鐵與血樹立起了自己天朝大國的尊嚴，在東亞大陸兩大強國的國力角逐中贏得了最終勝利，並有可能將其關注的視線拓展開去，重新審視其廣大的周圍環境，確定新的進取目標。

　　而元鼎四年，也就是西元前 113 年，所發生的兩件事更能使武帝一度平靜的心境重新燃起了進取之火：一是「其夏六月，汾陽巫錦為民祠魏脽后土營旁，見地如鉤狀，掊視得鼎……至長安，公卿大夫皆議尊寶鼎」，這對一向好仙求瑞的武帝不啻為一大喜訊，而與其同時的財政改革業已初見成效，因此，使他更堅信皇天對自己的偏愛。

　　另一件事則是屯田敦煌的南陽新野人暴利長獻上在渥窪水所捕獲奇馬。漢武帝一時興起，作了寶鼎、天馬的歌賦。這位雄才大略的漢天子決定趁此祥瑞志得之際，徹底對其帝國四境加以經略。

　　南越地區廣大，東西南北有數千里，經濟文化相當發達。南越是秦朝南海郡尉趙佗建立的國家。趙佗本來是真定人，秦統一嶺南地區後，在這裡設定了桂林、南海和象三郡，命趙佗為龍川縣令。

　　秦末農民大起義爆發後，病重中的南海郡尉任囂見秦將亡，於是偽造詔書，使好友趙佗代替自己為南海郡尉。任囂死後，越佗誅秦所置的官吏，斷絕通往中原之路。高帝三年，也就是西元前 204 年，建南越國，自立為南越武王。

　　高帝十一年，也就是西元前 196 年，遣陸賈使南越賜趙佗南越王印，希望他團結百越，不為南邊患害。陸賈初至南越，見趙佗態度傲慢，就曉之以大義，諭以利害，說：「足下中國人，親戚、昆弟、墳墓都在真定。如今竟背父母之國，忘骨肉之情，棄中原冠帶，想對漢天子抗衡而為敵國，必將大禍臨頭。朝廷聞足下不服從漢，掘燒你的祖墳，滅你的宗族，派一偏將率兵十萬殺王，不過覆手之勞。足下應該出郊迎我，向北面稱臣。」

　　趙佗驚而起座，謝罪說：「我居蠻夷久了，絕失禮義。」最終接受漢賜王印，稱臣奉漢約法。

但是高後七年，也就是西元前181年九月，有司奏請禁止中原與南越的鐵器貿易。趙佗不滿說：「高帝立，通使通物。如今隔絕貿易，這必是長沙王想吞滅南越從中搞的鬼。」於是自尊號為南越武帝，發兵攻打長沙國邊邑。

高後遣將軍隆盧侯周灶討擊南越，遇天氣暑溼，士兵大疫，不能越嶺。第二年七月，高後死，兵罷。趙佗因此得以兵力揚威，用財物賂遺閩越、西甌諸越，勢力達東西萬餘里，用天子之儀，乘黃屋左纛，稱制，與漢朝廷對峙。

文帝即位後，對南越採取安撫政策。修葺趙佗在真定的祖墳，「置守邑，歲時奉祀」。對趙佗留在中原的親屬均任官重用，為恢復漢與南越的友好關係打下了基礎，緊接著又把已經告老還鄉的陸賈請回，任為太中大夫，派他再次出使南越。

文帝致函趙佗說：「服領以南王自治之管。願與王分棄前患，終今以來，通使如故。」還贈送了許多衣服之類的禮物。趙佗本不願與漢為敵，一經陸賈面諭，便去掉帝號。表示「願奉明詔，長為藩臣」

「老夫死骨不朽，改號不敢為帝矣」。

為表示臣屬，趙佗在番禺築「朝台」，每當朔望之日登台朝拜。陸賈還朝時，特在江邊建一華館送別，稱為「朝亭」，而且向文帝奉贈白璧、翠鳥、犀角、孔雀等南越特產。

從此以後，南越又恢復了屬國的地位。但趙佗一直沒有把自己置於與漢王朝其他諸侯國同等的地位。按禮制規定，諸侯王都要定期到長安，親自朝見天子，但趙佗仍堅持不朝，以保持獨立的地位。景帝時，趙佗復又僭稱帝號。他的兒子趙胡繼位後，也是內帝外王，對漢稱王，國內稱帝。仍是偏居東南一隅的獨立王國。

意在開疆拓土的漢武帝，久有將它併入大漢國版圖的想法。只是因為北有強大的匈奴連年入寇，使他一時無力南顧。只好採取漸進的方針，爭取非武力解決。

所以，在出兵制止了閩越吞併南越的企圖後，便派嚴助出使南越，令其內屬。文王趙胡準備內朝，但遭到了群臣的反對，故而「稱病，不入見」，只將太子嬰齊送往長安宿衛。

十幾年後，趙胡病故，他的兒子趙嬰齊時已在長安娶妻生子，歸國即位。可這十幾年的長安生活並沒有讓這位新繼位的南越王對漢廷感恩戴德。在其奏請冊封太子的奏書被批准後，面對朝廷專使的多次詔諭，趙嬰齊置若罔聞，一再稱病不朝。

後來，嬰齊去世之後，他的兒子趙興繼立為王，它的母親樛氏便成為來自長安的王太后。鑒於新一代南越執政人物都生長於長安，親漢意向明顯，漢廷認為徹底解決南越問題的時機已經成熟。

於是，元鼎四年，也就是西元前113年，漢武帝派遣安國少季出使南越國，前往告諭趙興和樛太后，讓他們比照漢朝的內諸侯前去長安朝拜漢武帝；同時命能言善辯的諫大夫終軍和勇猛之人魏臣等輔助安國少季出使，衛尉路博德則率兵駐守在桂陽，以接應使者。

漢朝的態度是明確而富有人情味的，但卻直接導致了南越政權的最終分化，並使漢王朝和平解決南越問題的願望徹底破滅了。

事實上，當時的趙興還很年輕，樛太后是中原人，南越國的實權實際上掌握在丞相呂嘉手中。而樛太后在未嫁趙嬰齊時，曾經與安國少季私通，此次安國少季出使，他們再次私通，南越人因此多不信任樛太后。

樛太后感受到朝野的孤立，害怕發生動亂危及自己的地位，也想依

附漢朝的威勢來鞏固自己的地位，於是多次勸說趙興和群臣歸屬漢朝。與此同時透過使者致信漢武帝，請求比照內地諸侯，三年朝見天子一次，撤除邊境的關塞。

漢武帝答應了樛太后的請求，賜給南越國丞相、內史、中尉及大傅等予官印，其餘官職由南越國自置，這樣意味著漢朝朝廷直接對南越國的高級官員進行任免。

漢武帝還廢除了南越國以前的黥刑和劓刑等野蠻酷刑，跟漢朝的內諸侯一樣執行漢朝法律。同時將派往南越國的使者留下來鎮撫南越國，力求南越國的局勢平穩。趙興和樛太后接到漢武帝的諭旨後，馬上準備行裝，準備前往長安朝見漢武帝。

太后迫切希望歸順漢朝，以解除困境，武帝得知情由後，也同意了太后的請求，叫她和趙興打點行裝，準備入朝。然而，丞相呂嘉竭力反對。他曾輔佐過三位國王，他的宗族內當官做長吏的就有 70 多人，男的都娶王女做妻子，女的都嫁給王子及其兄弟宗室之人，同蒼梧郡的秦王有聯姻關係。

這一切，使呂嘉成為權傾朝野的人物。他曾多次上書國王，反對南越歸順漢朝。漢朝使節多次出使南越，他託病不見。漢朝使節也注意到呂嘉懷有異心。太后和國王很想借漢朝使節安國少季的權力，殺掉呂嘉等人。

於是，他們精心安排了酒宴，想借助漢朝使者的權勢，計劃殺死呂嘉等人。宴席上，使者都面朝東，太后面朝南，王面朝北，丞相呂嘉和大臣都面朝西，陪坐飲酒。呂嘉的弟弟當將軍，率兵守候在宮外。

飲酒當中，太后對呂嘉說：「南越歸屬漢朝，是國家的利益，而丞相嫌這樣做不利，是什麼原因？」王太后想以此激怒漢朝使者。誰料使者安國少季卻猶豫不決，終究不敢動手殺呂嘉。

呂嘉看到周圍人不是自己的親信，隨即站起身走出了宮廷。王太后發怒了，想用矛撞擊呂嘉，但是趙興卻阻止了太后的行為。呂嘉就出去了，從此便裝病。南越回歸的事也就這樣被擱置了。

漢武帝聽說呂嘉不服從南越王，王和太后力弱勢孤，不能控制呂嘉，大罵了安國少季無能，又認為王和太后已經歸附漢朝，獨有呂嘉作亂，不值得發兵，想派莊參率 2000 出使南越。

莊參說：「若是為友好談判而去，幾個人就足夠了；若是為動武而去，2000 人不足以幹出大事來。」莊參推辭不肯去，因此，漢武帝罷免了莊參的官。

這時，郟地壯士、原濟北王的相韓千秋憤然說道：「這麼一個小小的南越，又有王和太后做內應，獨有丞相呂嘉從中破壞，我願意率領 200 個勇士前往南越，一定殺死呂嘉，回來向天子報告。」

於是，漢武帝就派遣韓千秋和王太后的弟弟樛樂，率兵 2000 人前往南越。呂嘉聽說漢兵到來終於造反了，並向南越國的人下令說：

王年少，太后，中國人也，又與使者亂，專欲內屬，盡持先王寶器入獻天子以自媚，多從人，行至長安，虜賣以為僮僕；取自脫一時之利，無顧趙氏社稷，為萬世慮計之意。

於是，呂嘉就同他弟弟率兵攻擊並殺害了南越王、王太后和漢朝的使者。他又派人告知蒼梧秦王和各郡縣官員，立明王的長子與南越族的妻子所生的兒子術陽侯趙建德當南越王，並派人告知了南越國的諸侯蒼梧王趙光及南越國屬下的各郡縣官員。

這時韓千秋的軍隊進入南越國境內，攻下幾個邊境城鎮。隨後，南越人佯裝不抵抗，並供給飲食，讓韓千秋的軍隊順利前進，在走到離番禺 40 里的地方，南越突然發兵進攻韓千秋的軍隊，把他們全部消滅。

　　呂嘉又讓人把漢朝使者的符節用木匣裝好，並附上一封假裝向漢朝謝罪的信，置於漢越邊境上，同時派兵在南越邊境的各個要塞嚴加防守。漢武帝得知後，非常震怒，他一方面撫卹戰死者的親屬，一方面下達了出兵南越國的詔書。

　　元鼎五年，也就是西元前 112 年秋，漢武帝調遣罪人和江淮以南的水兵共 10 萬人，兵分五路進攻南越。第一路任命路博德為伏波將軍，率兵從桂陽沿湟水直下。第二路任命主爵都尉楊僕為樓船將軍，從豫章郡過橫浦關沿湞水直下。第三路和第四路任命兩個歸降漢朝的南越人鄭嚴和田甲分別為戈船將軍和下屬將軍，率兵從零陵出發，然後鄭嚴的軍隊沿灕水直下，田甲的軍隊則直抵蒼梧。第五路以馳義侯何遺利用巴蜀的罪人和夜郎的軍隊，直下牂牁江。但西南夷國家多不願出兵，甚至且蘭的君主還公然反抗，殺死了漢朝使者和犍為郡太守。五路軍隊的最終目標皆為南越國的都城番禺。

　　與此同時，東越王餘善也向漢武帝上書請戰，並派兵 8000 人協助楊僕進攻南越國，但東越王的軍隊行至揭陽時，便藉口遇上風浪而不再前進，還暗中派使者向南越國報信。

　　元鼎六年，也就是西元前 112 年和西元前 111 年之交時，樓船將軍楊僕一軍首先攻進南越，破尋峽、石門，重創南越軍。然後率部下數萬人與伏波將軍路博德會合，兩軍齊進，圍住了南越國都番禺。南越王越建德、丞相呂嘉等據城堅守。

　　南越宰相呂嘉率部下登城眺望，只見城四周旌旗蔽日，全是漢軍的營寨，他嘆了口氣，自知大勢已去，但還要做垂死掙扎，於是便把南越王殺了，高舉火把站立在城頭喊道：「漢兵路博德聽著，你若放我一馬，我就把城留給你們，否則就把都城化為灰燼。」

　　路博德騎在馬上喝道：「叛賊呂嘉聽著，我奉天子之命來誅殺你，你身為重臣，不但不歸順漢朝反而陰謀反叛，你殺了南越王、太后和漢使，又殺了我們的韓千秋及 2000 士兵，實屬十惡不赦，今天，我就是來取你的首級的。」

　　呂嘉又喊道：「路博德聽著，大漢就是大漢國，南越就是南越國，我們憑什麼要歸順你們？至於殺了你們的使者，那是因為他與太后私通。殺了太后樛氏，是因為她是中原人，她原本就是奸細。殺了南越王趙興嘛，是因為他要對你們稱臣。」

　　路博德大吼道：「呂賊，你死到臨頭了，你還胡說，南越早就是大漢的疆土，南越只是一個郡地，不是一個國家，你想出賣南越搞獨立！你夢想，你這個南越的敗類，朝廷派大軍來，就是要恢復南越郡地，廢除你們的非法王朝，你若再不投降，我們就要攻城了。」

　　路博德將軍又策馬上前，喊道：「呂賊，你聽著，南越和大漢是一家人，我們是不會傷害庶民的，你如果還有一點天良就不能放火燒城，你還是趕快投降吧！」

　　呂嘉打算頑抗到底，就一邊命令向城下放箭，一邊下令點火，與此同時，路博德大軍從四個城門強攻，火光下，喊聲一片，城很快就攻破了，漢軍衝了進去，殺死了負隅頑抗的少數叛軍，大多數則紛紛繳械投降。

　　呂嘉和趙建德見形勢不妙，在天亮之前率領幾百名部下出逃，乘船沿海往西而去。

　　這時，漢軍有人喊：「報告將軍，呂嘉逃走了！」

　　路博德在詢問了投降的南越人之後，才知呂嘉和趙建德的去向，並派兵追捕他們。

　　兩天後，校尉司馬蘇弘生擒趙建德，原南越國郎官都稽活捉呂嘉。

其他各路軍還沒有趕到，漢軍已滅南越。路博德將呂嘉正法，命人飛報朝廷。

南越戰爭正在激烈進行的時候，漢武帝又開始了他的東巡。捷報傳來，其時武帝正出行至左邑桐鄉，聽說南越國已被攻破，大喜，即把左邑桐鄉改名為聞喜縣。

元封元年，也就是西元前 110 年春，漢武帝行至汲縣新中鄉，又聞已得呂嘉首級，即在汲縣新中鄉增設一個獲嘉縣。武帝為了解心中之恨，下令將呂嘉的子孫宗族遷到蜀地，置不韋縣，以彰其先人之惡。

這樣，由趙佗創立的南越國經過 93 年、五代南越王之後，終於被漢朝消滅了。漢武帝在平定南越國後，將南越國領地設定了南海、蒼梧、郁林、合浦、交趾、九真、日南七郡。

元封元年，也就是西元前 110 年，楊僕率軍從合浦郡徐聞縣渡海，占領了海南島。漢朝將其設為儋耳、珠崖兩郡，和前面七郡同隸屬於交州刺史部。南越正式併入漢王朝的版圖之中。

▌ 西南夷地區的開發 ▌

建元六年，也就是西元前 135 年，漢武帝即皇帝位不久，派王恢進擊閩越。途中，王恢派番陽令唐蒙去南越。南越人熱情招待漢使，特別準備了漢朝的家鄉菜，那是蜀地出產的枸醬款待唐蒙。枸醬是用枸木的樹葉製成的醬，味道鮮美，巴蜀人很喜歡這種珍味。

唐蒙吃到枸醬，問道：「這種醬是從哪裡來的？味道如此鮮美！」

南越人回答說：「是從西北的牂牁江運來的。」

回到長安後，唐蒙專門派人調查了經營這種食品的商人，終於搞清

了這種東西原本是蜀地特產，只是透過夜郎國的中間商人經牂牁江運往南越，所利用的牂牁水道有近百步寬，可以透過較大的船直達番禺。

唐蒙聽說這樣的情況十分高興，他確認自己已經發現了一條可以繞過五嶺天險直搗南越腹地的進軍路線，即由蜀地出兵，過夜郎而擊南越側翼。他立刻把這個消息上奏給了漢武帝，建議說：「迅速聯繫夜郎，利用它的幾十萬軍隊，順牂牁江而下，必可制服南越。」

鑒於南越問題遲遲得不到解決，這個建議正中武帝的心意，因此，他也同意對其進行必要的武力準備，於元光五年，也就是西元前 130 年，封唐蒙為郎中將，率領士卒 1000 人，輜重、珍寶無數，從巴蜀的筰關出發，抵達夜郎，見到夜郎的國王多同。

夜郎王以竹為姓，相傳第一代夜郎王是從竹中剖出的。有一個女子在遯水邊浣衣，忽然看見水上漂來一個三節大竹，正好停在她腳邊，並聞其中有號哭之聲，剖而視之，得一男孩，撫養長大後，那男孩文武雙全，自號為夜郎王，因生在竹中故以竹為姓，也稱竹王。

夜郎王一見，非常高興，高興之餘便問唐蒙說：「漢與我相比，哪個大？」夜郎國王由於消息閉塞，還不知道漢朝是怎樣一個國家，一直以為夜郎是世界上最大的國家。

唐蒙一聽，差點笑出聲來，心想：真是井底之蛙，沒見過大天。見夜郎王一副很認真的樣子，便極口誇張，說漢朝如何的龐大，如何的強盛，如何的富有，並把大量的珍寶、繒帛贈送給多同。

夜郎王聽得目瞪口呆，心中好生羨慕，這才恍然大悟，拍了一下腦袋說：「我一直以為是夜郎國最大呢！」夜郎侯多同面對豐厚的餽贈瞧得眼花撩亂，對漢使自然不敢怠慢。

唐蒙見時機已到，便告之漢朝的嚴威聖德，曉以利害，勸其舉國內

附，以期封侯。夜郎王聽後心有所動，便和唐蒙約定，由朝廷在當地任命官吏，讓竹多同的兒子擔任縣令一級的官員。

多同表示願意與漢往來，並爭取利用其影響動員其他周邊部族一同歸附漢朝，有歷史記載：

夜郎旁小邑皆貪漢繒帛，以為漢迫險，終不能有也，乃且聽盟約。還報，乃以為犍為郡。發巴蜀卒治道，自僰道指牂牁江。

此後，夜郎王竹多同又把附近的小國叫來商議。那些小國都貪圖得到漢朝的絲綢，心想，從漢朝到此，路途遙遠，道路又艱險，無論如何漢朝也不會占有這片土地。不如暫時順從，既不得罪漢使，又可得到絲綢，於是紛紛表示服從唐蒙的盟約。唐蒙大喜，當即返京奏報朝廷。

武帝聞訊大喜，便下令在這一帶設定犍為郡。邛人和笮人聽說南夷因為和漢朝結交獲得了許多賞賜，頓時心中羨慕不已，於是紛紛甘願做漢朝統治下的臣民，請求朝廷仿照統治南夷的辦法，在他們居住的地區任命官吏。

事實上，漢朝不僅僅是在西南地區設形式上的郡縣，而是要真正控制西南地區，西元前 130 年，唐蒙受命掠取和開通夜郎及其西面的僰中，發動巴郡、蜀郡的官吏士卒上千人，西郡又多為他徵調陸路及水上的運輸人員 10000 多人。

西南地區多山，地形複雜，修路不易，在此過程中，加之溼熱，巴郡軍民中許多人生病死去，更多的人開始逃跑。針對這種情況，唐蒙動用戰時法令，誅殺了一些消極對抗的地方首領。不過他的嚴懲措施，沒有收到積極的效果，反而激起了地方勢力更大的反抗，修路工作眼看著就進行不下去了。

面對這種情況，漢武帝經過全盤考慮，決定對巴蜀地方勢力和當地

老百姓進行安撫。恰在這時，司馬相如由蜀歸朝，於是就派相如去責備唐蒙，趁機告知巴、蜀百姓，唐蒙所為並非皇上的本意。

　　司馬相如釋出了一張《諭巴蜀檄》的公告，並採取恩威並施的手段，收到了良好的效果。在這篇公告中，他準確地傳達了漢武帝的意思：

　　告巴蜀太守：蠻夷自擅，不討之日久矣，時侵犯邊境，勞士大夫。陛下即位，存撫天下，輯安中國，然後興師出兵，北徵匈奴。單于怖駭，交臂受事，屈膝請和。康居西域，重譯請朝，稽首來享。移師東指，閩越相誅；右弔番禺，太子入朝。南夷之君，西僰之長，常效貢職，不敢怠墮，延頸舉踵，喁喁然皆爭歸義，欲為臣妾；道裡遼遠，山川阻深，不能自致。夫不順者已誅，而為善者未賞，故遣中郎將往賓之，發巴蜀士民各五百人，以奉幣帛，衛使者不然，靡有兵革之事，戰鬥之患。今聞其乃發軍興制，驚懼子弟，憂患長老，郡又擅為轉粟運輸，皆非陛下之意也。當行者或亡逃自賊殺，亦非人臣之節也。

　　夫邊郡之士，聞烽舉燧燔，皆攝弓而馳，荷兵而走，流汗相屬，唯恐居後；觸白刃，冒流矢，義不反顧，計不旋踵，人懷怒心，如報私仇。彼豈樂死惡生，非編列之民，而與巴蜀異主哉？計深慮遠，急國家之難，而樂盡人臣之道也。故有剖符之封，析珪之爵，位為通侯，居列東第，終則遺顯號於後世，傳土地於子孫。行事甚忠敬，居位安佚，名聲施於無窮，功烈著而不滅。是以賢人君子，肝腦塗中原，膏液潤野草而不辭也。今奉幣役至南夷，即自賊殺，或亡逃抵誅，身死無名，謚為至愚，恥及父母，為天下笑。人之度量相越，豈不遠哉？然此非獨行者之罪也，父兄之教不先，子弟之率不謹也，寡廉鮮恥；而俗不長厚也。其被刑戮，不亦宜乎？

　　陛下患使者有司之若彼，悼不肖愚民之如此，故遣信使曉諭百姓以發卒之事，因數之以不忠死亡之罪，讓三老孝悌以不教之過。方今田時，重煩百姓，已親見近縣，恐遠所溪谷山澤之民不遍聞，檄到，亟下縣道，使咸知陛下之意，唯毋忽也。

這通公告一出，在巴蜀軍民中收到了很好的效果，修築道路工作得以繼續進行。司馬相如順利地完成了使命，回報給漢武帝，漢武帝高興得不得了。而此時唐蒙已掠取並開通了夜郎，趁機要開通西南夷的道路，徵發巴、蜀、廣漢的士卒，參加築路的有數萬人。修路二年，沒有修成，士卒多死亡，耗費的錢財要用億來計算。蜀地民眾和漢朝當權者多有反對者。

這時，邛、筰的君長聽說南夷已與漢朝交往，得到很多賞賜，因而多半都想做漢朝的臣僕，希望比照南夷的待遇，請求漢朝委任他們以官職。

武帝便就此徵詢司馬相如的意見。司馬相如原本是蜀中人，對西夷部落略知一二，便說：「邛、筰、冉、駹者近蜀，道亦易通，秦時嘗通為郡縣，至漢興而罷。今誠復通，為置郡縣，愈於南夷。」

意思是說：邛筰、冉、駹等都離蜀很近，道路容易開通。秦朝時就已設定郡縣，到漢朝建國時才廢除。如今真要重新開通，設定為郡縣，其價值超過南夷。

漢武帝以為相如說得對，就任命相如為中郎將，令持節出使。副使王然於、壺充國、呂越人等，乘坐四匹馬駕馭的傳車向前奔馳，憑藉巴、蜀的官吏和財物去拉攏西南夷。

同時司馬相如又寫了一篇著名的《難蜀父老》：

漢興七十有八載德茂存乎六世，威武紛紜，湛恩汪濊，群生澍濡，洋溢乎方外。於是乃命使西征，隨流而攘，風之所被，罔不披靡。因朝冉從駹，定筰存邛，略斯榆，舉苞滿，結軌還轅，東鄉將報，至於成都。

者老大夫薦紳先生之徒二十有七人，儼然造焉。辭畢，因進曰：「蓋聞天子之於夷狄也，其義羈縻勿絕而已。今罷三郡之士，通夜郎之途，三年於茲而功不竟，士卒勞倦，萬民不贍；今又接以西夷，百姓力屈，

恐不能卒業，此亦使者之累也，竊為左右患之。且夫邛、筰、西僰之與中國並也，歷年茲多不可記已。仁者不以德來，強者不以力並，意者其殆不可乎！今割齊民以附夷狄，弊所恃以事無用。鄙人固陋，不識所謂。」

使者曰：「烏謂此邪！」必若所云，則是蜀不變服而巴不化俗也。餘尚惡聞若說。然斯事體大，固非觀者之所覯也。餘之行急，其詳不可聞已。請為大夫粗陳其略：

蓋世必有非常之人，然後有非常之事；有非常之事，然後有非常之功。非常者，固常人之所異也。故曰非常之原，黎民懼焉；及臻厥成，天下晏如也。昔者洪水沸出，氾濫衍溢，人民登降移徙，崎嶇而不安。夏后氏戚之，及堙洪水，決江疏河，灑沉瞻菑，東歸之於海，而天下永寧。當斯之勤，豈唯民哉？心煩於慮而身親其勞，躬胝無胈，膚不生毛，故休烈顯乎無窮，聲稱浹乎於茲。

且夫賢君之踐位也，豈特委瑣握齪，拘文牽俗，循誦習傳，當世取說云爾哉！必將崇論閎議，創業垂統，為萬世規。故馳騖乎相容幷包，而勤思乎參天貳地。且《詩》不云乎，『普天之下，莫非王土；率土之濱，莫非王臣。』是以六合之內，八方之外，浸潯衍溢，懷生之物有不浸潤於澤者，賢君恥之。今封疆之內，冠帶之倫，咸獲嘉祉，靡有闕遺矣。而夷狄殊俗之國，遼接異黨之地，舟輿不通，人跡罕至，政教未加，流風猶微。內之則犯義侵禮於邊境，外之則邪行橫作，放弒其上，君臣易位，尊卑失序，父兄不辜，幼孤為奴，繫累號泣，內向而怨，曰：『蓋聞中國有至仁焉，德洋而恩普，物靡不得其所，今獨曷為遺己！』舉踵思慕，若枯旱之望雨。鷙夫為之垂涕，況乎上聖，又惡能已？故北出師以討強胡，南馳使以誚勁越。四面風德，二方之君鱗集仰流，願得受號者以億計。故乃關沬若，徼牂柯，鏤靈山，梁孫原。創道德之途，垂仁義之統。將博恩廣施，遠撫長駕，使疏逖不閉，阻深暗昧，得耀乎光明，以偃甲兵於此，而息誅伐於彼。遐邇一體，中外禔福，不亦康乎？夫拯民於沉溺，奉至尊之休德，反衰世之陵遲，繼周氏之絕業，斯乃天子之

急務也。百姓雖勞，又惡可以已哉？

「且夫王事固未有不始於憂勤，而終於佚樂者也。然則受命之符合在於此矣。方將增泰山之封，加梁父之事，鳴和鸞，揚樂頌，上鹹五，下登三。觀者未睹指，聞者未聞音，猶鷦明已翔乎寥廓，而羅者猶視乎藪澤。悲夫！」

於是諸大夫芒然其所懷來，而失闕所以進，喟然並稱曰：

「允哉漢德，此鄙人之所願聞也。百姓雖怠，請以身先之。」

敞罔靡徙，因遷延而辭避。

這篇文章從全國統一大業的高度，闡發了開發西南夷的重大意義。闡明瞭和少數民族相處的道理，其文蒼勁優美，說理透澈，成功地說服了眾人，使少數民族與漢朝合作，為開發西南邊疆作出了貢獻。

漢武帝很滿意司馬相如的這篇文章，這正是自己的心理話啊！西元前129年，漢武帝委任司馬相如為中郎將，再次出使西南，在邛、莋等地負責設定郡縣的工作。

司馬相如等到達蜀郡，蜀郡太守及其屬官都到郊界上迎接相如，縣令背負著弓箭在前面開路，蜀人都以此為榮。於是卓王孫、臨邛諸位父老都憑藉關係來到相如門下，獻上牛和酒，與相如暢敘歡樂之情。

卓王孫喟然感嘆，自以為把女兒嫁給司馬相如的時間太晚，便把一份豐厚的財物給了文君，使與兒子所分均等。司馬相如就便平定了西南夷。邛、筰、冉、駹、斯榆的君長都請求成為漢王朝的臣子。

於是，拆除了舊時的關隘，使邊關擴大，西邊到達沫水和若水，南邊到達牂牁，以此為邊界，開通了靈關道，在孫水上建橋，直通邛、筰。相如還京報告皇上，皇上特別高興。

漢武帝沒有花費大的軍事力量，主要靠強盛的國力和發達的經濟、文化，便成功地達到了開拓西南邊疆的目的。武帝下令在那些地區設定

十幾個縣，歸蜀郡管轄。可這個想法卻遭到了一些大臣的反對，比如公孫弘，他曾到西南一帶視察過工作，說這些地方目前開發沒什麼好處。

元朔三年，也就是西元前 126 年冬，正當北築朔方、東置蒼海郡，蜀長老又多言通西南夷有害無益。於是朝廷中反對聲復起，御史大夫公孫弘等認為西南與蒼海、朔方都是沒有用處之地，主張全部停止築城、置郡。

漢武帝命朱買臣與公孫弘辯論，朱極言置朔方之利。公孫弘就退而主罷蒼海郡和暫停西南夷事務，以專力對付匈奴。於是，春罷蒼海郡，秋罷西夷事務，僅置南夷、夜郎一都尉，讓犍為郡修城自保。

元狩元年，也就是西元前 122 年，曾經出使西域的張騫向武帝提出了一個探索蜀地通往身毒通道的建議。原來，張騫出使西域在大夏時，曾經看到過蜀地出產的細布和邛山出產的竹杖。

於是，張騫便問這是從什麼地方來的，那些大夏人回答說：「是從東南方向的身毒國來的，離此地大約有好幾千里，從那兒的蜀地商人手中買的。」所以張騫認為既然身毒有蜀郡的東西，那它距離蜀郡一定不會太遠。果然後來又聽說身毒就在邛山西面大約兩千里的地方。

張騫心中一亮，獨自盤算道：漢使出使大夏，如果經由羌人居住的地區，不僅道路險惡難行，又會受到羌人的阻攔；假若取道稍北的地方，便會落入匈奴人的魔掌。

既然兩路都不妥，如果透過蜀郡到達身毒，再由身毒到大夏，豈不是既方便又安全嗎？所以張騫立即向漢武帝上書，極力宣稱大夏就在漢朝的西南方，它羨慕中國久矣，時刻都想和漢朝交好，只因匈奴人阻擋著通路，才未能如願。如果能開通蜀地的道路，取道身毒再到大夏，則對大漢有百利而無一害，皇帝的威德也就能遠播大夏。

　　武帝一聽，心中非常高興。立即命令張騫主持其事，並派王然於、柏始昌、呂越人等為使臣，沿著蜀郡、犍為郡一帶的山路，從馬、冉、徙及邛僰之間四道並出，尋找身毒國。豈料各路使臣在分別走出一二千里以後紛紛受阻，都無功而返。

　　由於漢使受阻於昆明，漢武帝計劃要征討。那裡有方圓三百里的滇池，武帝便專門在長安修「昆明池」練習水戰。但由於當時戰事頻繁，能夠徵調服役的人越來越少，武帝便下令凡官吏不恪盡職守，玩弄法令者，一律發配到長安御苑去砍伐荊棘，挖掘昆明池。長安城為之震動。

　　元鼎五年，也就是西元前 112 年，在向南越發動全面進攻之際，漢王朝派遣馳義侯傳檄犍為郡，希望借當地士兵助戰，實現當初唐蒙借路出奇兵的策略計劃。

　　漢使的到來引起了當地部族首領的恐慌，以且蘭君為首的部分首領發動了武裝叛亂，殺死漢使及犍為郡太守，公開對抗漢廷政令：

　　漢乃發巴蜀罪人嘗擊南越者八校尉擊破之。會越已破，漢八校尉不下，即引兵還，行誅頭蘭。頭蘭，常隔滇道者也。

　　至此，以且蘭、邛縣、筰侯為首的南夷反抗力量被鎮壓。不久夜郎侯入朝歸附，武帝封其為夜郎王，賜予王印。此後，在漢朝的政治、軍事壓力下，邛、筰、冉駹、白馬相繼歸漢朝統治。漢朝在邛設越巂郡，筰為沈黎郡，白馬設武都郡，冉駹為汶山郡，還設定了牂牁郡。

　　元封二年，也就是西元前 109 年秋，漢武帝仍命郭昌、衛廣發巴蜀兵擊滅勞深、靡莫，滇舉國降服，滇王請漢置吏入朝，武帝對滇王的態度感到滿意，賜予他滇王王印，仍讓他統治當地，在這裡設定益州郡，鄰治其眾數萬人。從此，西南地區的大部分都重歸中國版圖，西南各族人民與漢族的關係逐漸密切。

在對於西南夷的經略方面，漢武帝充分展示了他恩威並施的政治手段，順其對當地的開發與管理也有其因地制宜、因俗而治的一面，為中國西南地區早期的開發管理奠定了政策基礎。

▌ 朝鮮四郡的東征與平定 ▌

漢武帝在開通西南邊疆時，又向東鄰的朝鮮用兵。朝鮮從周武王時代開始，就同中國有密切關係。殷紂王的叔父箕子，在殷朝滅亡後，帶領五千殷民逃到朝鮮北部，建立了政權。

戰國末期，樂毅滅齊的壯舉令燕國進入全盛時期，燕昭王趁勢令悍將衛滿統軍挺入朝鮮半島，進行開荒式征服。衛滿率領部屬剛來朝鮮時，得到朝鮮王箕準的禮遇。

箕準拜他為博士，賜給圭，封給西部方圓百里的地方。箕準的目的很清楚，就是希望透過衛滿，來為他守護西部邊境。然而衛滿是個很有政治野心的人，他利用封地為依託，不斷招引漢人流民，積聚自己的政治、經濟力量。

西元前 194 年，羽翼已經豐滿的衛滿，派人向箕準假傳漢朝要派大軍來進攻，請求到箕準身邊來守護。箕準不知道這個是騙局，於是便許諾了衛滿的請求。

衛滿便就此機會，率軍向王都王險城出發，一舉攻占王都後，自立為王，國號仍稱朝鮮，歷史上稱其為「衛氏朝鮮」。衛氏王朝建立後，控制了朝鮮半島的北部地區，與西漢燕地相鄰。

這時正是漢惠帝執政時期，天下初定，遼東太守經漢廷批准，主動與朝鮮國王衛滿相約：衛滿為漢朝藩屬外臣，為漢朝保衛塞外，不使漢朝邊境受到侵犯；塞外各族首領朝見漢朝天子，以及各國與漢朝通商，

不許從中阻撓。作為回報，漢朝答應給予衛滿以兵力和物資上的支持。

有了西漢藩屬外臣的身分和漢廷的軍事、經濟的支持，衛滿便開始不斷地侵凌和征服臨近小邦，真番、臨屯都主動前來歸順，衛氏政權的勢力因此迅速膨脹，領地擴大到方圓幾千里。

漢武帝即位之後，衛滿的孫子右渠成為朝鮮王時，更是大量招引漢人流民，以此來擴充衛氏政權的實力。而隨著衛氏勢力的日益雄厚，右渠不但自己不肯再向漢朝通商朝貢，而且還阻礙鄰近真番等小國與漢朝通商朝貢。一時之間，各小國和漢朝的聯繫因衛右渠的從中作梗而陷於中斷。

元朔元年，也就是西元前 128 年，朝鮮半島小番君南宮等因不滿朝鮮王右渠的控制，率眾 28 萬歸降漢朝，武帝在那裡設立蒼海郡，但元朔二年，也就是西元前 126 年春，由於北方戰事而罷除。

蒼海郡的一度置廢，已向右渠表明了武帝政策的立場，引起了他的極度不滿。因此他在加緊了對其境內部族控制的同時，也拒絕了南方的真番、辰國經其領土朝見漢廷的要求。這樣雙方的矛盾終於暴露。

元封二年，也就是西元前 109 年，武帝派遣涉何為漢使前往朝鮮，責怪和曉諭衛右渠，要他去晉見漢天子，但衛右渠倚仗自己逐漸增大的實力，不願接受武帝的命令，涉何無功而返，帶著忐忑不安的心情離開了王險城，踏上了歸途。

一路上，他苦苦思索著如何向武帝交差，害怕無功而還，武帝震怒，自己性命不保。於是，他貪功心切，竟然在浿水邊界派人刺殺了為其送行的衛氏朝鮮的一名裨王，然後迅速渡浿入塞，向武帝謊報說殺了朝鮮大將。

漢武帝聽說他殺死了一位朝鮮將軍，連連稱讚他做得好，儘管衛右

渠未來朝見，但殺其一將，總是有功，便不再責怪其他而任命涉何為遼東郡都尉，防禦朝鮮。

這個消息很快便傳到王險城，得知涉何因襲殺己將而升官發財的衛右渠，當即怒上眉梢，率軍傾巢而出，發兵越界攻襲，洋洋自得的涉何都尉官位還來不及坐穩，就被殺了。涉何被誅的奇恥大辱，令漢武帝勃然大怒。於是，一場決定朝鮮半島歸屬的大戰如上弦之箭，一觸即發。

當年夏，漢武帝招募天下死罪組成東征軍做準備。同年秋天，派出水陸兩軍東征朝鮮。海路由樓船將軍楊僕率領，從山東半島浮海東進；陸路由左將軍荀彘率領，從遼東南下。約定二軍合擊，同攻王險城。

但漢軍明顯低估了朝鮮軍隊的戰鬥力。在漢武帝眼中，朝鮮就是彈丸邊地，所以根本不必詳加備戰，只需小動干戈，再大的風浪也會瞬間平息。

然而，這種過於輕敵的心理，無疑曚蔽了漢武帝的慧眼，令其忽視掉這場平叛存在的諸多特殊困難。其一，路途遙遠，漢軍難免長途跋涉，衛右渠則把守關隘，以逸待勞。其二，衛氏家族在朝鮮已歷三世，儘管橫徵暴斂和重徭重賦的害民政策不得人心，但畢竟熟悉地形，糧道亦短，在作戰中占據主動。

儘管不少作戰經驗豐富的大將都苦口婆心地勸諫過，但漢武帝顯然不把這些放在眼裡，這從他數日間便草擬完畢的平叛計劃上即可窺見一斑。

可事實表明，這場漢武帝就是認定漢軍必會打出一場彪炳史冊的著名戰役，在戰爭剛剛拉開帷幕，漢軍就遭遇大挫。率先開赴前線的荀彘忍受不了等待的折磨，不顧事先跟楊僕約好的進攻日期，提前命部將正多發動試探性進攻。

　　誰料正多也妄想透過此次平叛加官進爵，他率領先頭部隊孤軍深入，結果落入衛右渠預設的伏擊圈，被殺得丟盔棄甲，狼狽不堪。儘管損失並不大，但漢軍自此士氣大跌，同時也恍悟朝鮮軍隊並沒有幻想中的那麼不堪一擊。

　　憤怒的荀彘雖然一刀結果了正多，卻又從貪功好進墜入了另一個心理陷阱：懼戰徘徊。這無意之中倒是緩解了衛右渠的致命危機。楊僕在按期登陸並獲成功後，發現一切出奇地順利，於是一路昂首闊步向北挺進，數日便兵臨衛右渠的「國都」王險城下。

　　衛右渠被打了個措手不及，但好在荀彘駐軍不前，於是立刻狂奔回救。最終，王險城的守軍連同北歸的援軍合成一股洪流，以數量上的壓倒性優勢，將楊僕的樓船軍徹底衝潰。

　　據《史記》記載，敗北的楊僕相當悽慘，「失其眾，遁山中十餘日」。好在樓船軍是其訓練多年的嫡系部隊，楊僕費盡九牛二虎之力，終於「收散卒，復聚」。可樓船軍經此大敗，無論實力還是士氣，都遭受重創。將士們歸鄉心切，無心再戰。

　　兩路人馬毫無默契，大敗特敗的消息傳到長安後，漢武帝怒不可遏，當即派遣使臣迢迢萬里奔赴前線責罵荀彘。驚恐之下，荀彘率軍南下，拚死力戰。經過大小多場戰役，荀彘終於殺到王險城下。

　　在大漢南北兩軍即將會師的關鍵時期，荀、楊二人皆認定破城已是朝夕之事。因此，二人心中各自掐起小九九，都想要奪取首功。手握重兵的荀彘當然想要直接攻城，但他需要楊僕率軍從側翼佯攻，分散敵兵，只有這樣才能把損失降到最低。

　　而楊僕心中更加清楚，一旦破城，作為主攻的荀彘定會活捉衛右渠，那功勞便盡歸其手。貪心作祟下，楊僕堅決不同意配合荀彘強攻，

並於暗中聯繫衛右渠，規勸其向樓船軍開城請降。

衛右渠猜透楊僕的用心，便將所有主力調派至城北，專注抵禦荀彘的猛攻。悲催的荀彘多次強攻未果，城下的漢軍屍體早已堆積如山，可王險城依然屹立不倒，固若金湯。損兵折將的荀彘對楊僕自然恨得牙癢癢，但也著實無計可施。

不過一個人的到來令荀彘看到了轉機。原來，漢武帝算準日子，認為平叛軍早該凱旋了，如此拖泥帶水又杳無音訊，肯定是遇到突發狀況了，於是召集大臣們商議對策。

大臣們紛紛表示應派一得力使者前往調查。糾正兩將的錯誤，以協調其行動，盡快攻取王險城。武帝認為對，於是就派濟南太守公孫遂前往行其事，並授權給他遇事可便宜從事，不必請示朝廷。

公孫遂到了朝鮮來到左將軍荀彘的軍前，左將軍高興不已，他心想：謝天謝地，皇上還是派人來了。於是他把所有的壓抑和怨氣一下子全倒了出來：「朝鮮早就該打下來了，之所以拖了這麼久還未能攻下，是由於樓船將軍好幾次都不遵守預定的作戰計劃。」

接著荀彘又把自己平素懷疑樓船將軍要謀反的想法一五一十地告訴了公孫遂，最後說道：「現在情況萬分嚴重，若不先發制人將其拿問，恐怕要釀成大禍，不僅樓船將軍要謀反，他還可能和朝鮮兵一道來消滅我的軍隊。」

公孫遂在朝中素來跟荀彘友善，聽到楊僕有可能謀反，不禁倒吸了一口涼氣：萬萬沒料到事情是如此的糟糕，看樣子還真得先下手了。於是，公孫遂用天子恩賜的符節將楊僕誘至荀彘軍營，然後不由分說，將其五花大綁，而把他的部隊交給左將軍指揮。

左將軍荀彘兼併了楊僕的軍隊後，實力大增，加緊了對朝鮮的進

攻，王險城岌岌可危。城中人個個惶惶不安，驚恐異常。朝鮮國相路人、韓陰、尼相參、將軍王口夾等便相互商議道：「開始還打算向樓船將軍投降，現在樓船將軍已被抓了起來，只有左將軍一人指揮兩路兵馬，仗越打越激烈，進攻越來越猛烈，萬一我方無法抵擋得住，而國王又偏不肯向左將軍投降，不如我們自尋出路為好。」

於是，韓陰、口夾、路人都棄職投向了左將軍帳下，路人死於半途之中。這時，王險城中突然發生政變，也正是這一突如其來的政變把幾個當事人幾乎全部送上西天。

原來，衛右渠本身也是個暴虐成性的土皇帝。衛氏作為外來勢力，跟土著集團難免產生利益糾紛，而衛右渠對所有逆己者皆採取血腥的屠殺政策，那些威望甚高的土著元老向來對其心有怨念，常年以來，仇恨無形中愈積愈深。

當漢軍圍城之時，王險城裡的土著元老認為衛右渠的敗亡即將到來，便決定抓住這個千載難逢的良機，經過縝密的謀劃，最終在一個深夜成功暗殺了毫無防備的衛右渠。

王險城的大權順勢盡落在朝鮮土著手中，擺在他們面前的只有兩條路：一是繼續堅守到底，二是開城投降。在局勢已然明朗之時，思維正常的人都明白死命頑抗只能是自尋死路。可對朝鮮人來說，如何投降，向誰投降都是難題。

荀彘素來性殘好殺，朝鮮土著對其極度畏懼，而且衛右渠跟荀彘早已結下死仇，如若王險城落入其手，勢必難免屠城厄運。而樓船軍儘管曾經發過招降令，但畢竟不是圍城的主力，荀彘軍一旦暴怒起來，樓船軍那麼點人如何能應付危局？

最終朝鮮人採取了一條絕妙之計：棄城而降。只要到了樓船軍營地，

荀彘就算吃了豹子膽，也不敢攻打友軍。於是，土著元老率眾前往樓船軍駐紮的營地，集體投誠。如此一來，荀彘費盡心機，卻僅僅拿下一座千瘡百孔的空城。

武帝見兩路都失利，於是改用政治手段，派使者衛山憑藉漢朝軍威曉諭右渠。

右渠雖然一戰而勝，但也對進行長期戰爭缺乏信心，於是妥協，答應派遣太子入朝謝罪，並貢 5000 匹馬和一批軍糧隨使者入漢。但當衛太子率領萬餘人的軍隊扈從來到浿水邊時，衛山和荀彘見朝鮮太子隨從有萬餘武裝，怕生變，要解除他們武裝。

而朝鮮太子本來就懷疑漢使者招降的誠意，於是就不渡浿水，掉頭回程。衛山招降沒有成功，回去彙報，武帝認為衛山處置失當，殺了他，和談失敗。

這件事激起漢廷的憤怒，命令在朝鮮的兩路大軍加緊進攻王儉城。由於王儉城長期被漢軍包圍，在抵抗漢軍的問題上，衛朝內部發生了意見分歧。西元前 108 年夏，朝鮮右渠王被主和的臣屬殺害，王險城終於被攻陷，衛氏朝鮮滅亡。

這場耗時多年，死傷慘重的平叛戰役，令漢武帝出奇地暴怒。眾多戰將，只要略有過失，皆被處以極刑，幾大主角也同樣無法逃脫嚴懲。

荀彘被認定罪大惡極，先是違背作戰計劃，指揮失當，後又綁架楊僕挑起內訌，而且殺戮甚多，卻無尺寸之功。這等滔天大罪當然不容寬恕，荀彘被棄市腰斬。而公孫遂當即也以擅拘大臣之罪傳令將其斬首。可憐的公孫遂就這樣稀裡糊塗成了刀下之鬼。

而楊僕雖然罪過較輕，但為圖軍功，私自招降也是大過一件，也被判死刑，後傾家蕩產才贖回一條命，但卻被貶為庶人，潦倒不堪，不久

後也一命嗚呼。

武帝征服衛氏朝鮮後，在朝鮮設定真番郡、臨屯郡、樂浪郡和玄菟郡，歷史上稱其為「漢四郡」。四郡之下設有很多縣，郡縣長官由漢朝中央派遣漢人擔任。很顯然，「漢四郡」的設定，說明漢武帝已經將朝鮮半島北部地區納入了漢帝國的直接統治範圍。

漢武帝以漢帝國雄厚的物質經濟力量為基礎，對邊疆地區進行了開拓，對中國歷史和經濟文化的發展，起了極為重要的推動作用。祖國的遼闊疆域，大體上是在漢武帝時期對西北、東南、南方和西南地區開拓的基礎上形成的，從而奠定了祖國地大物博的基礎。

隨著疆域的擴大，漢民族以外的各族人民，加入了祖國的大家庭，共同創造著祖國的物質和精神財富，推動了祖國歷史的發展。漢武帝在這一歷史過程中，適應了中華民族發展和融合的歷史趨勢，在政治、軍事和外交上都是最高的指揮者和實際的決策者，起了極為重大的作用，對中國歷史的發展作出了巨大的貢獻。

‖ 羌族叛亂的解決 ‖

漢武帝時期，他在處理和南越、西南夷及衛氏朝鮮關係的時候，其政策的輕重緩急總是和北方匈奴問題的進展有著密不可分的關係，只不過這種聯繫是總體性的、策略性的。

而這些政策，對於居住在西北邊地的羌人來說，這種微妙的聯繫就變得內在而直接的多了。從某種意義上來講，羌人問題的解決完全可以作為漢王朝整個對匈奴戰爭、開通西域大策略中的一個重要組成部分。

根據史料的記載，羌人起源於青海河湟地區、渭水上游草原一帶的

羌族，早在西周時期，羌人就活動在甘肅臨洮一帶，一般認為羌族是當地土著與外遷來的苗民經過長期的共同生活最後形成的。

到了戰國時期，羌人部落的活動便在祁連山區，並至遲在戰國晚期北出扁都口，霍城一帶，進入河西走廊。

羌人的部落繁多，大多以動物之名為號，如白馬、犛牛、參狼、黃羝、黃羊等，可能是一種圖騰崇拜的遺蹟。有一些以地名為號，如勒姐、卑。這部分人可能已進入地緣性聯盟。而較強大的先零、燒當羌則以父號為名，表現了父系氏族的父子聯名制。

大致來說，西北諸羌，先零、勒姐、當煎、當闐、封養、牢姐、乡姐、卑浦、烏吾、鍾存、鞏唐、且凍、傅難諸種在隴西、金城兩郡及其塞外。全無、沈氏、部分牢姐在上郡。虔人及部分卑浦在西河郡。各部自有酋長，數相攻殺掠奪，戰禍頻頻不斷。

諸羌之中，最初以先零為最強大，居住在大榆谷，水草豐美，自然條件比較優越。對外向漢朝邊境用兵，對內併吞弱小，後被燒當羌等聯合擊敗，逐漸被削弱。

燒當羌傳說是研的十三世子孫，本來居住在大元谷，人少勢弱，後擊敗先零、卑浦羌，遷居到大榆後，日趨強大起來。此外鍾羌也很強大，號稱有兵力十萬。至於其他羌部，大者萬餘人，小者數千人，一時都很活躍。

而到了秦漢之際，遊徙、生活於河西走廊的羌人漸漸活躍於政治、軍事歷史舞臺。當西漢王朝興起的時候，這些羌族的部落就臣服於匈奴。到了漢景帝即位之後，其中羌族一支研的後代留何率領族人請求向漢景帝歸順，以此為漢朝守衛隴西要塞。

漢景帝欣然接受這批遠方來降的羌人，因此，把留何及其研種羌部

落一齊遷居到隴西郡中，安排在狄道、安故、臨洮、氐道、羌道、五縣中，與漢人雜居，共同守衛西北邊防。

久而久之，這些進入中原的羌人已經基本上融合進入了於漢族當中，但是一些沒有進入中原的羌人，除了有一部分生活在隴西以外，大多數的羌人都散布在長城以西，特別是河湟地帶。

當漢武帝即位之後，對於匈奴採取了狂風暴雨式的軍事行動，這對於居住在西北邊地的羌人來講也受到了嚴重的衝擊。漢武帝下令對河西用兵，匈奴人受到沉重打擊，渾邪王和休屠王部眾的投降使得羌人和漢朝發生了直接的接觸。

漢武帝出兵河西驅逐匈奴的同時，對諸羌人也施加了軍事上的壓力，逼迫他們向西遷移。由於匈奴渾邪王的內降和諸羌的西遷，使河西一帶成為真空。

漢武帝召烏孫回河西故地的計畫落空之後，他為了加強在河西地區的邊防，就在河西先後設立了武威郡和酒泉郡，從此，河西一帶正式成為漢朝的領土。漢武帝還不斷招募百姓和輸送罪犯到河西地區開墾荒地，發展生產。這對於以後開通西域和繼續打擊匈奴創造了有利的條件。

漢武帝在取得河西戰役的勝利之後，置敦煌、武威、張掖、酒泉四郡，駐軍屯墾，移民實邊，在羌人與匈奴中間打入一個楔子，使得兩者之間不能交通，從而阻斷雙方的勾結與聯繫。這樣，兩者勾結對付漢朝已經特別困難了。

元鼎六年，也就是西元前 112 年，羌人的先零、封養、牢姐部落化解冤仇，結成聯盟，與匈奴暗中勾結，會合 10 多萬人馬，會攻漢朝的邊郡令居縣和安故縣，包圍了枹罕，匈奴趁機出兵五原，殺漢太守，氣焰

十分囂張，邊關告急。

漢武帝得知後，大怒不已，便在同年十月，漢武帝下詔徵發隴西、天水、安定騎兵以及京都中尉、河南、河內士卒 10 萬人，派遣將軍李息與郎中令徐自為率領 10 萬大軍征討羌人。

這一次大規模的軍事行動在對羌人的作戰中是史無前例的。因此，強硬的軍事行動，使得原本結構鬆散的羌人內部隨即發生了分裂，以先零羌為首的一部分羌人歸降漢王朝。

他們受到了漢王朝的優禮相待，而另一部分羌人則在戰亂中離開河西、湟中向西遷移游牧。隨後，漢武帝下詔在羌中故地設定「護羌校尉」，專門負責管理羌人事務。

據《漢書·趙充國傳》記載：神爵二年（西元前 59 年），漢宣帝讓大臣推薦出任護羌校尉的人選，有人推薦辛湯，趙充國認為辛湯嗜酒任性，不如湯兄臨眾。這樣漢宣帝任命湯臨眾出任了護羌校尉。其後，隴西將門辛氏家族又先後有辛湯、辛通出任護羌校尉之職。此外，還有王尊、尹岑、竇況等人出任國該職。

伴隨匈漢戰爭的進展及匈奴的戰敗，羌人對漢態度亦發生根本性變化，元封二年以後，羌人邊患基本平息。

戰事結束後，漢武帝便開始在羌人居住的地區設定護羌校尉，持節統領內附漢朝的諸羌部落。從此，青海東部開始成為中國的行政管理區域。

可是由於整個地區的民族矛盾始終沒有得到徹底解決，所以羌人反叛、起義仍然時有發生；而由於移民引發的對土地的爭奪也是此伏彼起。由此，羌地動盪不斷，始終圍繞著這兩個環節在進行鬥爭。這種矛盾，卻不是漢武帝雄才偉略所能夠根本予以解決的。

到昭帝即位之後，除了河西四郡外，又增設了一個面積遼闊幾乎包括西羌分部中心的金城郡，下轄縣數一度達到了 13 個。這樣在西羌地區以護羌校尉為依託的郡縣制度終於建立起來了，河西、羌中正式併入漢王朝的版圖。

▌ 張騫出使西域的使命 ▌

那時在楚漢戰爭時期，匈奴冒頓單于乘機擴張勢力，控制了中國東北部、北部和西部廣大地區，建立起統一的奴隸主政權和強大的軍事機器。

西漢初年，匈奴冒頓單于征服西域，設僮僕都尉，向各國徵收繁重的賦稅。匈奴還以西域作為軍事上的據點和經濟上的後盾，經常侵占漢朝的領土，騷擾和掠奪中原居民。

西漢王朝的統治者在同匈奴鬥爭的過程中，逐漸認識到西域的重要性，特別是在漢武帝即位之後，建元二年，也就是西元前 139 年，繼位剛滿三年的武帝更是雄心勃勃，在發會稽兵經略東越的同時，就和謀臣們計議如何對付強敵匈奴，報復雪恥，改變屈從的地位。

這時，漢武帝從匈奴降人的口中得到一個使他振奮的消息。他聽說在二三十年前，敦煌和祁連山一帶有一個以游牧為業的月氏國，人口多達 40 餘萬。由於人多勢眾，國力強大，所以一向不把匈奴人放在眼裡。

而匈奴的冒頓單于在很小的時候就曾經在月氏做過人質，後來冒頓率兵打敗了月氏。冒頓單于死後，繼任的老上單于更是一不做二不休，不僅再次擊敗月氏，而且還殺死了月氏王，並且把他的頭顱做成酒器以飲酒揚威。

被逼無奈的月氏人有一部分被迫離開世代生活的居住地，心裡充滿了怨恨，但他們卻無能為力，只好含著眼淚朝西長途跋涉。到了天山北麓的伊犁河流域，月氏人才停頓下來，得以重整旗鼓，重建家園。這部分月氏人被稱作大月氏，而留在敦煌祁連山故地的月氏人被稱作小月氏。

可是好景不長，大月氏又受到了匈奴支持的烏孫人的攻擊，大月氏人只好再次向西南遷到媯水流域。在那裡，他們征服了大夏國並定居下來。西遷的大月氏有報匈奴世仇之意，但一直苦於無人相助。

漢武帝聽後躍躍欲試。他便決定溝通與西域的聯繫，想聯合大月氏，以夾攻匈奴「斷匈右臂」。所謂西域，是指後來的敦煌以西、蔥嶺內外的廣大地區。後來由於交通益廣，在蔥嶺以西、今中亞細亞一帶，也概稱西域。西域當時有 36 國，人口最多的 60 萬，最少的只有幾萬人。

秦末、漢初冒頓單于侵入西域後，西域大部分國家都臣服於匈奴，匈奴設「童僕都尉」管理他們，向他們徵收賦稅。這個地區南望祁連山，北瀕合黎山、龍首山和大沙漠，是當時東西方往來的咽喉。當時，西域對漢王朝來說，是一個神祕的未知地區。而從中原到塔里木盆地和更西的世界，必經一條東南至西北走向的狹長地帶，這便是河西走廊。

為了切實地了解河西以外的情況，更主要是尋找遠在異域的策略盟友，武帝決定派人到兩部走一趟。而漢武帝就必須選派一個堅毅不拔、不畏艱險的大智大勇的人前往。所以漢武帝便開始公開招募。

這個消息剛一傳出去，朝廷內外便開始議論紛紛。面對西方那一片未知的異域和生死未知的征途，有一名默默無聞的郎官挺身而出，自願出使，去實現漢武帝的大膽設想。這個人便是張騫。

張騫是漢中郡城固人。漢武帝建元元年，也就是西元前 140 年為

郎，就此成為武帝近衛軍的一員。但不久他就發現，郎官位雖榮顯，卻只處於官吏候補地位，而且機會較少而競爭者很多，有些人頭髮都花白了，卻仍在苦苦期待。

不甘平庸的他，也在努力尋找機會，可是他畢竟還很年輕，成為官吏更是遙不可及了。這時，正好漢武帝下詔募招能出使西域者，他便想，與其坐等白頭，還不如冒險西行。

於是，他面對這一項極為凶險的特別使命，經歷了一番思想鬥爭後毅然站了出來，接受這一次希望與絕望共系、榮華與死亡為鄰的命運挑戰。張騫的雄才大略得到了漢武帝的賞識。於是，漢武帝任命張騫為大漢使者，出使西域。

建元二年，也就是西元前 139 年，張騫奉漢武帝之命，由一個歸順的「胡人」、堂邑氏的家奴堂邑父，自願充當張騫的嚮導和翻譯，率領一百多人準備出使西域。這時，漢武帝拿了符節叫道：「張騫。」

「微臣在。」張騫應聲答道。

「朕把這漢節授予你，望你一定要想法完成使命。對西域各國要以義待之，不可以大國居之。」張騫接過一根長 7 尺，上掛三把犛牛尾的竹竿，說：「微臣遵旨，決不辱使命。」然後向武帝行了跪叩禮。武帝又將璽書遞給張騫，說：「一路順風。」張騫又接過了璽書。因而，他成為了中國交往西域的第一個使者。

張騫一行西出長安後一路向西。這天，大隊伍來到了黃河邊，張騫站在河岸上，只見滔滔河水滾滾而下，嚮導甘父指著河西說：「大人，河西就是匈奴控地了，渡河只有在黑夜裡進行。」

張騫聽了說：「那就做筏子，夜裡渡河。」於是大家便砍樹做木筏，夜裡偷偷渡過河，然後沿著河西走廊向西而去。他們晝伏夜行，終於進

入了大漠。晚上，張騫騎在馬上，在星光下看著茫茫大漠問甘父：「甘父，河西什麼時候才能走完？這大漠有多長？」

「大人，還早著呢，這大漠有千里呢。」張騫說：「有萬里也不怕，就是不可忘記尋找水源。」甘父說：「在下明白。」

「不要謙恭了。你雖是胡人，但現在已經是大漢使者的嚮導了。」

「是，在下明白。」張騫又說：「大家攜帶的水快喝完了，趕快找一個水源吧。」

「找水源要往北走，但那裡匈奴多。」

「可沒有水，大家走不了，只好冒險了。」於是甘父策馬向前，帶著大家往北面的水源尋去。在月光下，果然見到一小片水草地，大家撲了上去，忙用雙手捧水喝，乾得冒煙的嗓子終於得到了水的滋潤。大家正拚命地飲水時，忽然，一片土崗後面出現了匈奴人的騎兵，他們看到張騫一行勢單力薄，便放心大膽地擋住了去路。

「來者何人，去往何處？」張騫見是一隊匈奴騎兵圍住了他們，便對為首的施禮道：「我們是過路的商旅，準備到西域去做點生意。」

「做生意的？我倒覺得你們像奸細。」

「我們不是奸細，我們都是商人。」那為首的細長眼一瞪，高聲說：「不管你們是什麼人，都得跟我走一趟，去見了我們的長官再說。」於是張騫及一百多隨從全部被帶到匈奴的巡邏駐地。巡邏駐地的匈奴看他們不像一般人，又把他們押到了匈奴單于的帳篷。巡邏隊的匈奴頭目把從張騫身上搜到的璽書及漢節交給了單于，單于看了後問道：「你是大漢派到大月氏國的使者？」面對單于，張騫毫無畏懼之色，他右手持節鎮定地說：「大漢使節請匈奴單于讓路，我們只要結交友邦，對匈奴並無惡意。」單于得知張騫欲出使月氏後，對張騫說：「月氏在吾北，漢何以得

往？使吾欲使越，漢肯聽我乎？」這句話的意思是說，站在匈奴人的立場，無論如何也不容許漢使透過匈奴人地區，去出使月氏。就像漢朝不會讓匈奴使者穿過汗區，到南方的越國去一樣。

於是張騫一行被圈在了幾頂帳篷內，周圍被匈奴人看管了起來。匈奴單于為軟化、拉攏張騫，打消其出使月氏的念頭，進行了種種威逼利誘，單于便把一個匈奴女子賜給張騫為妻，企圖用家庭的羈絆把張騫拴住，打消其出使大月氏的念頭，使漢朝和大月氏不能聯合。

但是，這樣做始終沒有達到目的。張騫「不辱君命」

「持漢節不失」，即始終沒有忘記漢武帝所交給自己的神聖使命，沒有動搖為漢朝通使月氏的意志和決心，在匈奴一直留居了 10 年之久。

元光六年，也就是西元前 129 年，匈奴監視漸有鬆弛，而張騫心裡西去大月氏的想法也始終沒有消失，相反更強烈起來，終於有一次，他瞅準了機會，趁匈奴人不備，召集了殘存的部眾，縱馬向西狂奔，終於逃出了匈奴控制區。

儘管張騫一行人不知道大月氏的確切位置，但他始終堅信，只要西行就一定能到達大月氏。這是一次極為艱苦的行軍。大戈壁灘上，飛沙走石，熱浪滾滾；蔥嶺高如屋脊，冰雪皚皚，寒風刺骨。沿途人煙稀少，水源奇缺。

加之匆匆出逃，物資準備又不足。張騫一行，風餐露宿，備嘗艱辛。乾糧吃盡了，就靠善射的堂邑父射殺禽獸聊以充飢。不少隨從或因飢渴倒斃途中，或葬身黃沙、冰窟，獻出了生命。就這樣，幾十天的奔波之後，他們終於到達了大宛國。

大宛王早就對漢帝國有所聞，從匈奴那邊過來的人多次提到遙遠東方的神祕國家，那裡堆滿金銀財寶，綢緞布帛多得用不完。大宛王對這

個富庶的國家十分神往，只是由於路途遙遠，中間又有匈奴阻隔，沒有辦法結交。

想不到大漢的使節登上門來，馬上設盛宴款待遠方來客。張騫持漢節行過漢禮之後，恭敬地對大宛王說：「我們是奉大漢皇帝的詔令前往月氏國通好的使者，現在途經貴國，如大王能派人送我們去月氏，將來回到中原，必當上報皇上給以厚禮相謝。」

大宛王一聽，要求自己所辦的事很容易，且能交好大漢皇帝，便很樂意照辦。為表示誠意，他還派一名能說月氏話的人當張騫的翻譯。

張騫辭別了大宛王，順利地進入康居境內。康居和大宛是友好鄰邦，又有大宛王的極力推舉，所以對他們十分熱情，也派人護送他們到月氏。

終於，他們進入了那片朝思暮想的神奇的未知地帶，那便是西域。但在留居匈奴期間，西域的形勢已發生了變化。月氏的敵國烏孫，在匈奴支持和唆使下西攻月氏，月氏人被迫從伊犁河流域繼續西遷，進入鹹海附近的媯水地區，征服大夏，在新的土地上另建家園。

張騫提出聯盟，但大月氏的新王因土地肥沃，國家安寧，已經不再想復仇，加之，他們又以為漢朝離月氏太遠，如果聯合攻擊匈奴，遇到危險恐難以相助。張騫等人在月氏逗留了一年多，但始終未能說服月氏人與漢朝聯盟夾擊匈奴。在此期間，張騫曾越過媯水南下，抵達大夏的藍氏城。

元朔元年，也就是西元前 128 年，張騫決定動身返國。歸途中，他為避開匈奴控制區，改變了行軍路線。計劃透過青海羌人地區，以免匈奴人的阻留，行沿塔里木盆地南部，循崑崙山北麓的「南道」。從莎車，經于闐、鄯善，進入羌人地區。

但出乎意料，羌人也已淪為匈奴的附庸，張騫等人再次被匈奴騎兵所俘。這一次，張騫又被拘留了一年多。元朔三年，也就是西元前 126 年初，匈奴為爭奪王位發生內亂，張騫趁機和甘父逃回長安。這是張騫第一次出使西域，前後共出使 13 年，100 多人的使團隊伍最後只剩下兩個人生還。

張騫這次遠征，未能達到同大月氏建立聯盟，以夾攻匈奴的目的，但產生的實際影響和所發揮的歷史作用是巨大的成功。秦始皇北卻戎狄，築長城，以護中原，但其西界不過臨洮，玉門之外的廣闊的西域，尚為中國政治文化勢力所及。

張騫第一次通使西域，使中國的影響直達蔥嶺以西。自此，不僅西域同內地的聯繫日益加強，而且中國同中亞、西亞，以至南歐的直接交往也建立和密切起來，此誠之謂「鑿空」。

張騫第一次出使西域，不僅是一次極為艱險的外交旅行，同時也是一次卓有成效的科學考察。張騫對廣闊的西域進行了實地的調查研究工作，不僅親自訪問了西域各國和中亞的大宛、康居、大月氏和大夏諸國，而且從這些地方又初步了解到烏孫、奄蔡、安息、條支、身毒等國的許多情況。

回長安後，漢武帝熱烈歡迎張騫歸來。張騫將其見聞向漢武帝作了詳細報告，對蔥嶺東西、中亞、西亞，以至安息、印度諸國的位置、特產、人口、城市、兵力等，都作了說明。

這個報告的基本內容為司馬遷在《史記‧大宛列傳》中儲存下來。這是中國和世界上對於這些地區第一次最詳實可靠的記載，至今仍是世界研究上述地區和國家的古地理和歷史的最珍貴的數據。

漢武帝這才知道，在漢朝以外，除了周圍的「蠻夷」世界，還有那麼

多文明的種族和充滿異國情調的國家。張騫這次西行，雖然沒有達到聯繫大月氏的目的，但使武帝第一次知道了西域許多國家的地理、風俗、物產、政治、軍事情況，這也是一個了不起的收穫！

張騫還向武帝彙報了一個情況：「在大夏時，曾看到中國的邛竹杖和蜀布。問他們此物何來？大夏人答，我們的商賈從身毒國販來的。身毒國在大夏東南幾千里，面臨大海，風俗與大夏同，其地卑溼暑熱，百姓騎象作戰，臣據此猜想，身毒國應離我蜀地不遠。如果從蜀地去身毒，路近，又無寇盜。」

張騫的這個猜想大體上是正確的，只是他還不可能了解，在四川和印度之間有比沙漠更難透過的崇山峻嶺。武帝對張騫的這個意外發現非常感興趣，這是中國第一次了解到印度的情況。

張騫西域之行，使武帝開始醞釀一個偉大的計畫：溝通西域，開發西南，擴大漢朝的影響。漢帝國將廣地千里，威德四播。由於張騫等人的功勳，漢武帝拜他為太中大夫，甘父為奉使君，以表彰他們出使西域的豐功偉業。

而張騫在第一次出使西域的同時，西漢王朝也對匈奴展開了一系列的軍事行動，其中具有決定作用的是西元前 127、121、119 年所分別進行的三次戰爭。

西元前 127 年衛青大敗匈奴，控制了河南之地；西元前 121 年，匈奴在霍去病的打擊下產生分化，渾邪王降漢，河西走廊完全為漢朝控制；西元前 119 年，衛青、霍去病又分道出擊匈奴，匈奴大敗遠遁，退至漠北。

經過這三次比較大規模的反擊，西漢王朝在對匈奴的戰爭中掌握了主動，前往西域的道路也已基本暢通，為張騫第二次出使西域、絲綢之

路的暢通以及西域諸國同西漢王朝的友好往來，奠定了堅實的基礎。

西漢王朝的反擊戰只是肅清了匈奴在漠南及河西走廊的勢力，西域各國仍然被匈奴控制著，依然威脅著西漢王朝西北邊境的安全。這時，張騫建議武帝聯繫烏孫，以斷匈奴右臂。

張騫說：「烏孫王叫昆莫，大月氏殺其父，奪其地，人民才投奔匈奴。昆莫長大後，報父仇，攻破大月氏，占其地，兵力強盛，不肯再寄居匈奴卵翼之下。今匈奴為我所敗，如能在這時以厚禮賄賂烏孫，把漢家公主嫁給烏孫王為夫人，烏孫就成為我大漢親戚，這就等於斷了匈奴右臂。聯結烏孫後，其四面大夏等屬國，都能歸附漢朝。」

漢武帝為了能夠徹底地剷除匈奴勢力，實現開疆拓土的雄心大略，派張騫率領一個特大使團第二次前往西域。而這次出使西域的主要目的：一是招與匈奴有矛盾的烏孫東歸故地，以斷匈奴右臂；二是宣揚國威，勸說西域諸國與漢聯合，使之成為漢王朝之外臣。

元狩四年，也就是西元前 119 年，張騫帶領 300 人，每人馬 2 匹，並攜帶著牛羊萬頭和價值數千萬的黃金、幣帛，持著漢節出發。

張騫一行人剛剛出隴西，遠處傳來了塞外優美的樂曲。這時有一位老人趕著羊群來到張騫面前，張騫看他的穿著並不像是塞外人，便問道：「請問老者是何方人，為何在這裡牧羊？」

老漢停下腳步，抬頭看了看張騫，回道：「我原本是在函谷關居住，因為大水沖走了家，所以官府把我們都遷到這裡來了，已經有兩年的時間了。」

「噢，是這樣。」

「請到我家小憩一下吧！」

「這樣就太好啦！」於是，張騫一行人便來到了老人的家。老人熱情

地招呼了他們。張騫落座後，主人端來了酒菜，老人說：「我姓李，今年60多了，那年函谷關發大水，要不是皇上差官府把我們70萬人安排到這裡，那我們真是無家可歸了，皇上真是英明啊。」

張騫說：「聖上是一代明君啊，他下令讓衛青霍去病把匈奴趕跑了，當年我路過這裡的時候，這個地方還很荒涼哪。這次皇上派我們去西域，就是為了與西域各國聯合起來，這樣匈奴就不敢來了，隴西、塞外的人就永遠保平安了。」

「啊，那太好了。」

第二天，張騫一行人繼續趕路，老百姓聽說後，都來為他們送行，還給他們帶來很多吃的東西。張騫頓時覺得內心激動萬分，真正感受到了這次出使的重大意義，於是便暗暗下定決心，一定要完成這次的任務，一定要打通西域邦交，要讓大漢的西疆更加安定繁榮。

就這樣很快地，張騫一行很快便到達了烏孫國。烏孫，都赤谷城，人口63萬，是個高原地區，多雨寒冷，人民多畜牧，逐水草為生。烏孫國老國王接見了他們。

張騫行了禮，呈上了武帝的書文，國王展開，請翻譯看了，老翻譯說：「他們是東方的大漢帝國派來的使臣，他們的皇帝要與我們烏孫國結為兄弟盟邦。」

國王笑著點了點頭，說：「歡迎遠方的貴客。」

張騫一擺手，隨從們便依次高托著黃金、錢幣、絲綢等進來，烏孫國王見了，高興地笑了起來。晚上，國王為張騫一行舉行了歡迎晚宴，桌上擺滿了烤羊肉、葡萄酒和瓜果。

烏孫國王向張騫等舉杯：「祝東方的大漢天子身體健康。」

張騫一飲而盡，他也舉杯祝國王身體健康。

張騫舉杯敬大家：「願大漢國與烏孫國世代相好，永結盟邦。」

歌舞表演開始了，優美的異國樂曲響了起來，一隊美麗的烏孫國姑娘們穿著漂亮的連衣裙，頭披紗巾出場跳了起來。

張騫小聲對烏孫國王說：「烏孫如能回到東方故地，我大漢朝將把公主嫁給大王做夫人，結為親戚，共同抗拒匈奴。這樣，匈奴是不經打的。」

烏孫國王聽後，在帳中轉了幾圈，一時不能決斷，便叫張騫等人暫居帳中，自己去召集部眾商議可否。由於漢朝和烏孫相距太遠，素無往來，因此大臣們誰也不清楚漢朝究竟是大還是小。

而且長期以來，烏孫一直服從於近在眼前的匈奴，恐怕因和漢朝交往得罪匈奴而受到攻擊，所以沒有一個人贊成東遷。烏孫國王見狀，不得不獨自望著長空，無可奈何地嘆了一口氣。

日子在等待中度過。張騫害怕耽誤時間，就打發副手們拿著漢節，帶著禮物，分頭去聯繫大宛、康居、大月氏、大夏、安息、身毒和于闐等國家。烏孫王對於這一類活動倒也比較積極，他很熱心地推薦了幾個翻譯去幫助他們。

張騫苦等了幾天之後，見始終得不到烏孫王的確切回報，而是對張騫敷衍一番，獻上幾十匹好馬，答謝漢朝的餽贈，並派使者送張騫回國，同時檢視漢朝國勢。這是《史記》、《漢書》記載中，西域人首次到中原。張騫拜為大行，歲餘卒。

元鼎二年，也就是西元前115年夏，烏孫國王派遣的使者第一次來到中國。他們看到漢帝國國土遼闊，物產豐饒，特別是對京都長安的繁華富裕留下了深刻印象。他們回國後，盛讚漢帝國是東方大國。這使得烏孫國王增強了對漢王朝的信任。

於是，烏孫國王開始重視與漢朝的關係，見漢朝軍威遠播，就更重視了。匈奴聽說烏孫與漢朝通使，要攻擊烏孫，烏孫於是下決心與漢朝建立正式關係。

元封三年，即西元前 108 年，烏孫國選送了一千匹上等的好馬作為和漢朝結親的聘禮，一千匹馬在進入長安城時，圍觀的百姓擠得水洩不通，對這種體格異常高大、雄健、線條優美的好馬嘖嘖讚嘆不已，更有甚者率先喊出了「天馬」。

漢武帝夜不能寐等待著這一天，他收下昆莫的和親之馬，派江都王劉建的女兒細君公主遠嫁烏孫。待聖旨一到，劉建父女抱頭痛哭，細君公主生性淑慧，才學過人，寫得一手好字，畫得一筆好畫，哭後卻也認命，父女從此天各一方。

新婚大喜，舉朝皆慶。這日臨朝，昆莫喜滋滋剛剛就座，就聽有人稟報：「匈奴單于使者到！」不善掩飾自己的昆莫倒吸一口冷氣，看看群臣。

「兵來將擋，水來土掩，聖上只管傳他進見。」群臣道。

匈奴來使個頭不高，卻也口若懸河，滔滔不絕：「我們兩國相鄰，我匈奴一貫保護著像你們這樣的小國，兩國百姓都希望安居樂業，你我永結秦晉之好，單于大王命我前來商討聯姻之事，大王想把他最美麗的女兒嫁給您，想您不會拒絕吧？」

說完，使者仰頭望著昆莫，二目如電，直射對方。可憐的昆莫大氣不敢出一聲，國小可欺，無論是漢還是匈奴，一天之內就都可把他的烏孫踏為平地、雞犬不留。自自然然，匈奴王的女兒成了烏孫王的左夫人，想像不出他的後宮到底成了什麼樣子。

賢淑的細君公主變得善於交際，她把自己帶來的錢財和絲綢賜給烏

孫王左右的貴官們，藉以在他們當中擴大漢朝的影響。果然這些人都說大漢和漢公主的好話，為此，細君的心略有愜意。

可是由於言語不通，吃的和穿的都有很大的差別，公主很不習慣烏孫人的生活，只好自建一座宮室，孑身自居。想想遙遠的故土，看看眼前形如枯木的老夫，細君憂傷已極，常常以淚洗面，哭斷衷腸。悲傷之際不禁唱道：

> 吾家嫁我兮天一方，
> 遠託異國兮烏孫王。
> 穹廬為室兮旃為牆，
> 以肉為食兮酪為漿。
> 居常思土兮心內傷，
> 願為黃鵠兮歸故鄉。

公主自作的這首《黃鵠歌》，不久便傳到了長安，聽到的人沒有不流淚的。漢武帝了解情況後，每隔一年派使者送去錦繡帷帳。烏孫老王死後，其孫岑陬繼位，要娶公主為妻。公主不答應，上書長安。武帝指示她：「從其國俗，欲與烏孫共滅胡。」公主才同意。

細君公主只生了一個女兒後便去世了。細君死後，漢王朝又將楚王劉戊之女解憂公主嫁給烏孫王岑陬。這兩次和親，對於鞏固漢與烏孫的友好關係，使烏孫成為漢在西方牽制匈奴的一支重要力量，以及發展雙方經濟、文化交流等，都造成了積極作用。

而當初張騫派往大夏等國的副使，也都陸續領著那些國家的使者來到長安。武帝對這些使者熱情招待，出巡各地時，都帶著他們。所到之處，讓西域使者參觀倉庫的豐富收藏，賞賜給他們豐厚的財帛，以豐盛的酒席招待他們，讓他們觀看漢朝的「角抵」戲，也就是一種雜技。

那些西域的人看到後，驚叫連連。透過這些活動，讓西域的使者有

機會更廣泛地了解中國的文明。這些使者回國後，紛紛對那些「不知有漢」的西域國王和大臣極力宣傳在中國的見聞。這樣，就促進了西域各國與漢帝國的往來。

張騫兩次通西城雖然未能達到預期目的，但是打通了中西交通路線，促進了東西文化的交流，在人類歷史上的貢獻，是非常重大的。西漢時期著名的史學家司馬遷稱張騫通西域為「鑿空」，也就是「開通」的意思，高度讚揚張騫開通了中國通往西域的道路。

從此以後，西域許多國家和中國建立了關係。在漢武帝的主持下，通往西域的大道上，使者不斷，馬蹄聲不息。在與西域的交往過程中，漢朝與西方的物質、文化交流有了突破性的發展。

秦漢以前業已萌芽的古老商路到武帝時期更是規模空前、生機勃勃。中西交流的大門從此徹底敞開了。漢廷每年派出的使團就有十批左右，各使團或十餘人或數百人，往返幾個月或幾年也不同。加之今中亞、西方各國回訪西漢王朝的友好使者絡繹不斷，「使者相望於道」的國際交流熱潮出現了。

而由張騫為始而開闢的東起長安，經過河西走廊，穿過塔里木盆地，翻過帕米爾高原，通向中亞和西亞，直達地中海東岸的中西通路，全長七千多公里，後人稱作「絲綢之路」。

這條通路的開闢使得漢朝第一次將聲威揚於西域並逐漸建立起宗主的統治地位，這對中華民族大家庭的形成具有重要意義，表明早在西漢時期廣大西域地區就逐漸納入了中國的版圖，成為中國神聖領土不可分割的一部分。

絲綢之路從漢都長安開始，經過甘肅的河西走廊，分為南北兩道穿過塔里木盆地南北的綠洲，越過帕公尺爾高原，經過中亞和西亞，直達

地中海的東岸，全長約 7000 公里。

絲綢之路的開發，不單是促進了商貿往來，而且對文化的交流也起著極其重要的作用。中國的鐵兵器製作技術、鍊鋼技術、鑿井技術和利用渠道引水的技術傳到了大宛，進而傳到西域和歐洲，提高了這些地區的生產技術。

這條被 18 世紀歐洲學者冠以「絲綢之路」美譽的東西方友好往來、貿易的國際通道在武帝時期正式開通了。正是透過它，中國文明以絲綢等商品為媒介，遠播萬里，向全世界展示了西漢帝國的風采，表達了漢朝渴望友好往來的情誼。

晚年的反思與後悔

搜粟都尉桑弘羊和丞相御史建議說道：「皇上，西域有個地方叫輪台，有沃土五千頃，臣建議派軍士前去駐地屯田，可招募百姓去邊疆開墾，今後所得收入可解國庫空虛之危。」

漢武帝沉靜了一會兒，才語調緩緩地說：「連年征戰，賦稅繁重，現國庫空虛，百姓力竭，如果再派軍士到輪台屯田，去興建亭障，再徵集百姓去疆域開墾荒田，能不能增加收入還不敢說，然而輪台距京有千餘里，如果再讓士兵遠勞，百姓奔波，那實在是太擾民了。」

然後頓了一下，又接著說道：「前幾年，朕派李廣利去西征，戰士們死的死，逃的逃，現在又要讓他們去遠征，這實在是太不體恤人了。」

▍ 廢陳阿嬌皇后 ▍

漢武帝小時候與長公主的女兒表姐陳阿嬌青梅竹馬，情深意長，曾經有過「金屋藏嬌」的許諾。在長公主的幫助下，漢武帝才得以立為太子，繼而承位登基。漢武帝即位後，便立阿嬌為皇后，使主六宮。

可是，陳皇后入宮數年，卻沒有為漢武帝生下子嗣，再加上衛子夫的出現，瞬息之間，她與漢武帝 10 年構築的五彩金屋土崩瓦解。

陳皇后認為自己之所以失寵，只是因為不能生育，若也能為皇上生兒育女，何愁壓不倒衛子夫？因此，她請遍了天下名醫，10 餘年間藥費多達 9000 萬錢，但絲毫沒有造成作用。

元光五年，也就是西元前 130 年七月，陳皇后聽說有一女巫楚服法

術極高，能用咒語使皇帝回心轉意，還能把她所仇恨的人置於死地，便冒險使人把楚服請入宮中作法。

陳皇后對楚服說：「我恨死衛子夫，如何懲罰她，你有什麼辦法？」

楚服當然知道皇后的心境，知道皇后的心痛，便說：「用詛咒的辦法可以把她咒死。」於是，楚服教阿嬌巫蠱祕術，每日唸咒，咒死痛恨的人。

神思恍惚的阿嬌如同一個溺水很久的人，發現了一根稻草也要抱住不放。阿嬌得巫蠱祕術，如獲至寶。阿嬌重賞了巫女楚服，按楚服的法子，做了一個小布人，稱小布人為衛子夫，每天用針紮著、刺著這個衛子夫。

漢宮中是絕對禁止巫蠱術的。按照巫師的說法，行巫蠱術後，被詛咒的人會中咒而死。皇后阿嬌在深宮行巫蠱術，詛咒劉徹的寵妃衛子夫，阿嬌宮中邀寵邀賞的宮人告發了阿嬌。

漢武帝得知後，勃然大怒，並且吩咐有名的酷吏張湯查處此事。張湯心想，皇上的目的是要藉故廢掉皇后，他必須看皇帝的眼色辦理，於是便對皇后宮中進行了殘酷的懲處，搜捕、斬殺了宮內的內侍、宮女300多人。

而漢武帝本來就寵著美人衛子夫，有了三個女兒和一個兒子，劉徹早就有廢后的意思，無奈開不了口。如今有巫蠱這個藉口，陳皇后阿嬌在劫難逃。

於是，漢武帝下詔，收回陳皇后的印璽，廢去尊號，貶入長門宮。長公主見女兒闖下如此大禍，忙進宮去向武帝叩頭請罪。漢武帝追念舊情，避座答禮，並好言勸慰說：「皇后的行為有違大義，不得不將她廢黜。你應該向她說明道義而放寬心懷，不要輕信閒言而產生疑慮和恐

懼。皇后雖然廢了，仍會按照法度受到優待。」長公主，也只得千恩萬謝而歸。

長門宮十分偏僻，到處荒草萋萋。遠離皇宮的長門宮油漆剝落，瀰漫著一股衰朽的氣息。被廢黜的陳皇后阿嬌住進了這裡，淚水漣漣，流淌著無言的落寞。

長門宮內，只有幾個老宮女相伴，昔日榮華不再。她時時回憶起小時候與漢武帝「金屋藏嬌」的許諾，格格笑聲猶然在耳，宛如昨日，那是多麼令人留戀的兩小無猜的歲月啊！

可是如今「金屋」變成了「冷宮」，夜清床冷，形影相弔，寂寞難熬，真可謂度日如年，她倚窗垂淚，看著窗外的一棵開謝了花的桃樹哀嘆，沒想到我陳阿嬌一個高貴的皇后竟變成了殘花敗柳，她恨衛子夫，這個可惡的歌女，是她奪走了自己的富貴；她更恨皇帝，這個薄情負義的男人。

她幾次想要了卻殘生，可總還抱有一絲希望，又幻想漢武帝有朝一日能回心轉意，將她再接回宮去。因此苦熬歲月。休整了一段時日後，一種生的熱望又重新抬頭。

陳阿嬌知道，漢武帝很喜歡讀賦，尤其是大手筆司馬相如的賦。於是，她便託人帶上百斤黃金，求司馬相如為她作上一賦，以感動武帝。

司馬相如本是個多情才子，他不忍心讓冷宮中的廢后失望，便答應了。而後，阿嬌向司馬相如傾倒著一腔苦水，如泣如訴，十分哀拗。而司馬相如便鋪紙揮毫，聚濃情於筆，作了一篇《長門賦》：

夫何一佳人兮，步逍遙以自虞。魂逾佚而不反兮，形枯槁而獨居。言我朝往而暮來兮，飲食樂而忘人。心慊移而不省故兮，交得意而相親。伊予志之慢愚兮，懷貞愨之歡心。願賜問而自進兮，得尚君之玉

音。奉虛言而望誠兮，期城南之離宮。修薄具而自設兮，君曾不肯乎幸臨。廓獨潛而專精兮，天漂漂而疾風。登蘭台而遙望兮，神而外淫。浮雲鬱而四塞兮，天窈窈而晝陰。雷殷殷而響起兮，聲象君之車音。飄風回而起閨兮，舉帷幄之。桂樹交而相紛兮，芳酷烈之。孔雀集而相存兮，玄猿嘯而長吟。翡翠協翼而來萃兮，鸞鳳翔而北南。

心憑噫而不舒兮，邪氣壯而攻中。下蘭台而周覽兮，步從容於深宮。正殿塊以造天兮，鬱並起而穹崇。間徙倚於東廂兮，觀夫靡靡而無窮。擠玉戶以撼金鋪兮，聲噌而似鐘音。刻木蘭以為榱兮，飾文杏以為梁。羅豐茸之遊樹兮，離樓梧而相撐。施瑰木之欂櫨兮，委參差以梁。時彷彿以物類兮，象積石之將將。五色炫以相曜兮，爛耀耀而成光。致錯石之瓴甓兮，象玳瑁之文章。張羅綺之幔帷兮，垂楚組之連綱。

撫柱楣以從容兮，覽曲台之央央。白鶴噭以哀號兮，孤雌峙於枯腸。日黃昏而望絕兮，悵獨託於空堂。懸明月以自照兮，徂清夜於洞房。援雅琴以變調兮，奏愁思之不可長。案流徵以卻轉兮，聲幼眇而復揚。貫歷覽其中操兮，意慷慨而自。左右悲而垂淚兮，涕流離而從橫。舒息悒而增欷兮，履起而徬徨。揄長袂以自翳兮，數昔日之殃。無面目之可顯兮，遂頹思而就床。摶芬若以為枕兮，席荃蘭而香。

忽寢寐而夢想兮，魄若君之在旁。惕寤覺而無見兮，魂若有亡。眾雞鳴而愁予兮，起視月之精光。觀眾星之行列兮，畢昴出於東方。望中庭之藹藹兮，若季秋之降霜。夜曼曼其若歲兮，懷鬱鬱其不可再更。澹偃蹇而待曙兮，荒亭亭而復明。妾人竊自悲兮，究年歲而不敢忘。

以此來訴說陳阿嬌困居長門宮的淒涼處境和盼望君主再來的急切心情。不久之後，這篇《長門賦》便廣為傳頌，而且很快就傳到了宮中。漢武帝讀過之後，著實被感動，但他仍然沒有把陳阿嬌再接回宮中。

自此，陳阿嬌被徹底廢除。而衛子夫受寵日隆。元朔元年，也就是西元前 128 年，衛子夫居然生了一個兒子。武帝 29 歲得子，喜不勝言，給小兒取名為據，並且冊封衛子夫為皇后，下詔大赦天下，普天同慶。

衛子夫生子立后，使長門宮中的阿嬌徹底絕望了。她再也不哭、不哀、不嘆，默默看著日出日落，日漸憔悴。幾年後，霸陵郎官亭東，增添了一座新墳，廢后陳氏之墓。

‖ 巫蠱亂的平息 ‖

在漢武帝晚年時期，宮廷內部發生了一場殘酷的政治鬥爭，這場鬥爭「起自朱安世，成於江充」，以至於丞相族誅，數萬人被殺，皇帝、太子交戰，太子自殺，對漢武帝晚年的統治思想和統治政策產生了極其重大的影響。

征和元年，也就是西元前92年，有一天黃昏，漢武帝正在建章宮休息，恍惚之間，他看到一個身穿黑色衣服的男子帶劍，從高牆一躍而下，進入中龍華門。他懷疑是不尋常的人，於是便起身驚叫起來：「有刺客！趕快給我拿下！」

侍衛們聽到漢武帝的驚叫，都紛紛跑了進來，刺客在哪兒？誰都沒有發現。大家心裡都明白，是老皇帝迷濛之中看花了眼。可是誰也不敢說出真相。

可是，漢武帝卻不肯罷休，此時早已憤怒不已，大聲喝斥道：「關閉所有宮門，給我搜刺客。」

於是建章宮宮門全關，衛士們挨屋搜查。

「皇上，宮內沒有搜到刺客。」武帝依然驚恐萬狀：「朕命你們關閉長安城所有城門，全城挨家搜查。」

「遵旨。」建章宮方圓25里，殿閣櫛比，千門萬戶，湖山錯落，林木茂密。武士們將建章宮內內外外搜尋個遍，也沒搜出刺客。武帝大怒，

將掌管宮門出入之禁的門吏斬首。繼而發三輔騎士，大搜方圓數百里的上林苑；還命關閉長安城的所有城門，挨家逐戶稽查，全城人心惶恐，如大禍臨頭。整整搜尋了 11 天，毫無結果。

這十天武帝食不甘味，夜不安枕，也不去後宮，寢食辦公都在建章宮前殿，並讓眾多的侍衛晝夜守著他。

「皇上，全城搜遍了，也沒有搜到刺客。」漢武帝便大聲叫道：「把宮門守吏給我帶來。」宮門守吏戰戰兢兢地被帶了進來。漢武帝擊案喝道：「你知罪嗎？為什麼要放刺客進宮？」

「皇上，各宮門都把守得很嚴，不可能有刺客進得來。」

「你還想抵賴。」驚恐得幾乎喪失理智的武帝竟下令，「把他推出去斬了。」

「皇上，冤枉啊，冤枉啊！」恰在這時，丞相公孫賀的兒子太僕敬聲憑藉著母親衛君孺是皇后的姐姐，行事驕奢不守法紀，居九卿太僕之高位，擅用北軍軍餉 1900 萬錢。事情敗露之後被捕下獄。而漢武帝下詔欲抓捕的陽陵人朱安世卻遲遲未能歸案。

公孫賀見兒子犯法入獄，急忙給天子上書，請求天子允許自己捉拿京師大俠，以贖兒子之罪。漢武帝同意了他的請求。公孫賀以高明的手段，短期內就捉到了朱安世，獻給天子。

朱安世被捕後，哈哈大笑說：「這下子丞相一家要滅族了！」因為他絕非泛泛之輩，知道必死無疑，臨死也要拉上一個墊背的，於是便在獄中上書，告發公孫敬聲與天子的女兒陽石公主私通，還在通往甘泉的馳道上埋下了木頭人，使用非常惡毒的語言詛咒天子不得好死。

漢武帝見到朱安世的舉報，深信不疑怒不可遏。這些年來，他身體多病，心緒不寧，早就懷疑是有人在用巫蠱之術暗中謀害他，今果然如此。

聯想到前些天所見的行刺男子，飄忽無蹤，恐怕就是這些人的巫蠱之術所使。於是便下令有司立即逮捕丞相公孫賀，嚴加追查。承辦此案的廷尉杜周，本是一個專承皇上旨意羅織罪名的酷吏。看到這次有機可乘，豈肯罷休？

征和二年，也就是西元前 91 年春正月，公孫賀父子禍從天降，慘遭酷刑，死於獄中，家屬滅族。

公孫賀原本是衛皇后的至親，杜周從公孫賀父子的巫蠱案中，嗅出了衛皇后已經失寵的味道，衛氏外戚成了漢武帝意在掃除的勢力。於是羅織深文，廣為株連。不久，漢武帝的女兒衛皇后所生的陽石公主、諸邑公主以及大將軍衛青之子衛伉等都被牽連在巫蠱案中，都處以死刑。

公孫敬聲巫蠱案的株連擴大，實際上有著更為深刻的背景，那就是圍繞皇位繼承權問題，武帝與皇后衛子夫、皇太子劉據之間而展開的由來已久的複雜鬥爭。

衛子夫有色又有子，加上衛氏外戚集團大將軍衛青、驃騎將軍霍去病為羽翼，得以維持 38 年。衛后生子據。元狩元年，也就是西元前 122 年四月，劉據 7 歲，立為皇太子，史稱戾太子。

漢武帝開始對太子劉據恩寵有加，為他開博望苑，以招攬賓客。封建宮廷中，母以子榮，子也以母貴。武帝每次出巡，都把後事囑託太子據，宮廷交付衛后。

後來衛后年老色衰，太子據也隨著逐漸失寵，母子日益不安。漢武帝覺察後，便寬慰大將軍衛青說：「太子敦重好靜，一定能安定天下。想尋求守文的君主，哪裡還有比太子賢德的王子呢？把我的意思曉諭皇后、太子。」

元狩六年，也就是西元前 117 年、元封五年，也就是西元前 106 年，

霍去病、衛青相繼去世，衛后和太子失去主要羽翼。只是由於衛后謹慎小心，善自防閒，規避嫌疑，才得以勉強維持地位。

但是漢武帝又先後寵愛王夫人、李姬、李夫人、尹婕妤和邢夫人等。王夫人生子劉閎、李姬生子劉旦、劉胥，李夫人生子劉髆，衛皇后日漸失寵。太子劉據由於自幼受儒家思想的薰陶，長大後性格溫和，處事謹慎，待人仁慈敦厚，與外儒內法、剛烈果決的武帝截然不同。武帝認為他的思想、主張、氣質、作風等都不像自己，內心不喜。

在處理國事中，漢武帝用法嚴峻，獎用酷吏，太子據為政寬厚，多所平反；武帝好大喜功，據敦重好靜，武帝每次征伐四夷，據總要諫阻。

時間久了，朝廷中逐漸形成帝黨和太子黨兩個對立的政治集團。太子得民心，寬厚的大臣都親附劉據。深酷用法的大臣結成黨羽，不斷詆譖太子劉據，自大將軍衛青死後，他們更想謀害太子。

征和二年，也就是西元前 91 年夏季的一天，太子劉據進宮拜謁母后，母子二人談話的時間稍稍長了一點，黃門蘇文就向漢武帝進讒言說道：「太子整日在皇后宮中調戲宮女。」

漢武帝聽後，並沒有說什麼，只是下令將太子宮中的宮女增加到二百人。太子感到事出有因，忙派人打聽，這才知道，原來都是蘇文搗的鬼，心中對他是恨之入骨。

蘇文又派漢武帝的貼身宦官小黃門常融、王弼等祕密監視太子，添枝加葉地向武帝奏報太子的小過錯。衛皇后知道這件事情後，切齒痛恨，讓太子奏明皇帝，殺死蘇文等人。

但是生性善良的太子生怕為這些瑣事打擾父皇，便坦然說道：「只要我不做錯事，又何必怕蘇文等奸邪小人！父皇英明，不會相信邪惡讒言，用不著憂慮。」

蘇文一行人見漢武帝對密報太子事並不反感，因此就變本加厲。有一次，漢武帝生了一點小病，派常融去召見太子進宮。常融回來之後，對漢武帝說：「太子聽說皇上有病，面有喜色。」

漢武帝聽後，沉默不語。這時，太子來到宮中給父皇請安。漢武帝觀察太子的神色，看見他的臉上殘留著眼淚的痕跡。為了讓漢武帝高興，太子便強顏歡笑。

漢武帝看在眼裡感到十分疑惑。於是，他便暗地裡派人查明瞭真相，這才得知，這一切都是常融搗的鬼，於是便將他處死了。經過這件事後，衛皇后和太子都處處小心謹慎，避免嫌疑。

蘇文看到陷害太子沒有成功，反而斷送了自己的得力幫手，於是便恨透了太子。他知道直指繡衣使者江充與太子有隙，便企圖利用他對太子再行陷害。

江充是趙國邯鄲人，本名齊，他把自己能歌善舞的妹妹嫁給趙太子劉丹，才得以成為趙王劉彭祖的座上客。後來劉丹懷疑他將自己的隱私告訴了趙王，二人交情因此變得緊張起來。

於是，江齊倉皇逃入長安，更名江充，向朝廷告發劉丹與同胞姐姐及父王嬪妃有奸亂，並交通郡國豪猾，狼狽為奸，恣意為害之事。漢武帝劉徹覽奏大怒，因為他最忌諱諸侯不法，藐視朝廷法度和天子神聖、不可侵犯的權威，閱完江充的上書以後怒不可遏，下詔包圍趙王王宮，逮捕了趙太子劉丹。移入魏郡詔底獄嚴治，並判其死罪。

趙王劉彭祖上書為兒子說情，說江充不過是無恥小臣，利用萬乘之君報一己私仇，請求漢武帝允許他在趙國招募勇士，隨漢軍北征匈奴，以贖劉丹之罪。漢武帝每時每刻都在防範諸侯王在軍事上發展勢力，當然不會批准劉彭祖的請求。

後來劉丹被免死，但被廢掉了太子之位。後來，劉彭祖入朝，請平陽長公主和隆慮公主向漢武帝說情，希望可以恢復劉丹趙太子之位，但是漢武帝沒有允許。

江充因此得到了漢武帝賞識，漢武帝在犬台宮召見了江充。江充為了這次召見煞費苦心：他身穿輕柔的禪衣，曲裾後垂交輸，頭上的纚步搖冠、款款行姿像一盤肉皮凍，抖抖顫顫的。這副奇怪的打扮，配上江充魁梧的身材，容貌顯得十分威武，還有一絲神仙氣概。

漢武帝看慣了大臣們整齊而刻板的朝服，一見到江充這身裝扮，感到十分新奇，對左右人說：「燕趙國多奇士。」先就對江充喜歡了三分，不久即拜為繡衣使者，督捕三輔盜賊，檢察貴戚近臣。

當時漢武帝正派遣大量軍隊北征匈奴，草原、戈壁、沙漠等地作戰需要大量的車輛和馬匹。京師那些奢侈無度的貴戚近臣們大多僭越禮制，多備車馬，江充上書武帝彈劾他們。

經漢武帝批准後，將那些貴戚近臣們的車馬均收入官府，令他們加入北軍準備出擊匈奴。這讓貴戚子弟們十分驚慌，紛紛去參見漢武帝，連連叩頭，請求哀憐，願意出錢贖罪。

可是軍興之際，正好是用錢的時候，漢武帝龍顏大悅，命他們將錢繳送北軍，得錢數千萬。漢武帝感激江充，認為他是個十分難得的人才，對他也更加信任。

太始三年，也就是西元前 94 年，太子家使乘車馬行駛在專供天子交通的御路馳道中，正好遇上江充。江充依法拘押太子家使，沒收車馬。太子求情，江充沒有答應，並報告給了漢武帝，從此與太子劉據結仇。

這時，江充看到漢武帝年紀已老，害怕漢武帝去世後被劉據誅殺，便定下奸謀，說漢武帝的病是因為有巫術蠱作祟造成的。於是漢武帝派

江充為使者，負責查出巫蠱案。

江充率領胡人巫師到各處掘地尋找木頭人，並逮捕了那些用巫術害人，夜間守禱祝及自稱能見到鬼魂的人，又命人事先在一些地方灑上血汙，然後對被捕之人進行審訊，將那些染上血汙的地方指為他們以邪術害人之處，並施以鐵鉗燒灼之刑，強迫他們認罪。

於是，百姓們相互誣指對方用巫蠱害人；官吏則每每參劾別人為大逆不道。從京師長安、三輔地區到各郡、國，因此而死的先後共有數萬人。

而此時的漢武帝年事已高，懷疑周圍的人都在用巫蠱詛咒於他；

而那些被逮捕治罪的人，無論真實情況如何，誰也不敢訴說自己有冤。

江充窺探出漢武帝的疑懼心理，便指使胡人巫師檀何言稱：「宮中有蠱氣，不將這蠱氣除去，皇上的病就一直不會好」。

征和二年，也就是西元前 91 年七月，漢武帝命江充及按道侯韓說等治案，查獲後宮惑行媚道的木偶，作為詛咒漢武帝的罪證上報。

江充先從漢武帝後宮的妃嬪房間著手，然後依次搜尋，一直搜到皇后宮和太子宮中，各處的地面都被縱橫翻起，以致太子和皇后連放床的地方都沒有了。

江充揚言：「在太子宮中找出的木頭人最多，還有寫在絲帛上的文字，內容大逆不道，應當奏聞陛下。」

劉據聽後非常害怕，便詢問少傅石德應當怎麼辦。石德害怕因為自己是太子的老師而受牽連被殺，便對劉據說：「先前公孫賀父子、兩位公主以及衛伉等都被指犯有用巫蠱害人之罪而被殺死，如今巫師與皇上的使者又從宮中挖出證據，不知是巫師放置的呢，還是確實有，自己

是無法解釋清楚的。你可假傳聖旨，將江充等人逮捕下獄，徹底追究其奸謀。況且陛下有病住在甘泉宮，皇后和您派去請安的人都沒能見到陛下，陛下是否還在，實未可知，而奸臣竟敢如此，難道您忘了秦朝太子扶蘇之事了嗎？」

劉據說：「我這做兒子的怎麼能夠擅自誅殺大臣呢？不如前往甘泉宮請罪，或許能僥倖無事。」劉據打算親自前往甘泉宮，但江充卻抓住劉據之事逼迫甚急，劉據想不出別的辦法，於是按著石德的計策行事。

這一年秋天的七月初九，劉據派門客冒充皇帝使者，逮捕了江充等人。按道侯韓說懷疑使者是假的，不肯接受詔書，被劉據門客殺死。劉據親自監殺江充，罵道：「你這趙國的奴才，先前擾害你們國王父子，還嫌不夠，如今又來擾害我們父子！」又將江充手下的胡人巫師燒死在上林苑中。

這時武帝正在甘泉宮避暑，只有皇后和太子在京師。劉據派侍從門客無且攜帶符節乘夜進入未央宮長秋門，透過長御女官倚華將一切報告衛皇后，然後調發皇家馬的馬車運載射手，開啟武器庫拿出武器，又調動長樂宮的衛卒。

一時間，長安城中一片混亂，紛紛傳言：「太子造反。」蘇文得以逃出長安，來到甘泉宮，向漢武帝報告說太子很不像話。

漢武帝說道：「太子肯定是害怕了，又憤恨江充等人，所以發生這樣的變故。」因而派使臣召劉據前來。使臣不敢進入長安，回去報告說：「太子已經造反，要殺我，我逃了回來。」

漢武帝聽後大怒。丞相劉屈氂聽到事變消息後，抽身就逃，連丞相的官印、綬帶都丟掉了，派長史乘驛站快馬奏報漢武帝。

漢武帝問道：「丞相是怎麼做的？」

長史回答說：「丞相封鎖消息，不敢發兵。」

漢武帝生氣地說：「事情已經這樣沸沸揚揚，還有什麼祕密可言！丞相沒有周公的遺風，難道周公能不殺管叔和蔡叔嗎？」於是給丞相頒賜印有璽印的詔書，命令他，「捕殺叛逆者，朕自會賞罰分明。應用牛車作為掩護，不要和叛逆者短兵相接，殺傷過多兵卒崐！緊守城門，決不能讓叛軍衝出長安城！」

劉據發表宣言，向文武百官發出號令說：「陛下因病困居甘泉宮，我懷疑可能發生了變故，奸臣們想乘機叛亂。」

於是，漢武帝從甘泉宮返回，來到長安城西建章宮，頒布詔書徵調三輔附近各縣的軍隊，部署中二千石以下官員，歸丞相兼職統轄。陛下也派使者假傳聖旨，將關在長安中都官獄中的囚徒赦免放出，命少傅石德及門客張光等分別統轄；又派長安囚徒如侯持符節征發長水和宣曲兩地的胡人騎兵，一律全副武裝前來會合。

侍郎馬通受漢武帝派遣來到了長安，得知此事後立即追趕前去，將如侯逮捕，並告訴胡人說：「如侯帶來的符節是假的，不能聽他調遣！」於是將如侯處死，帶領胡人騎兵開進長安；又徵調船兵楫棹士，交給大鴻臚商丘成指揮。當初，漢朝的符節是純赤色，因劉據用赤色符節，所以在漢武帝所發的符節上改加黃緌以示區別。

劉據來到北軍軍營南門之外，站在車上，將護北軍使者任安召出，頒與符節，命令任安發兵。但是任安拜受符節後，卻返回了營中，閉門不出。

劉據帶人離開，將長安四市的市民約數萬人強行武裝起來，到長樂宮西門外，正遇到丞相劉屈氂率領的軍隊，雙方會戰五天，死亡數萬人，鮮血像水一樣流入街邊的水溝。民間都說「太子謀反」，所以人們不

依附太子，而丞相一邊的兵力卻不斷加強。

十七日，劉據兵敗，南逃到長安城覆盎門。司直田仁正率兵把守城門，因覺得劉據與漢武帝是父子關係，不願逼迫太急，所以使劉據得以逃出城外。

劉屈氂要殺田仁，御史大夫暴勝之對劉屈氂說：「司直為朝廷二千石大員，理應先行奏請，怎麼能夠擅自斬殺呢？」於是劉屈氂將田仁釋放了。

漢武帝聽後大發雷霆，將暴勝之逮捕治罪，並且責問他說道：「司直放走謀反的人，丞相殺他，是執行國家的法律，你為什麼要擅自阻止呢？」暴勝之惶恐不安，便自殺而亡了。漢武帝下詔派宗正劉長、執金吾劉敢攜帶皇帝下達的諭旨收回皇后的印璽和綬帶，衛皇后便自殺了。

漢武帝認為任安是老官吏，見出現戰亂的事，想坐觀成敗，看誰取勝就歸附誰，對朝廷懷有二心，因此將任安與田仁一同腰斬，漢武帝因馬通擒獲如侯，封其為重合侯；長安男子景建跟隨馬通，擒獲石德，封其為德侯；商丘成奮力戰鬥，擒獲張光，封其侯。

劉據的眾門客，因曾經出入宮門，所以一律處死；凡是跟隨劉據發兵謀反的，一律按謀反罪滅族；各級官吏和兵卒凡非出於本心，而被劉據脅迫的，一律放逐到敦煌郡。因劉據逃亡在外，所以開始在長安各城門設定屯守軍隊。

漢武帝憤怒異常，群臣感到憂慮和恐懼，不知如何是好。壺關三老的令孤茂上書漢武帝說：「我聽說，父親就好比是天，母親就好比是地，兒子就好比是天地間的萬物，所以只有上天平靜，大地安然，萬物才能茂盛；只有父慈母愛，兒子才能孝順。如今皇太子本是漢朝的合法繼承人，將承繼萬世大業，執行祖宗的重託，論關係又是皇上的嫡長子。

　　江充原本為一介平民，不過是個市井中的奴才罷了，陛下卻對他尊顯重用，讓他挾至尊之命來迫害皇太子，糾集一批奸邪小人，對皇太子進行欺詐栽贓、逼迫陷害，使陛下與太子的父子至親關係隔塞不通。太子進則不能面見皇上，退則被亂臣的陷害困擾，獨自蒙冤，無處申訴，忍不住憤恨的心情，起而殺死江充，卻又害怕皇上降罪，被迫逃亡。

　　太子作為陛下的兒子，盜用父親的軍隊，不過是為了救難，使自己免遭別人的陷害罷了，臣認為並非有什麼險惡的用心。《詩經》上說，『綠蠅往來落籬笆，謙謙君子不信讒。否則讒言無休止，天下必然出大亂。』以往，江充曾以讒言害死趙太子，天下人無不知曉。而今陛下不加調查，就過分地責備太子，發雷霆之怒，徵調大軍追捕太子，還命丞相親自指揮，致使智慧之人不敢進言，善辯之士難以張口，我心中實在感到痛惜。

　　「希望陛下放寬心懷，平心靜氣，不要苛求自己的親人，不要對太子的錯誤耿耿於懷，立即結束對太子的征討，不要讓太子長期逃亡在外！我以對陛下的一片忠心，隨時準備獻出我短暫的性命，待罪於建章宮外。」

　　奏章遞上去，漢武帝見到後受到感動而醒悟，但還沒有公開頒布赦免。劉據向東逃到湖縣，隱藏在泉鳩裡。主人家境貧寒，經常織賣草鞋來奉養劉據。劉據有一位以前相識的人住在湖縣，聽說很富有，劉據派人去叫他，於是這個消息從此被洩露。

　　八月初八這天，地方官圍捕劉據。劉據自己猜想難以逃脫，便回到屋中，緊閉房門，自縊而死。前來搜捕的兵卒中，有一山陽男子名叫張富昌，用腳踹開房門。

　　新安縣令史李壽跑上前去，將劉據抱住解下。主人與搜捕劉據的人

格鬥而死，二位皇孫也一同遇害。漢武帝感傷於太子劉據的死，便封李壽為侯，張富昌為題侯。

征和三年，也就是西元前 90 年，官吏和百姓以巫蠱害人罪相互告發的，經過調查發現多為不實。此時漢武帝也知道太子劉據是因被江充逼迫，惶恐不安，才起兵誅殺江充，並不是他的本意。

這時，內侍來報：「皇上，守高祖陵寢的郎官田千秋說有要事稟報。」

漢武帝說：「讓他進來吧。」

只見一個身高 8 尺，白髮蒼蒼、相貌堂堂的老臣，疾步進來伏地跪叩，哽咽著說道：「皇上，太子冤枉，老臣拚死也要為太子說兩句公道話。太子生性忠厚老實，這次起兵，純屬受江充、蘇文等奸賊的陷害，不得已才起兵自衛的呀……皇上為什麼不明辨是非？而且，天子的兒子動用天子的兵，本也罪不該殺，何況他是被逼迫的，他被奸賊阻攔，不得父子想見，說明情況，萬般無奈才出此下策啊！」

田千秋聲淚俱下地又接著說：「老臣之所以斗膽前來陳述，是因為昨天晚上夢見一白髮老者來向我說，讓我去向皇上替太子喊冤，老臣醒來後才知道是夢，心想莫非是先祖之靈向我託夢，老臣不敢怠慢，便連夜趕來皇宮向皇上如實稟報。老臣擅闖皇宮，甘願受罰，老臣已準備好一死！」

漢武帝聽後，如受猛烈震撼，顫顫巍巍地走到田千秋面前，說：「我們父子之間的事，一般認為外人難以插言，只有你知道其間的不實之處。這時高祖皇帝的神靈派您來指教於我，您應當擔任我的輔佐大臣。」

於是，漢武帝立即任命田千秋為大鴻臚，並下令將江充滿門抄斬，

將蘇文燒死在橫橋之上。曾在泉鳩裡對太子兵刃相加的人，最初被任命為北地太守，後也遭滿門抄斬。

漢武帝十分憐惜自己的兒子劉據無辜遭害，一閉眼，太子就會出現在眼前，揮之不去，睜開眼，身旁彷彿又傳來太子「父皇、父皇」的喊聲，所以武帝緊張得忽而閉眼，忽而睜眼，痛苦不堪。漢武帝深知，自己是造成這次大禍的罪魁！他無以自慰，於是便派遣霍光在宮中建造了一座思子宮。

自從霍去病死後，霍光就升為光祿大夫。他行為端正，言談處事小心謹慎，一切循規蹈矩，照章辦事，甚至每天上朝時，所走路線都從不逾規，所以武帝十分器重他。而且，漢武帝思念霍去病，所以對霍去病的這個弟弟始終有一種特殊的感情，自從太子死後，武帝經常宣他進宮協助內廷處理政事。

過了些時間，思子台終於建好，漢武帝從長安來到太子死地湖縣剛建好的思子宮。一進入思子宮，武帝就神色黯然，悲傷不已。霍光把武帝帶到思子台前，霍光指著思子宮中心的思子台說：「皇上，這就是您要我督建的思子台。」

漢武帝問車千秋：「太子就是在此死的嗎？」

「是的，聖上。」

漢武帝抬起頭看看茫茫蒼天，想著剎那間親生兒子就永遠離開了自己，這到底是為什麼哪？漢武帝飽含在眼眶中的淚水，潸然而下。這時大臣們也都發出了唏噓聲，漢武帝對身邊的人說：「扶朕到台上去，朕要祭奠太子。」

頓時，四周哀樂響起，漢武帝接過香燭，在霍光及司馬遷的攙扶下緩緩登上思子台。漢武帝手舉香燭對著茫茫蒼天拜了又拜，心裡默唸著：

孩子，是父皇害死了你，父皇有罪呀！本應傳位於你呀，可是你卻永遠地離開父皇了。唉，蒼天啊，你告訴朕，這到底是怎麼回事？

▌ 繼承人的重新設立 ▌

漢武帝的一生雄才偉略，一共有六個兒子。孩子不算多，但是他卻在選擇儲君上十分不容易。

劉據是漢武帝的嫡長子，因為他的生母是衛皇后，故稱衛太子。漢武帝中年得子喜上眉梢，冊封劉據生母衛夫人為皇后，劉據 7 歲時，漢武帝舉行了盛大的典禮，立劉據為太子。

而母憑子貴，衛氏家族也因此受到寵信，衛青被擢升為太中大夫，後又被拜為車騎將軍。先後七次出擊匈奴，均大獲全勝，並收復河南地，置朔方郡，被為長平侯、大將軍、大司馬。位居丞相之上。

太子劉據 20 歲的時候，漢武帝為他在東宮建造了一座博望苑。供太子結交賓客，讀書學習。漢武帝為培養太子花了一籮筐心血，寄予太多厚望，他希望太子建立起博學的聲望，有聲望才有威信，有威信將來好繼承皇位。

而太子劉據性情溫和，漢武帝曾不無遺憾地說，太子不如自己有才幹。實際上，這僅僅是太子和自己風格不同，武帝採用董仲舒「罷黜百家，獨尊儒術」的建議，以儒生治國，加強專制統治，所以任用酷吏。

當時的著名的酷吏不少，有趙禹、張湯、王溫舒、杜周等人，造就了不少冤案。而太子平反了不少冤案。在漢武帝的強悍面前，太子的仁慈多少有些刺眼。但太子的行為符合律法，且行事嚴謹寬厚，漢武帝還是打心眼裡喜愛太子的。

　　征和二年，也就是西元前 91 年，漢武帝在巫蠱之亂中被江充、蘇文等佞臣矇蔽，劉據起兵反抗後兵敗逃亡，而後太子劉據因拒絕被捕受辱而自盡。這時的漢武帝已經是將近七旬的老人，他不得不為自己的後事不能不有所考慮。他只能從眾多的皇子中再選立太子。

　　劉閎是漢武帝的二子，大約出生在元朔六年，也就是西元前 123 年。劉閎的母親王夫人得到漢武帝的寵愛，因此，劉閎也受武帝的愛幸。史學家褚少孫在增補的《史記・三王世家》中曾經提到，劉閎將要封王之前，王夫人恰巧生病了，於是漢武帝便問王夫人：「你兒子應當封王，你想把他封在哪裡？」

　　王夫人回答說：「有陛下在，我又有什麼可說的呢？」

　　漢武帝說：「話是這樣說，但就你的願望來說，你想封他到什麼地方為王？」

　　王夫人又說道：「那我希望把他封在雒陽。」

　　漢武帝說：「雒陽有武庫敖倉，是天下要衝之地，是漢朝的大都城。從先帝以來，沒有一個皇子封在雒陽為王的。除了雒陽，其他地方都可以。」

　　王夫人聽到漢武帝這樣說，就沒再說話，這時漢武帝又說：「關東的國家，沒有比齊國更大的。齊國東邊靠海，而且城郭大，古時只臨菑城就有 10 萬戶，天下肥沃的土地沒有比齊國更多的了。就把他封在那裡吧。」

　　王夫人因病倒在床，不能起身謝恩，便以手擊頭，謝漢武帝說：「那就太好了！」

　　元狩二年，也就是西元前 121 年，王夫人去世了。元狩五年，也就是西元前 118 年，武帝將元朔二年便廢除為郡的齊國再次定為國。同年

將元朔元年被廢除為郡的燕國復置。將江都國更名為廣陵國。元狩六年，也就是西元前 117 年，漢武帝的三位皇子劉閎、劉旦、劉胥已能行趨拜之禮，但尚無封號爵位，也未設師傅官。

這年三月，由大司馬霍去病帶頭，御史兼尚書令霍光上奏，眾臣上疏請武帝封皇子劉閎、劉旦、劉胥三人為諸侯王，諸侯王必須「就國」。四月，漢武帝立次子劉閎為齊王，立三子劉旦為燕王，四子劉胥為廣陵王。

立齊王策日：

元狩六年四月乙巳日，皇帝使御史大夫張湯告廟立皇子劉閎為齊王。聖旨道：嗚呼，兒子劉閎，接受這包青色社土！我繼承祖先之帝業，根據先王之制，封你國家，封在東方，世代為漢藩籬輔臣。嗚呼，你要念此勿忘！要敬受我的詔令，要想到天命不是固定不變的。人能愛好善德，才能昭顯光明。若不圖德義，就會使輔臣懈怠。竭盡你的心力，真心實意地執持中正之道，就能永保天祿。如有邪曲不善，就會傷害你的國家，傷害你自身。嗚呼，保護國家，養護人民，能不敬慎嗎！齊王你一定要戒慎。

元鼎六年，也就是西元前 111 年，齊國的丞相也即齊王劉閎的太傅卜式前往長安擔任御史大夫一職。第二年的元封元年，也就是西元前 110 年，即封王第八年，劉閎去世，諡號為齊懷王。因其年少，沒有子嗣，死後封國廢絕，變為郡。天下人都說齊地不宜封王。

劉旦是漢武帝的第三子。元狩六年，也就是西元前 117 年被冊封為燕王。燕國地處西漢北境，緊鄰匈奴，土地貧瘠、民風凶悍，武帝以策文詔諭劉旦，勉勵他鎮守邊陲，成為漢朝的藩籬輔翼。

漢武帝時期的郡國制度與漢初不同，經過削藩策、七國之亂和推恩令的多重打擊之後，諸侯王對封國已沒有太多的權力；而且漢朝皇位傳

承遵從周制，作為第三子的劉旦，並不奢望榮登大寶，因而安心為藩王，將心思集中於各種學問，率性而學，經書、雜說來者不拒，尤好星曆、數術、倡優、射獵。成年後的燕王「能言善辯，廣有謀略」，喜好招攬游俠武士。

元封元年，也就是西元前 110 年，漢武帝次子齊王劉閎去世。而在征和二年，也就是西元前 91 年，太子劉據因受人誣陷不能自明，兵敗自殺。劉旦得知長兄死訊後，他以為自己在父皇剩餘諸子中自己年紀最大，按次序排下來，皇太子之位置必然歸屬自己，可是，漢武帝卻沒有這個意思。

後元元年，也就是西元前 88 年，漢武帝年邁病重。劉旦派使者來到長安，向武帝上書，請求宿衛長安，以備不虞。武帝看完信後大怒，立刻把送信的使者斬殺了，而後又以燕王「藏匿亡命之徒、違反漢律」的罪名，削掉其封國三個縣邑，以示懲戒。

漢武帝感嘆「生子應置於齊魯之地，以感化其禮義；放在燕趙之地，果生爭權之心」，所以對劉旦開始厭惡。

劉胥是漢武帝的第四子。他身材高大，體魄壯健，喜好遊樂，力能扛鼎，空手與熊、野豬等猛獸搏鬥。行為沒有法度，所以最終沒能成為皇位繼承人。

劉髆是漢武帝的第五子。他是漢武帝的寵妃李夫人所生，是貳師將軍李廣利的外甥。天漢四年，也就是西元前 97 年，受封昌邑王。征和三年，也就是西元前 90 年，太子死後第二年，漢武帝命貳師將軍李廣利率領 7 萬大軍出攻匈奴。當李廣利離開京城的時候，丞相劉屈氂他餞行。因為，李廣利的女兒是劉屈氂的兒媳，兩人是兒女親家。

由於前一年爆發的巫蠱之禍時，太子劉據被人誣陷而自殺，而至今

還沒有新立太子。於是李廣利便想乘機讓他妹妹李夫人所生的兒子昌邑王劉髆立為太子，那樣自己自然就成為了國舅，地位將更尊貴，權勢也更大。而劉屈氂不僅身為丞相，又是漢武帝的姪兒，頗得武帝的信任。

在李廣利出征前的告別宴上，這對兒女親家為儲君之位空懸打起了主意。李廣利對劉屈氂說：「希望你在當今聖上面前建議，立昌邑王為太子。昌邑王能夠被立為太子，將來做皇帝，你的相位也就可長保無憂了。」

在這個問題上，二人利益完全一致，劉屈氂自然滿口答應，答應尋找機會，向漢武帝建言。

李廣利派遣屬國胡騎 2000 與匈奴軍接戰，匈奴敗退，死傷者數百人。漢軍乘勝追擊至範夫人城，匈奴四散奔逃，不敢與漢軍對抗。同年六月，內者令郭穰密告丞相劉屈氂的妻子因為劉屈氂曾多次遭漢武帝責備，便對漢武帝不滿，因而請巫祈禱神靈，詛咒武帝早死。

同時密告劉屈氂與李廣利共同向神祝禱，希望昌邑哀王劉髆將來作皇帝。漢武帝得知後，便下令主管司法的廷尉查辦，認為劉屈氂大逆不道，處以腰斬，並用車裝著屍體在街上遊行示眾。將劉屈氂的妻兒在長安華陽街斬首。李廣利的妻兒也遭逮捕囚禁。

正在指揮大軍對匈奴作戰的李廣利聽到家中妻兒因巫蠱被捕收監的消息，如五雷轟頂，既憂慮，又害怕，不知所措，如何是好。掾吏胡亞夫勸他投降匈奴。

李廣利心想若投降匈奴，將加速妻兒老小的死亡，情況會更慘，不如立功贖罪，也許有一線希望。因此，李廣利便不根據實際情況，不了解雙方軍事形勢，不計及策略戰術，以數萬漢家兒郎的生命為賭注，盲目進軍，以求僥倖，於是便揮師北進，深入匈奴，直至郅居水。

　　這時的匈奴軍隊已離去，李廣利又派負責主管軍中監察的護軍率領二萬騎兵，渡過郅居水，繼續向北挺進。與匈奴左賢王的軍隊相遇，兩軍接戰。漢軍大勝，殺死匈奴左大將及眾多的士卒。長史和決眭都尉煇渠侯商議，李廣利不惜全軍安危以求立功贖罪，恐怕必然招致失敗，便暗中策劃將李廣利扣押起來，以阻止其盲目冒險。

　　李廣利覺察了長史的策劃，將他斬首。恐怕軍心不穩，發生騷亂，便率軍由郅居水向南撤至燕然山。單于知漢軍往返行軍近千里，已很疲勞，便親自率領五萬騎兵襲擊漢軍，漢軍死亡甚眾。

　　李廣利原想冒進，立功贖罪，卻遭此大敗，心情自然更沉重，又憂慮著家中老少的生命安全，而且本來指揮才能就平庸，因此完全失去了兩軍對壘中最必要的警覺。

　　匈奴趁漢軍不備，於夜間在漢軍營前悄悄挖掘了一條壕溝，有幾尺深，而後於清晨從後面對漢軍發起突然的襲擊。漢軍遭匈奴軍襲擊，想出營列陣抵敵，卻發現軍營前有一條深溝，進退不得，軍心大亂，喪失鬥志，再加疲勞，完全失去了抵抗力，遭到慘敗。這次戰敗，是漢武帝時期對匈奴戰爭中失利最為嚴重的一次，與巫蠱之禍不無關係。

　　七萬漢家兒郎就這樣全部葬送在李廣利手中，李廣利兵敗後投降匈奴，狐鹿姑單于知道他在大漢身居高位，便將女兒嫁給他，對他的恩寵超過了衛律。李廣利降敵使漢武帝震怒異常，他便下令族滅其全家。靠著李夫人「興旺發達」的李氏家族滅亡了。

　　最終劉髆也沒有被漢武帝立為太子。而到了後元元年，也就是西元前 88 年正月，漢武帝去世的前一年，劉髆去世。

　　劉弗陵是漢武帝的第六子。劉弗陵的母親趙婕妤以「奇女子氣」得寵，居住在鉤弋宮中。因此也將她稱作為鉤弋夫人。相傳，有一次漢武

帝劉徹巡狩，路過河間國時，觀天相、占卜吉凶的「望氣者」對漢武帝說此地有奇女，漢武帝立即下詔派人尋找。

果不其然如望氣者所言，一會兒的工夫，隨行的官員便在河邊找到一位年輕漂亮的女子，當漢武帝看到她的時候，她的雙手握成拳狀，雖然當時她 10 多歲了，但是依然不能伸開。

於是，漢武帝便讓這位漂亮的女子過來，看她雙手果真是緊握拳狀，漢武帝便伸出雙手將這女子手輕輕一掰，少女的手便被分開，在手掌心裡還緊緊地握著一隻小玉鉤。漢武帝以為這是天意，隨後，便派人把這個女人扶入隨行的輜車，將她帶回皇宮，由此而得到漢武帝的寵愛，號稱拳夫人。

太始三年，也就是西元前 94 年，趙婕妤生下劉弗陵。據說劉弗陵和上古的堯帝一樣都是懷胎 14 個月而生，於是稱其所生之門為「堯母門」。

征和三、四年間，也就是西元前 90 年至西元前 89 年，漢武帝認為年僅五六歲的劉弗陵體格健壯、聰明伶俐，很像他少年之時，特別寵愛劉弗陵，對他抱有很大期望。漢武帝有意傳位於劉弗陵。可是，漢武帝擔心劉弗陵的母親鉤弋夫人還年輕，怕自己一旦歸天，大權要落到太后手裡。漢初呂后專政的教訓，他沒有忘記。為了解除後顧之憂，武帝決心除掉鉤弋夫人。

幾天之後，漢武帝找到鉤弋夫人的一個小差錯，便斥責了鉤弋夫人。這時，鉤弋夫人想不到自己為了漢武帝生了皇子，而武帝現在竟不顧情義，她頓時感到痛徹心扉。於是，便摘下髮簪、耳環，叩頭請罪。這時，漢武帝命人將趙氏拉走，送到宮廷的監獄中，趙氏回頭看著漢武帝，漢武帝說：「快走，你活不成了！」不久趙氏死於雲陽宮。當時暴風颳起滿天灰塵，老百姓都感嘆哀傷。

事後，武帝問左右侍從：「外面對這事有何說法？」

左右告訴武帝：「說既然就要立弗陵為太子，又何必除去他的生母？」

武帝這才說了他的意圖：「這不是你們這些愚人所能知道的。過去國家造亂的緣故，是天子少母后壯。女主獨居驕蹇，淫亂自恣，莫能禁止她。你們沒聽說過呂后嗎？所以不得不先除去她。」

因此，武帝誅殺鉤弋，是站在他的立場上，吸取呂氏專權的歷史教訓，而採取的防微杜漸以確保弗陵順利執掌皇權的措施。司馬光說：「孝武以孝昭之生，神異於人而復有早成之資，違長幼之次而立之。鑒於諸呂，先誅其母，以絕禍源，其於重天下謀子孫深遠矣。」

後元二年，也就是西元前 87 年二月十二日，漢武帝病重，將年僅 8 歲的劉弗陵立為皇太子。

‖ 《輪台之詔》的頒布 ‖

漢武帝終究不是一位昏庸的皇帝。漢武帝晚年時期的思想發生了很大的變化，由多欲政治而改弦更張為養民官民與民休息，進入了反省期。

漢武帝即位不久，先後發動了 20 餘次大規模的對外戰爭。武帝在位前期，匈奴無疑是漢朝邊疆上最大的勁敵，依託「文景之治」以來所累積的物質基礎，加之進行一系列改革，實現國內穩定局面的鞏固。

漢武帝於元光二年，也就是西元前 133 至元狩四年，也就是西元前 118，相繼派出衛青、霍去病北擊匈奴。經過奮戰，大破匈奴主力，迫使匈奴向北遷徙，很長時間無法再對西漢邊境構成威脅。直到征和三年，也就是西元前 90 年李廣利出師匈奴不利，對匈奴的戰爭長達 40 餘年之久。

憑藉著「文景之治」時期累積起來的巨大財富，漢武帝終於以「海內虛耗，戶口減半」的巨大代價，將匈奴勢力逐往漠北，致使「漠南無王庭」，徹底扭轉了對匈奴戰爭的不利局面。

同一時期，漢武帝遠征大宛，降服西域，收復南越，吞併朝鮮，廣開三邊，四處出征，大肆開疆拓域，戰爭連年不斷。這些戰爭不僅使國家財力耗竭，國庫空虛。

元狩四年，也就是西元前 119 年衛青、霍去病大舉深入進攻匈奴這一戰役，漢武帝僅僅對有功將士的賞賜就花費了 50 萬錢，相當於漢政府當時全年的總收入，其他軍備損耗和糧草運輸費用還沒有計算在內。而且造成了大量的人民死於戰爭。漢王朝的國土雖然增至萬里，但人口卻減少了一半。

而對內，漢武帝又好大喜功，奢侈無度，大修宮殿，廣置苑囿，封禪祭把，尋藥覓仙，四處巡遊，無數的財富都被白白揮霍掉了。又如元封元年，也就是西元前 119 年的那次泰山封禪大典，漢武帝整個行程9000 公里，沿途「所過賞賜，用帛百餘萬匹，錢金以鉅萬計」。各方面的開支耗盡了國家的金錢。

由於漢武帝連年對外用兵和肆意揮霍，國庫已經空虛。為了增加財政收入，彌補日益空虛的國庫，漢武帝又採取了桑弘羊執掌全國財政，將鹽鐵實行壟斷專賣，並出賣爵位，允許以錢贖罪，使國家經濟好轉，但也使吏制進一步腐敗。徭役和賦稅剝削，致使廣大勞動人民無法忍受，他們只得四處流亡，使農業生產遭到嚴重破壞。

每逢災年，都有許多農民被餓死、凍死，甚至出現「人相食」的局面。這些情況，在武帝初年就存在，在其統治後期，更加嚴重，史不絕書。

例如元鼎二年，也就是西元前 115 年三月：「大雨雪。夏，大水，關東餓者以千數。」元鼎三年，也就是西元前 114 年，「三月水冰，四月雨雪，關東十餘郡人相食」。元封四年，也就是西元前 107 年夏，「大旱，民多暍死」。

漢武帝雖然試圖抑制豪強地主的發展，但土地兼併卻始終沒有停止，大批農民不斷破產。無法生活的流民，以各種方式進行反抗鬥爭，嚴重地危及了西漢王朝的社會秩序。形成了「官曠民愁，流民愈多，盜賊公行」的局面。

走投無路的農民只好揭竿而起，武裝反抗封建統治者的剝削、壓迫。最終引發天漢二年的農民大暴動，這次暴動波及整個關東地區，規模浩大、來勢凶猛。地方官府無法控制局面，武帝被迫孤注一擲，採取非常措施，派遣直指使者赴地方鎮壓農民暴動，發兵分部追捕，大肆斬殺暴動參與者。

漢武帝又頒布「沈命法」，該法規定：盜賊興起而沒有發覺；發覺了而不去剿捕，或剿捕盜賊的數量沒有達到規定的標準，各級主管官吏將受到嚴懲。二千石及以下的一律處死。

結果導致地方小吏害怕被誅而不敢上報農民起義情況，郡守、國相也因懼怕牽連而相互隱瞞事實真相，相互矇混，致使農民起義越來越多，局勢更加動盪不安。雖然，專制權威取得了成功，但釀成農民暴動的根本原因並未消除，隱患仍舊存在。

對於國內這種嚴峻至極的形勢，漢武帝也早有覺察，他也明白統治人民必須剛柔兼施，不能一味殘酷鎮壓，還要輔以仁政，以休養生息百姓。

可是，漢武帝也有自己獨到的打算，他想在自己統治期間內把該做

的事情都做完,而讓承繼後世的帝王來「守文」。因此,他雖然知道自己的四處征伐「不得不擾民」,不能永遠這樣做下去,但他想在此生把文治武功完成,而讓太子劉據去守成,改變政策,與民休息。

所以,漢武帝當時決定仍要繼續施行自己的統治方針,尤其是在對外關係上,始終保持著勢不可擋的攻擊勢頭。但是,到了征和年間,也就是西元前 92 至西元前 89 年,不願改弦更張的漢武帝卻被巫蠱之禍徹底打亂了部署,太子被迫自殺。

不久之後,漢武帝發覺巫蠱事件多屬害,大都是亂臣故意製造的冤案,這才明白太子劉據的冤情。但太子已死,悔恨不及了。

而征和三年,也就是西元前 90 年,貳師將軍李廣利受命出兵五原伐匈奴的前夕,丞相劉屈氂與李廣利合謀立昌邑王劉髆為太子。後劉屈氂被腰斬,李廣利妻被下獄。

此時李廣利正在乘勝追擊,聽到消息恐遭禍,欲再擊匈奴取得勝利,以期漢武帝饒其不死。但之後兵敗,李廣利只得投降匈奴。種種打擊使漢武帝心灰意冷,對自己過去堅持的施政主張開始動搖。在統治思想上發生了巨大的轉變,表現在行動上則是他對自己一貫堅持的統治政策的改變。

征和四年,也就是西元前 89 年三月,漢武帝帶領臣下出巡到鉅定,在事先準備的小塊田地上親耕,以示重視農本。他對大臣們說:「朕自即位以來,做了許多狂悖荒唐的事,使天下百姓愁苦不已。」他表示追悔,並宣布「從今以後,國家大事凡有傷害百姓、浪費天下錢財的,通通罷免」!

田千秋見皇上追悔以前的過錯,於是便上奏道:「方士多言神仙之事,但很少有顯驗之功,臣請求皇上將他們一律罷黜。」

漢武帝表示贊成。於是下詔將身邊的方士和各地迎候神仙降臨的法師全部罷逐。此後，漢武帝深有所悟地對群臣說：「原來，朕被這些方士所愚惑，屢屢受騙上當。天下哪裡有什麼仙人，都是胡言亂語！只要節制飲食，服些藥物，即可減少疾病了。」

這時，搜粟都尉桑弘羊和丞相御史建議說道：「皇上，西域有個地方叫輪台，有沃土五千頃，臣建議派軍士前去駐地屯田，可招募百姓去邊疆開墾，今後所得收入可解國庫空虛之危。」

按照以往，這樣的建議，漢武帝肯定是一拍案就通過的，可是現在的漢武帝卻一反常態，沉靜了一會兒，才語調緩緩地說：「桑弘羊所言是實，但是，連年征戰，賦稅繁重，現國庫空虛，百姓力竭，如果再派軍士到輪台屯田，去興建亭障，再徵集百姓去疆域開墾荒田，能不能增加收入還不敢說，然輪台距京有千餘里，如果再讓士兵遠勞，百姓奔波，那實在是太擾民了。」

漢武帝還批評了桑弘羊等人的建議，然後頓了一下，說道：「說實在話，我前幾年派李廣利去西征，戰士們死的死，逃散的逃散，現在又要讓他們去遠征，這實在是太不體恤人了。」眾大臣都被漢武帝的話驚呆了，皇帝第一次自省了，終於開始體恤百姓了。同時，漢武帝又下詔承認遺忘戰爭正常的錯誤，同時要調整政策，認為當務之急應是與民休息，執政理念發生重大變化。史稱「輪台罪己詔」。《漢書·西域傳》渠犁條記載的詔書是這樣的：

前有司奏，欲益民賦三十助邊用，是重困老弱孤獨也。而今又請遣卒田輪台。輪台西於車師千餘里，前開陵侯擊車師時，危須、尉犁、樓蘭六國子弟在京師者皆先歸，發畜食迎漢軍，又自發兵，凡數萬人，王各自將，共圍車師，降其王。諸國兵便罷，力不能復至道上食漢軍。漢軍破城，食至多，然士自載不足以竟師，強者盡食畜產，羸者道死數千

人。朕發酒泉驢、橐駝負食,出玉門迎軍。吏卒起張掖,不甚遠,然尚廥留其眾。

曩者,朕之不明,以軍候弘上書言「匈奴縛馬前後足,置城下,馳言:『秦人,我勾若馬。』」又漢使者久留不還,故興遣貳師將軍,欲以為使者威重也。古者卿大夫與謀,參以蓍龜,不吉不行。乃者以縛馬書遍視丞相、御史、二千石、諸大夫、郎為文學者,乃至郡屬國都尉成忠、趙破奴等,皆以「虜自縛其馬,不祥甚哉」,或以為「欲以見強,夫不足者視人有餘」。

《易》之卦得《大過》,爻在九五,匈奴困敗。公軍方士、太史治星望氣,及太卜龜蓍,皆以為吉,匈奴必破,時不可再得也。又曰:「北伐行將,於鬴山必克。」卦諸將,貳師最吉。故朕親發貳師下鬴山,詔之必毋深入。今計謀卦兆皆反繆。重合侯得虜候者,言:「聞漢軍當來,匈奴使巫埋羊牛所出諸道及水上以詛軍。單于遺天子馬裘,常使巫祝之。縛馬者,詛軍事也。」又卜「漢軍一將不吉」。匈奴常言:「漢極大,然不能飢渴,失一狼,走千羊。」

乃者貳師敗,軍士死略離散,悲痛常在朕心。今請遠田輪台,欲起亭隧,是擾勞天下,非所以憂民也,今朕不忍聞。大鴻臚等又議,欲募囚徒送匈奴使者,明封侯之賞以報怨,五伯所弗能為也。且匈奴得漢降者,常提掖搜尋,問以所聞。今邊塞未正,闌出不禁,障候長吏使卒獵獸,以皮肉為利,卒苦而烽火乏,失亦上集不得,後降者來,若捕生口虜,乃知之。當今務,在禁苛暴,止擅賦,力本農,修馬復令,以補缺,毋乏武備而已。郡國二千石各上進畜馬方略補邊狀,與計對。朕即位以來,所為狂悖,使天下愁苦,不可追悔。自今事有傷害百姓,靡費天下者,悉罷之。

在這篇《輪台罪己詔》中,漢武帝首先深切地檢討征和年間西征的失誤,說:「前些時,有關部門奏請要增加賦稅,每個百姓多繳30錢,用來增加邊防費用,這樣做會明顯加重老弱孤獨者的負擔。如今又奏請派

兵到輪台去屯田，輪台在車師以西 1000 餘里，上次開陵侯攻打車師時，雖然取得了勝利，迫使車師王歸降，但因路途遙遠，糧草缺乏，死於路上的就有數千人，更何況輪台還要往西呢！

過去朕是一時糊塗，單憑一個名叫弘的軍候上書說，匈奴人捆住馬的四蹄，扔到城下，說要送馬給我漢朝，再加上匈奴長期扣留漢使不讓回朝，所以才派貳師將軍李廣利興兵征討，為的是維護漢使的威嚴。

古時候，卿大夫提出的倡議，都要先求神問卜，得不到吉兆是不能施行的。因此，貳師將軍這次出征前，朕曾普遍地徵詢朝廷諸位大臣和某些地方長官的意見，他們都認為『匈奴人捆縛自己的戰馬，是最大的不祥』，或者認為『匈奴人是向中國顯示強大，而實際上他們的力量並不充足，只不過是故意向人顯示自己力量有餘而已』。

那些負責求神問卜的方士和星象家們也都認為『是吉兆、匈奴必敗，機不可失』。又說，『遣將北伐，至山必勝。卦辭顯示，諸將中，以派貳師將軍前去最為合適。』所以朕才派遣李廣利率兵出征，並告誡他務必不要深入匈奴腹地。

「可誰曾想，那些計謀和卦辭全都與事實相反。後來抓到的匈奴人說，『匈奴人捆縛戰馬，是為了對漢軍進行詛咒。』匈奴人常說，『漢雖強大，但漢人不耐飢渴，匈奴放出一隻狼，漢軍就要損失千隻羊。』等到李廣利兵敗，將士們或戰死，或被俘，或四散逃亡，這一切都使朕悲痛難忘。」

接著，明確批評屯田輪台的建議：「如今又奏請派人遠赴輪台屯墾，還要修築堡壘哨所，這是勞民傷財的建議，朕不忍聽！負責民族事務的大鴻臚還建議招募囚犯護送匈奴使者回國，以封侯作為獎賞，讓他們刺殺匈奴單于，以發洩我們的怨憤，這種見不得人的事連春秋五霸都恥於

去做，更何況我們大漢王朝呢！

　　況且匈奴對投降他們的漢人要全身嚴密搜查，怎麼可能行刺匈奴單于呢！當今最重要的任務，在於嚴禁各級官吏對百姓苛刻暴虐，廢止擅自增加賦稅的法令，鼓勵百姓致力於農業生產，恢復為國家養馬者免其徭役賦稅的法令，用來補充戰馬損失的缺額，不使國家軍備削弱而已。

　　「各郡、國二千石官員都要制定本地繁育馬匹和補充邊境物資的計畫，在年終呈送全年公務報告時一併報送朝廷。朕自即位以來，幹了很多狂妄悖謬之事，使天下人愁苦，朕後悔莫及。從今以後，凡是傷害百姓、浪費天下財力的事情，一律廢止！」

　　漢武帝在這裡深刻地檢討了征和年間西征的失誤，對自己窮兵黷武表示追悔，同時堅決地表示了要改變弊政，推行「禁苛暴、止擅賦，力本農」與民休養生息的治國方針。

▍農業的發展與重視 ▍

　　早在秦、漢以前，農業就脫離了粗耕階段。到了秦、漢時代，農業生產技術有了更大的發展。到漢武帝時期，農業生產技術更是突飛猛進，無論是生產工具的改良，耕作方法的改進，還是水利事業的開發，都出現了前所未有的進步。

　　漢武帝宏偉的「文治武功」事業，是在殘酷壓迫和剝削農民血汗勞動的基礎上建立起來的，但是他在總體上順應了封建社會的發展趨勢，藉助於專制主義的政治制度，在組織和發展漢代農業生產方面，是發揮重大作用的。

　　征和四年，也就是西元前89年，漢武帝所下的一道自我反省罪過的

詔書《輪台罪己詔》，這是他真正改變以往那種好大喜功、不惜民力、窮兵黷武的作風和政策的開始，由此而把治國的重點從戰爭轉向了發展生產、與民休息，實行富民政策。

不久之後，漢武帝就以田千秋為相，封其為富民侯，以表明他推行富民、養民政策的決心。田千秋這個人敦厚，有智慧，居位稱職，他也忠實執行武帝晚年的「富民」政策。目睹連年治獄，誅罰特多，臣民恐懼，他深思熟慮，執政行事既安慰武帝又寬舒天下。

不久之後，漢武帝又下詔說：「方今之務，在於力農」，號召全國官吏和百姓，要把注意力集中到農業生產上來。

「農為天下之本」，這是武帝接受前人經驗和自己長期統治的認識。他在位 54 年，不停地大事興作，耗掉農民無數血汗，也有不少教訓。但他在總體上遵循並實行了「農為天下之本」這個原則。

漢武帝任命著名的農學家趙過為搜粟都尉，任務是管理農業生產技術，提高糧食產量。趙過總結勞動人民的經驗，提出了一種叫「代田法」的新耕作方法。

這種耕作方法是以寬一步、長百步的一畝地為例，縱分田地為三田川三壟。田川深一尺，寬一尺；壟台壘土高出地面，也是寬一尺。種子播於田川中。苗長高時，不斷挖撥壟土培固田川中之苗的根部，使之根耐旱抗風。第二年，田川、壟互換其位，以調節地力。西北地區雨少風大，所以說這是一種適合當地自然條件的比較科學的耕作方法。

《漢書·食貨志》中記載：

過能為代田，一晦三甽，歲代處，故名代田，古法也。

代田法的技術特點：一是溝壟相間。種子播種在溝中，待出苗後，結合中耕除草將壟土壅苗。其作用是防風抗倒伏和保墒抗旱，實際上展

現了畎畝法中「上田棄畝」的原則。

二是溝壟互換。壟和溝的位置逐年輪換，今年的壟，明年變為溝；今年的溝，明年變為壟，這也就是代田法得名之由來。由於代田總是在溝裡播種，壟溝互換就達到了土地輪番利用與休閒，展現了「勞者欲息，息者欲勞」的原則。

三是耕耨結合。代田法每年都要整地開溝起壟，等到出苗以後，又要透過中耕除草來平壟，將壟上之土填回到壟溝，造成抗旱保墒抗倒伏的作用。

趙過為了使代田法的推廣有確實的把握，曾作了長期準備和細緻安排，他有計畫、有步驟地進行了試驗、示範和全面推廣等一系列工作。

首先在皇帝行宮、離宮的空閒地上作生產試驗，證實代田法的確能比一般其他的田地每畝可增一斛，為推廣確定了前提條件。

其次是設計和製作了新型配套農具，為順利推廣代田法創造了良好的生產條件。

再次是利用行政力量在京畿內要郡守命令縣、鄉長官、三老、力田、有經驗的老農學習新型農具和代田耕作的技藝，為推廣代田法奠定了技術基礎。

第四是先在命家田、三輔區域公田上作重點示範、推廣，並逐步向邊郡居延等地發展。最後在邊城、河東、三輔、太常、弘農等地作廣泛推行，並取得了成效，從而得到民皆便代田的成功。

成功之後，各邊城、河東、弘農、三輔等地區都紛紛學習代田法。農業生產工具也得到了改良。中國古代長期使用的主要農業工具是耒耜。耒耜為木器，操作用人力，既累又慢，大大限制了生產的發展。為了配合代田法的實行，趙過又製造各種精巧的農具。

他自己設計的耬車，是一種精巧的播種機。這種播種機由耬架、耬斗、耬腿、耬鏵等構成。可播種大麥、小麥、大豆、高粱等。他分有一腿耬至七腿耬多種，以兩腿耬播種較均勻。其中的三腳耬，下有三個開溝器，播種時，用一頭牛拉著耬車，耬腳在平整好的土地上開溝播種，同時進行覆蓋和鎮壓，一舉數得，省時省力，所以效率可以達到「日種一頃」。

他還設計了耦犁，這是一種由二牛合犋牽引、三人操作的一種耕犁。二人在前各牽一牛，一人在後扶犁；還有一種單長轅犁，一人在前牽二牛，一人在後扶犁，控制犁轅。平都縣令光發明了一種人力犁。使用這種犁，人力多的一天能墾耕 30 畝，人力少的一天也能墾耕 13 畝。

由於是新農具，用慣了耒耜的農民不習慣使用，需要給傳授新的操作方法。日理萬機的漢武帝，對這個具體問題也考慮到了。他給級別二千石的地方官下了詔令，指示他們組織各級地方官，會同農村基層組織的鄉官三老、力田、裡父老等人，學習使用這種新農具。

農忙季節來到之前，在三輔附近和全國主要農業耕作區，經常可以看到地方官組織各地鄉官下田學習耕種。他們學會了，再傳授給農民，從而掀起了學習新技術、使用新工具的熱潮。

在這些有力措施的保證下，疲憊不堪的農民，又得以在土地上辛勤耕作。流離失所的農民開始回歸故里，拋荒的土地重新得到墾殖。官吏的剝削相對減輕，農民的生產積極性得到發揮，農產品開始小有蓄積。

因此，漢武帝對代田法和各種先進的農具高度讚揚。這使得漢武帝時期的農業生產，比漢初有了明顯的發展。農業是漢王朝的主要生產部門，也是封建國家財政來源的基礎。農業生產的發展，又促進了手工業的發展和商業的繁榮。農工商賈各興其業，使西漢的經濟發展進入了鼎

盛階段。高度發展的經濟，為漢武帝的政治、軍事作為提供了雄厚的物質基礎。

漢武帝時期農業生產突飛猛進地發展，是中國古代農業生產的一次革命，也是漢帝國強盛的基礎。西漢勞動人民用他們的汗水和智慧，為建造漢帝國的強固基礎，開鑿了無數的磐石。

漢武帝時期末年，他把自己的統治政策調整到以發展農業生產為重點之後，透過與民休養生息，來實現他的富民目標。以趙過為代表的農學家，在總結人民群眾生產經驗的前提下，加強了農業生產技術發展。

漢武帝在這場農業生產革命中，起了關鍵的組織作用。在勞動人民創造的雄厚物質基礎上，達到穩定社會形勢的目的。大漢帝國的無數英才，又一次建立了光輝燦爛的文化殿堂。

▌深思熟慮後託付後事 ▌

漢武帝晚年思過，思想經常處於懺悔的狀態中。後元二年，也就是西元前 87 年春正月，漢武帝在甘泉宮接受諸侯王的朝見。二月，巡遊五柞宮。五柞宮周圍山清水秀，景色宜人。漢武帝心緒苦悶，想借山水之秀以解煩惱。早春二月，春寒料峭。漢武帝連日遊覽，偶感風寒。不料數日之後，竟然病入膏肓，臥床不起。

漢武帝明白自己可能將不久於人世。於是，經過深思熟慮後，他決定要讓劉弗陵擔當起承繼劉氏大業的重任，並且還精心挑選著日後輔佐少帝的大臣。

當時，朝廷中大臣有田千秋、趙過、桑弘羊三人。漢武帝十分信任田千秋和趙過，委任他們推行自己的富民政策；雖然漢武帝因改過自悔

而拒絕了桑弘羊的輪台屯田建議，但桑弘羊仍不失為一位著名的理財專家，因此，漢武帝仍然十分信任他，委以重任。

這三個人都是文官出身，將來定可以幫助少帝繼續推行自己的富民政策，以完成自己未竟的事業。但是，漢武帝更渴求武官出身的大臣，以有足夠的能力和權威來駕馭政局，穩固朝廷，輔助少帝治理國家。在武官中，漢武帝最親信的人也有三個：一個是霍光，一個是金日磾，一個是上官桀。

漢武帝認真考察群臣，認為只有霍光忠厚可以承擔輔保社稷的大事。霍光是霍去病弟弟，10多歲便入宮為郎，出則奉車，入侍左右，侍奉漢武帝20多年，小心謹慎，從來都沒有過失，深得漢武帝信任。

金日磾字翁叔，原本是匈奴休屠王的太子。元狩二年，也就是西元前121年，驃騎將軍霍去病率軍出擊匈奴右翼之地，大獲全勝，虜獲休屠王祭天金人。這年夏天，霍去病又進軍祁連山，節節勝利。

匈奴昆邪王怕單于治罪，殺休屠王，率眾降漢。漢武帝封昆邪王為列侯，而金日磾因為父親不投降而受牽連，與其母閼氏，弟倫等俱沒官為奴。當時，金日僅14歲，就被安排在宮中養馬。

有一次，漢武帝乘遊宴之興，到御廄中閱看宮中所飼養的馬匹。那些養馬的人，都牽著自己所飼養的馬，從武帝面前走過。唯獨金日磾與別人不同，他恭謹守矩，目不敢斜視。漢武帝見他人所飼養的馬匹，多屬平平，只有金日磾所養的馬，個個體壯膘肥，油光可鑑。再看這個年輕的養馬人，身高八尺以上，容貌威嚴莊重。

漢武帝感到很奇異，便詢問他的姓名、身世。金日磾一一對答。漢武帝讚許，當即便任命他為馬監，賜衣冠，使主管宮中養馬之事。後來，武帝又擢升他為侍中、駙馬都尉、光祿大夫，成為武帝的親信。

漢武帝非常尊重寵愛金日磾，賞賜累千金，出為驂乘，入則侍奉左右。貴戚們見金日受到如此恩寵，非常嫉妒。說道：「金日磾只不過是一個降俘過來的，憑什麼受到如此的寵貴？」但是，漢武帝卻不以為然，甚至對他更加好。

金日磾為人忠誠寬厚，做事恭謹，從不居高自傲。在漢武帝面前從來沒有犯過什麼錯誤。金日磾的母親教誨兩個兒子，很有規矩，漢武帝得知後很讚許。他母親病死後，漢武帝下詔在甘泉宮為她畫像，題名「休屠王閼氏」。金日磾每次看見畫像都下拜，對著畫像涕泣，然後才離開。

金日磾的兩個兒子都被漢武帝所寵愛，是漢武帝逗樂子的弄兒，常在皇上身邊。有一次，弄兒從後面圍住漢武帝的脖子，金日磾在前面，看見後生氣地瞪著他。弄兒一邊跑一邊哭著說：「爹爹發火了。」

漢武帝對金日磾說：「為什麼生我弄兒的氣？」

後來弄兒長大，行為不謹慎，在殿下與宮女戲鬧，金日磾正好看見，厭惡他的淫亂，於是殺了弄兒。這個弄兒就是他的長子。漢武帝得知後大怒，金日磾叩頭告罪，把為什麼殺弄兒的情況一一說出。漢武帝很哀傷，為弄兒掉淚，以後從內心尊敬金日磾。

巫蠱之禍前，馬何羅與江充交好，馬何羅的弟弟馬通更因誅殺太子時奮力作戰而得到封爵。征和二年，也就是西元前 91 年，漢武帝得知太子冤屈，就把江充宗族和朋黨全部誅殺。馬何羅兄弟害怕被殺，於是策謀造反。

金日磾發現他們神情異樣，心裡懷疑他們，暗中獨自注意他們的動靜，與他們一同上殿下殿。馬何羅也覺察到金日磾的用意，因此，很久沒有機會動手。這時漢武帝駕臨林光宮，金日磾有小病在殿內休息。馬

何羅與馬通以及小弟馬安成假傳聖旨深夜外出，一起殺了使者，發兵起事。

第二天早上，漢武帝還沒有起床，馬何羅便從外面衝了進來。這時，金日磾正在上廁所，心裡一動，馬上進入漢武帝臥室，躲在內門後。一會兒，馬何羅袖藏利刃，從東廂而上，看見金日磾，神情大變，跑向漢武帝的臥室，不料撞到寶瑟，摔倒在地，金日磾得以抱住馬何羅，隨即高聲呼喊：「馬何羅造反！」

漢武帝從床上驚起。侍衛拔刀想殺馬何羅，漢武帝恐怕傷到金日磾，阻止他們不要用刀殺。金日磾揪住馬何羅的脖子，把他摔到殿下，侍衛才能捉住捆綁起來，徹底審訊，最後都伏法受誅。金日磾因此以忠誠篤敬、孝行節操而聞名。

上官桀是隴西上邦人。在他年輕的時候做羽林期門郎。有一次，跟隨漢武帝去甘泉宮，趕上大風，車不能前進，就解下車蓋讓上官桀拿著。上官桀捧著車蓋，雖然風很大卻並沒有被車落下，不久下起了雨，他就用車蓋替武帝擋雨。

漢武帝對他的勇力很是欣賞，就升他做了未央廄令。漢武帝曾經身體不太舒服，等到病好之後，去看馬，發現馬大多瘦了，於是，漢武帝大怒，說：「你認為我再也見不著這些馬了嗎？」要治他的罪，這時，上官桀叩頭說：「我聽說皇上身體不適，就日日夜夜為您擔心，哪裡還顧得上看馬呀？」話還沒有說完，眼淚就一串串地落了下來。

漢武帝認為他對自己很忠心，因此十分親信他，讓他做了侍中，逐漸升為太僕。

這三個人當中，漢武帝對霍光尤為器重。於是他就打算以霍光為主要輔佐劉弗陵的人物，但他沒把心裡的打算說出來，而是命黃門畫了一

317

幅周公背成王朝諸侯圖賜給霍光。

二月乙丑這一天，霍光、金日磾等一行人，跪伏在漢武帝的床前問安。霍光看到皇上危在旦夕，可能將不久於人世。而儲君至今還沒有立，怕漢武帝突然駕崩，禍危社稷，便趁武帝清醒時，跪在榻前泣問道：「陛下一旦不諱，應該由誰來繼承大位呢？」

漢武帝說：「前日所賜周公負成王朝見諸侯圖，難道你還沒有理解它的含義嗎？立少子弗陵，由你行周公之事！」

霍光叩頭謝辭道：「臣不如金日磾！」金日磾也在旁邊，急忙叩頭推辭，誠懇地說道：「臣德才遠不如霍光，況且臣是外國人，若使輔弼幼主，必會使匈奴輕視我大漢！」

漢武帝說道：「你們兩人素來都忠心耿耿，朕久已深知，都不必推辭，朕自有安排。」霍光，金日磾見武帝再不說話，只好叩頭退出。

二月十二日，漢武帝頒布詔書，立8歲的皇子弗陵為皇太子。

二月十三日，漢武帝命霍光為大司馬、大將軍，金日磾為車騎將軍，上官桀為左將軍，桑弘羊為御史大夫，田千秋仍為丞相。宣五人入內。五位顧命大臣齊跪在武帝榻前，叩頭拜見。漢武帝已命在旦夕，不能多言，只能頷首作答。五位顧命大臣拜受遺詔。遺詔曰：

制詔：朕體不安，已無痊癒之望，即將永訣。望輔弼諸臣，宜謹奉皇太子，盡心竭力。制告皇太子善待百姓，輕賦斂，近聖賢，信謀臣，以身奉行名教和祖宗法制。遵循朕的告誡，才有資格君臨天下。要牢記秦二世滅亡的教訓，終生不得疏忽。

蒼天不可久視，大地不可久履，朕就此訣別。告誡後世子孫，兢兢業業，切勿辜負天地的恩德！

二月十四日，武帝駕崩於五柞宮。遺體運回未央宮前殿入殮。終年

70 歲，在位 55 年。

二月十五日，皇太子劉弗陵在柩前繼皇帝位，是為昭帝。霍光、金日磾，上官桀三人共領尚書事，大司馬、大將軍霍光總攬朝政，國家政令都由他制定。幾位大臣同心協力，忠於職守，貫徹武帝末年安國富民的大政方針，平穩地完成了政權的交接，為朝野臣民所稱頌。

後元二年，也就是西元前 87 年三月二十二日，入殮後的武帝，口含蟬玉，身著金縷玉匣，匣上皆鏤以蛟龍鸞鳳龜麟之像，以輼輬車載柩，黃屋左纛，在極其龐大的送葬隊伍的護送下，葬於茂陵。茂陵在群墓的拱衛之下，巍巍聳立，仰視昊天，俯瞰后土。閱盡人間滄桑。一代天驕、叱吒風雲的大漢孝武皇帝，長眠於世。

附：漢武帝劉徹年譜

❖ 漢景帝前元元年，也就是西元前 156 年，劉徹出生於漪蘭殿，名彘。漢景帝前元四年，也就是西元前 159 年，劉徹 4 歲，被立為膠東王。漢景帝前元七年，也就是西元前 150 年，劉徹 7 歲，被立為皇太子。漢景帝後元三年，也就是西元前 141 年，劉徹 16 歲，即皇帝位，是為武帝。

❖ 漢武帝建元元年，也就是西元前 140 年，劉徹 17 歲，以建元為年號。詔舉賢良方正直言極諫之士，策問古今治道。董仲舒上《天上三策》。

❖ 漢武帝建元二年，也就是西元前 139 年，劉徹 18 歲，竇太后貶抑儒臣，趙綰、王臧皆下獄自殺。丞相竇嬰、太尉田蚡免官。石建為郎中令，石慶為內史。納衛子夫為夫人，以衛青為太中大夫。初置茂陵邑，徙郡國豪強於茂陵。

❖ 漢武帝建元三年，也就是西元前 138 年，劉徹 19 歲，閩越攻東越，遣嚴助發會稽兵救之，東越舉國內徙。起上林苑。張騫應募首次出使西域。建期門軍，令衛青掌控。東甌王歸降。

❖ 漢武帝建元五年，也就是西元前 136 年，劉徹 21 歲，罷三銖錢，行新鑄半兩錢。置五經博士。

❖ 漢武帝建元六年，也就是西元前 135 年，劉徹 22 歲，竇太皇太后 5 月逝世。罷丞相許昌，以舅田蚡為丞相。閩越王郢擊南越，派遣將士攻打，未至，越人殺郢降。

❖ 漢武帝元光元年，也就是西元前 134 年，劉徹 23 歲，初令郡國舉孝、廉各一人。詔舉賢良、文學。

附：漢武帝劉徹年譜

❖ 漢武帝元光二年，也就是西元前 133 年，劉徹 24 歲，漢伏兵馬邑，誘擊匈奴，斷絕與匈奴和親。

❖ 漢武帝元光三年，也就是西元前 132 年，劉徹 25 歲，黃河於淮陽缺口，發卒十萬救黃河決口，無功。

❖ 漢武帝元光四年，也就是西元前 131 年，劉徹 26 歲，田竇之爭，殺竇嬰。韓安國行丞相事。韓安國病免，薛澤為相。張歐為御史大夫。

❖ 漢武帝元光五年，也就是西元前 130 年，劉徹 27 歲，遣中郎將司馬相如諭撫西夷。使唐蒙通夜郎。發卒治固雁門。廢陳皇后，巫蠱禍始，法始日苛。

❖ 漢武帝元光六年，也就是西元前 129 年，劉徹 28 歲，初算商車，租及六畜。開渭渠、龍首渠。遣衛青、李廣、公孫賀、公孫敖四將軍分擊匈奴，衛青至龍城。始稅商賈車船及緡錢。

❖ 漢武帝元朔元年，也就是西元前 128 年，劉徹 29 歲，詔議不舉孝廉者罪。徐樂上書。衛子夫生據，立為后。派遣衛青、李息北擊匈奴。東夷穢君南閭舉眾降附，以其地置蒼海郡。

❖ 漢武帝元朔二年，也就是西元前 127 年，劉徹 30 歲，頒《推恩令》，削藩國勢力。匈奴入上谷、漁陽，派遣衛青、李息等出兵攻打，收復河南之地，置朔方郡。

❖ 漢武帝元朔三年，也就是西元前 126 年，劉徹 31 歲，罷蒼海郡、罷西夷，獨置南夷、夜郎兩縣一都尉，專營朔方城。張騫自大月氏還，拜為太中大夫。

❖ 漢武帝元朔五年，也就是西元前 124 年，劉徹 33 歲，薛澤免相，以公孫弘為相，封平津侯。派遣衛青等擊匈奴右賢王，大勝，拜衛青

為大將軍。置博士弟子 50 人，免除其賦役。

- 漢武帝元朔六年，也就是西元前 123 年，劉徹 34 歲，衛青率六將軍出定襄，擊匈奴，斬首數千級而還。趙信兵敗降匈奴，為單于獻計。衛青復統六將軍出定襄擊匈奴，斬俘萬餘人。霍去病封冠軍侯。張騫封為博望侯。詔民得買爵贖罪。置武功爵。

- 漢武帝元狩元年，也就是西元前 122 年，劉徹 35 歲，淮南王安、衡山王賜謀反，事事情敗露後自殺，受牽連者死數萬人。張騫遣使尋求身毒國，重開西南夷。立劉據為皇太子。

- 漢武帝元狩二年，也就是西元前 121 年，劉徹 36 歲，丞相公孫弘死，李蔡為相。霍去病擊匈奴，過焉支山千餘里，殺匈奴兩小王，執渾邪太子及相國、都尉，俘斬 8900 餘人，並獲休屠王祭天金人。霍去病過居延澤，至祁連山，斬首三萬二百級，俘匈奴小王 70 餘人，相國、都尉以眾降者 4500 人。斷匈奴西路，打通河西走廊。

- 漢武帝元狩三年，也就是西元前 120 年，劉徹 37 歲，作昆明池教習水戰。始立樂府，以李延年為協律都尉。

- 漢武帝元狩四年，也就是西元前 119 年，劉徹 38 歲，造新幣，管鹽鐵，算緡錢。漠北大決戰，衛青、霍去病各將騎 5 萬、步兵數 10 萬分道擊匈奴；霍去病封狼居胥山。以衛青、霍去病皆為大司馬。張騫兩次出使西域。誅文成將軍少翁。

- 漢武帝元狩五年，也就是西元前 118 年，劉徹 39 歲，罷三銖錢，鑄五銖錢，漢幣制始定。丞相李蔡自殺，以莊青翟為相。

- 漢武帝元狩六年，也就是西元前 117 年，劉徹 40 歲，使楊可主持告緡。遣使巡行郡國，查盜鑄金錢者，並檢舉兼併之徒及為吏有罪者。3.霍去病死，葬茂陵旁。

附：漢武帝劉徹年譜

- ❖ 漢武帝元鼎元年，也就是西元前 116 年，劉徹 41 歲，得鼎汾水上，改元。大赦天下。

- ❖ 漢武帝元鼎二年，也就是西元前 115 年，劉徹 42 歲，御史大夫張湯有罪自殺。丞相莊青翟下獄自殺。以趙周為丞相。以桑弘羊為大農丞，初置均輸。封張騫為大行令。

- ❖ 漢武帝元鼎三年，也就是西元前 114 年，劉徹 43 歲，初定年號，以 2 年前於汾陰出寶鼎之年，也就是西元前 116 年，為元鼎元年，再訂即位次年為建元元年，從此中國歷史始用皇帝年號紀年。

- ❖ 漢武帝元鼎四年，也就是西元前 113 年，劉徹 44 歲，始巡郡國，至榮陽而還。遣使諭南越王內屬，比內諸侯王。

- ❖ 漢武帝元鼎五年，也就是西元前 112 年，劉徹 45 歲，南越呂嘉反，遣路博德、楊僕等征討。酎金案，奪列侯爵 160 人，丞相趙周自殺，以石慶為相。

- ❖ 漢武帝元鼎六年，也就是西元前 111 年，劉徹 46 歲，平西羌，設護羌校尉。平南越，置南海等九郡。祠泰一、后土。定西南夷。東越王反，遣軍征伐。開六輔渠。李夫人死。

- ❖ 漢武帝元封元年，也就是西元前 110 年，劉徹 47 歲，率 18 萬騎北巡，遣使諭告匈奴單于臣服。東越降，徙其民於江淮。封禪泰山、大赦天下。以桑弘羊為治粟都尉領大農令。

- ❖ 漢武帝元封二年，也就是西元前 109 年，劉徹 48 歲，發卒數萬塞瓠子河缺堤，令群臣自將軍以下皆負薪，終填黃河缺口。遣荀彘、楊僕水陸兩路征伐朝鮮。滇王降，賜滇王印，以其地為益州郡。

- ❖ 漢武帝元封三年，也就是西元前 108 年，劉徹 49 歲，派遣將軍趙破奴俘樓蘭王，破車師。朝鮮降，設四郡。

- 漢武帝元封四年，也就是西元前 107 年，劉徹 50 歲，行幸雍，祠五畤。祠后土。申流民法。

- 漢武帝元封五年，也就是西元前 106 年，劉徹 51 歲，大司馬大將軍衛青死。初置部刺史，巡察郡國。

- 漢武帝元封六年，也就是西元前 105 年，劉徹 52 歲，與烏孫和親，細君遠嫁烏孫。

- 漢武帝太初元年，也就是西元前 104 年，劉徹 53 歲，大作建章宮。定太初曆，以正月為歲首，改元太初。築受降城於塞外。遣貳師將軍李廣利西征大苑。

- 漢武帝太初二年，也就是西元前 103 年，劉徹 54 歲，丞相石慶去世。將軍趙破奴率兩萬餘騎深入匈奴境內，全軍覆沒。漢武帝太初三年，也就是西元前 102 年，劉徹 55 歲，李廣利再征大宛。漢武帝太初四年，也就是西元前 101 年，劉徹 56 歲，西破大宛，獲汗血馬，威震西域。自敦煌築亭至鹽澤。封李廣利海西侯。漢武帝天漢元年，也就是西元前 100 年，劉徹 57 歲，派遣蘇武等出使匈奴。漢武帝天漢二年，也就是西元前 99 年，劉徹 58 歲，派遣李廣利擊匈奴於天山，勝還。李陵降匈奴。頒布《沉命法》。漢武帝天漢三年，也就是西元前 98 年，劉徹 59 歲，初榷酒酤。三月，修封泰山。祀明堂。漢武帝天漢四年，也就是西元前 97 年，劉徹 60 歲，派遣李廣利發天下十科謫擊匈奴。令罪人入錢贖死。漢武帝太始元年，也就是西元前 96 年，劉徹 61 歲，遷徙郡國吏民豪傑於茂陵。立鉤弋夫人。漢武帝太始二年，也就是西元前 95 年，劉徹 62 歲，趙國中大夫白公奏穿渠引涇水，成白渠。漢武帝太始三年，也就是西元前 94 年，劉徹 63 歲，鉤弋夫人生子弗陵。漢武帝太始四年，也就是西元前 93 年，劉徹 64 歲，祀高祖於明堂。修封泰山。

附：漢武帝劉徹年譜

❖ 漢武帝征和元年，也就是西元前 92 年，劉徹 65 歲，大搜上林苑、長安城。江充奉詔治丞相公孫賀子太僕敬聲巫蠱獄。

❖ 漢武帝征和二年，也就是西元前 91 年，劉徹 66 歲，族誅丞相公孫賀。劉屈氂為相。江充掘蠱太子劉據宮中。衛皇后與劉據斬江充，與丞相大戰長安。據敗走，衛皇后自殺。太子劉據自殺。

❖ 漢武帝征和三年，也就是西元前 90 年，劉徹 67 歲，丞相劉屈氂因與貳師將軍李廣利謀立昌邑王為帝，下獄腰斬。匈奴入五原酒泉，派遣李廣利出兵攻打，李廣利率 7 萬眾降匈奴。建思子宮。

❖ 漢武帝征和四年，也就是西元前 89 年，劉徹 68 歲，納田千秋之議，悉罷諸方士求神仙事。以田千秋為丞相，封富民侯。下輪台罪己詔。以趙過為搜粟都尉，推廣《代田法》。

❖ 漢武帝後元元年，也就是西元前 88 年，劉徹 69 歲，金日磾擒馬何羅，平宮變。削燕王劉旦三縣，逼死鉤弋夫人。

❖ 漢武帝後元二年，也就是西元前 87 年，劉徹 70 歲，朝諸侯王於甘泉宮。行幸五柞宮。立劉弗陵為太子。授霍光、金日磾、上官桀等遺詔託孤。崩於五柞宮，葬茂陵。

天驕興國，漢武帝的征戰與開拓：

從太子到帝王，開創盛世的策略與遠見

作　　者：王金鋒

發 行 人：黃振庭

出 版 者：崧燁文化事業有限公司

發 行 者：崧燁文化事業有限公司

E-mail：sonbookservice@gmail.com

粉 絲 頁：https://www.facebook.com/
　　　　　sonbookss/

網　　址：https://sonbook.net/

地　　址：台北市中正區重慶南路一段六十一號八樓
　　　　　815 室

Rm. 815, 8F., No.61, Sec. 1, Chongqing S. Rd.,
Zhongzheng Dist., Taipei City 100, Taiwan

電　　話：(02)2370-3310

傳　　真：(02)2388-1990

印　　刷：京峯數位服務有限公司

律師顧問：廣華律師事務所 張珮琦律師

定　　價：450 元

發行日期：2024 年 05 月第一版

◎本書以 POD 印製

Design Assets from Freepik.com

國家圖書館出版品預行編目資料

天驕興國，漢武帝的征戰與開拓：
從太子到帝王，開創盛世的策略
與遠見 / 王金鋒 著 . -- 第一版 . --
臺北市：崧燁文化事業有限公司，
2024.05
面；　公分
POD 版
ISBN 978-626-394-241-7(平裝)
1.CST: 漢武帝 2.CST: 傳記
622.1　　113005122

電子書購買

臉書

爽讀 APP